中小学生综合习惯阶梯式培养方略

任有运　史晓真　编著

吉林文史出版社
JILINWENSHICHUBANSHE

图书在版编目（ＣＩＰ）数据

中小学生综合习惯阶梯式培养方略 / 任有运，史晓真编著. -- 长春：吉林文史出版社，2020.7
　　ISBN 978-7-5472-7040-0

　Ⅰ．①中… Ⅱ．①任… ②史… Ⅲ．①中小学生－习惯性－能力培养 Ⅳ．①G635.5

中国版本图书馆 CIP 数据核字 (2020) 第 123271 号

中小学生综合习惯阶梯式培养方略
ZHONGXIAOXUESHENGZONGHEXIGUANJIETISHIPEIYANGFANGLUE

编　　著：任有运　史晓真
责任编辑：钟　杉　王　新
封面设计：四川悟阅文化传播有限公司
出版发行：吉林文史出版社有限责任公司
地　　址：长春市净月区福祉大路 5788 号　　邮编：130118
电　　话：0431-81629363（总编室）　　0431-81629372（发行科）
网　　址：www.jlws.com.cn
印　　刷：成都市兴雅致印务有限责任公司
经　　销：全国新华书店
开　　本：210mm×145mm　1/32
印　　张：10
字　　数：269 千字
版　　次：2020 年 7 月第 1 版　2020 年 7 月第 1 次印刷
定　　价：49.80 元
书　　号：ISBN 978-7-5472-7040-0

印装错误可与印刷厂联系退换。

编委会

一个人一生的学习、生活等经历中，总是伴随着各式各样的习惯。习惯是生活的一部分，而且是必不可少的重要组成部分。习惯，也是贯穿生命全过程的一个关键要素。好习惯，会让人受益无穷；坏习惯，会给人带来麻烦和灾难。

我国著名教育家陶行知先生说过，"思想决定行动，行动养成习惯，习惯形成品质，品质决定命运"。习惯，对人的成长至关重要。

一所学校的办学，不论从落实国家教育方针来讲，还是从树立学校形象方面来讲，德育工作都应该成为最受关注、首要思考、首要落实的教育任务。如何把学生意识形态的德育，变为现实活动中的抓手，我们认为：培养习惯是一条通向学生养成良好品德的有效途径。因为在一所学校，来自不同家庭、不同年龄的学生，他们的行为习惯表现差异较大，他们品德的向心性差异也是比较大的，这就无疑增加了德育工作的难度。细心的学校德育工作领导发现：习惯好的学生，整体素质比较高，品德优良；习惯差的学生，整体素质一般，不良习气较多。佩利说："美德大多存在于良好的习惯中。"行为习惯，不仅仅是习惯，它与人的品德是关联的。育人，要重视习惯培养。抓习惯培养，应该是学校德育工作的内容和着力点。所以，学生习惯的培养就成了我们德育工作的抓手，2012年10月，我们学校启动了"培养小习惯　成就大人生"学生习惯阶梯培养计划，也开始了对学生习惯阶梯培养的课题研究。

叶圣陶先生说："教育是什么？简单讲，只需一句话，就是要养成良好的习惯。"作为基层教育战线的工作者，如何把立德树人的教育理念落到实处，切实解决德育方面的诸多问题，我们决定从习惯入手，追本溯源，探寻学生在家庭、学校以及社会生活中的习惯养成过程，分别对学校和家庭、家长和教师关于学生习惯培养进行了重点分析研究。

好习惯的养成，需要一个精心培养的过程。在这个过程中，需要外因与内因密切配合，需要一个有序合理的途径与方式方法。

经过多年的探索实践，我们总结出了适合义务教育阶段学生综合习惯培养的一种科学高效的途径和方式——综合习惯阶梯式培养。

台阶要一级一级去攀登，才能到达目的地。习惯的培养，也如同登台阶。学生的年龄特征、身心发展特点、学段学习要求、家庭教育环境、社区状况等，都是构建习惯培养台阶要考虑的因素。我们把学生需要养成的六个方面的核心习惯，分解细化成72条基本习惯，按小学六年十二学期有序分布，每个学段均有重点培养内容和要求不同的学习生活习惯。学生在综合习惯的平台上成长，"培养小习惯　成就大人生"是学生追求的目标。为实现这一目标，学校、家庭和社会齐心协力，老师、家长和学生密切合作，共同浇筑习惯培养花园。学生是在充满自信、充满乐趣的良好氛围中塑造自我，养成规范的行为习惯的。72条习惯是山顶上的一面面小彩旗，不是束缚学生的紧箍咒，它召唤着孩子们奋力登攀，迎接挑战、品尝胜利的喜悦。

目前，这项研究取得了一定成效，并且在本地区、省内外产生了积极影响，许多学校要求我们把学生习惯阶梯式培养研究方面取得的经验在更大范围推广交流，诚心希望与我校携手，深度探索实践，共同深化学生习惯养成教育等方面的研究与交流，有感于教育同仁的热情和支持，有感于各级教育主管部门及领导的指导和帮助，我校课题组决定对学生综合习惯阶梯式培养习惯方面所做的各项工作进行梳理、总结，特此编写《中小学生综合习惯阶梯式培养方略》一书，答谢各位有识之士的厚爱和鼎力相助。在此，没有丝毫骄傲之意。我们只觉得，习惯培养这个命题，需要大家一起来实践、探讨，许多未知领域还要深度研究。我们在实践方面做了许多工作，取得了微不足道的经验与感悟，我们始终坚信，家校合作，从小就重视学生综合习惯培养，能够促进学生健康成长，有利于提高学校德育工作效果，能够促进社会文明进步。

关于本书的编著分工：主编任有运和史晓真，全面负责本书的框架结构设计，编写、撰写理论性文字，总结实践成果，审定、校对全书内容，人均完成字数在13万字以上。参编人员有石琼慧、张岳祥、乔海平、朱丽辉、党冰心、徐燕、王小芳、仵鹏真、曹芳娟、姚丽丽、王志海、王玉田等，分别负责提交课题实施期间撰写的研究论文、教学设计；收集研究过程中的活动图片、数据、案例。另外，书中涉及的表格样例设计，学校制度、方案，荣誉等资料，主要由石琼慧、张岳祥、王志海、王玉田等完成。

在本书出版之际，对付出辛勤工作的各位老师，表示衷心感谢；对课题实践研究期间给予大力帮助的天津市北辰区实验小学、天津市河北区宁园小学、陕西省潼关县实验小学、江西省宜春市实验小学、广西百色市隆林县民族实验小学、庆阳市西峰区团结小学和向阳小学、宁县早胜小学、正宁县第三中学、正宁县永和初中、正宁县山河初中、五顷源九年制学校等单位，一并表示感谢。

因时间、条件等所限，《中小学生综合习惯阶梯式培养方略》一书，无论思路、观点，还是内容、体系，都存在或多或少的缺陷与不足，恳请方家批评指正。

编者

2019年5月23日

3

目录

001 第一章 绪论

001 第一节 中小学生综合习惯阶梯式培养总体观的形成

009 第二节 创新载体加强道德建设 多措并举铸就精神高地

013 第三节 用真爱做教育

023 第四节 让"爱达教育"成为教育路上不灭的灯塔

040 第五节 学生良好习惯培养是一项社会工程

046 第二章 小学生综合习惯阶梯式培养的实践

046 第一节 德育工作与习惯培养关系示意图

047 第二节 小学生综合习惯问卷调查报告

063 第三节 小学生综合习惯阶梯式培养实施方案

068 第四节 小学生综合习惯阶梯式培养分学期内容

072 第五节 小学生综合习惯阶梯式培养验收方案

095 第六节 小学生不良行为习惯矫正方案

102 第七节 学校、教师培养学生综合习惯工作总结

113 第八节 家长培养学生习惯的心得体会

119　第三章　小学生综合习惯阶梯式培养课题的研究

119　第一节　课题研究的背景

120　第二节　课题研究的意义

121　第三节　课题研究的理论依据

123　第四节　课题研究的目标

126　第五节　课题研究的主要内容

130　第六节　课题研究的方法

131　第七节　课题研究的步骤

133　第八节　课题研究的过程

138　第九节　课题研究取得的成果

151　第十节　课题研究成果的社会影响

155　第十一节　课题研究的特色与创新

156　第十二节　课题研究存在的问题及今后的设想

158　第四章　小学生综合习惯阶梯式培养的理论探索与实践研究

158　第一节　实施习惯培养阶梯计划　促使孩子幸福成长

161　第二节　成也习惯，败也习惯

164　第三节　激发小学生英语学习兴趣之我见

167　第四节　浅谈小学三年级学生英语学习习惯的养成

170　第五节　小学生综合习惯培养中存在的问题及解决策略

174　第六节　浅谈小学低段学生良好写字习惯的培养

177　第七节　抓好学生的习惯培养就是抓好教育

181　第八节　小学生不良习惯成因浅析

185 第九节 用爱燃烧教育这方热土

188 第十节 让感恩之花在小学生中绽放

193 第十一节 如何做好三年级的习作起步教学

196 第十二节 让培养学生习惯成为每位师者的习惯

198 第十三节 交互式电子白板的全新教学体验

201 第十四节 让习惯成为成绩的排头兵

205 第十五节 低年级学生倾听习惯培养之我见

209 第十六节 小学语文教学中培养预习习惯的重要性

211 第十七节 矫正小学生不良行为习惯的几点做法

215 第十八节 如何培养低年级学生良好的学习习惯

219 第十九节 培养小习惯，成就大人生

222 第二十节 养成教育要常抓不懈

226 第五章 小学生综合习惯阶梯式培养校本教材的开发

229 附录：一至六年级教材编写说明与目录

243 第六章 综合习惯阶梯式培养的课堂教学设计

243 第一节 《学做家务活》教学设计及反思

247 第二节 《我是孝顺的好孩子》教学案例及反思

251 第三节 《我的感恩之心》教学设计

255 第四节 《保护文物和名胜古迹》教学设计及反思

258 第五节 《爱护公物 节约水电》教学设计及反思

261 第六节 《物品分类好整洁》教学设计及反思

266　第七章　综合习惯阶梯式培养典型案例

266　第一节　刘小丽同学习惯培养案例分析
269　第二节　秦小强同学习惯培养案例分析
271　第三节　谢慧芳同学习惯培养案例分析
274　第四节　徐文文同学习惯培养案例分析
277　第五节　周文杰同学习惯培养案例分析
284　第六节　张亚亚同学习惯培养案例分析

288　第八章　小学生综合习惯阶梯式培养与学校发展

288　第一节　山河小学2012年8月以来发展记事
295　第二节　小学生综合习惯阶梯式培养给学生带来的变化
297　第三节　习惯培养春华秋实　内涵发展特色鲜明

302　附录：主要参考文献

第一章　绪论

第一节　中小学生综合习惯阶梯式培养总体观的形成

——追溯"名家"习惯培养的思想与行动

习惯培养是一个历久弥新的话题。基于对教育的基本理解，基于落实德育为首的使命，基于对学生成长的真正负责，近年来，我们以《小学生综合习惯阶梯式培养的实践与研究》课题为引领，在全校认真实施了学生综合习惯阶梯式培养的举措，收到了很好的教育效果，得到社会各界的认可和支持。庆阳市部分学校、初中级中学采用小学生综合习惯阶梯式培养的基本框架，重点在七至九年级开展了实践研究工作，也取得了良好的育人效果。今天，在即将出版《中小学生综合习惯阶梯式培养方略》一书的时候，我们觉得：有必要回顾我们基本的习惯思考，厘清我们简单的德育理念，寻找我们朴素的教育初心。

我国历史悠久，在学生习惯培养方面具有优良的传统，也积累了丰富的经验。无论是古圣先贤的言论著作，还是各个历史时期的教育制度和内容，几乎都可以找到关于重视品德和习惯培养的例子。这一切，都为我们结合教学现状，继续探索研究学生综合习惯培养提供了宝贵的资源。这些资源值得进一步开发利用。

一、先哲圣贤的习惯培养——思想启蒙

荀子说："君子博学而日参省乎己，则知明而行无过矣。"告诉人们博学善思，善于反省，就会智慧通达，行为端正。

《三字经》："人之初，性本善，性相近，习相远。苟不教，性乃迁，教之道，贵以专……"意思是人刚生下来，其本质属性是善良美好的；但在以后的发展过程中，习性却存在差异。告诫人们，要从小抓好教育培养，教育贵在孜孜不倦，持之以恒。"子不学，非所宜，幼不学，老何为？"告诫受教育者要重视学习，年幼时，通过学习"知义""亲师友，习礼仪"等等，强调了年幼时期是接受教育培养的重要机遇期。启发我们，抓习惯培养工作，要抓住时机。

二、世界大家的习惯培养——先进理念

杜威是美国实用主义哲学家和教育家。他研究创作的《民主主义与教育》一书，是其教育著述的代表作。他的"教育即生长"观念认为"社会在指导青少年活动的过程中决定青少年的未来，也因而决定社会自己的未来。由于特定时代的青少年在今后某一时期将组成那个时代的社会，所以，那个时代的社会性质，基本上取决于前一时代给予儿童活动的指导。这个朝着后来结果的行动的累积运动，就是生长的含义。"——站在习惯培养的角度，我们认为，培养学生的良好行为习惯，要靠全社会的共同努力。家庭、学校、社会三者要密切配合，才能共同完成这一神圣使命。对学生而言，"思想决定行动，行动养成习惯，习惯形成品质，品质决定命运"（陶行知）。因此，培养学生良好的行为习惯，对学生成长，对国家发展，都是一件功德无量的事情。

杜威认为："未成熟的人为生长而有的特殊适应能力，构成他的可塑性。可塑性乃是以从前经验的结果为基础，改变自己行为的力量，就是发展各种倾向的力量。没有这种力量，获得习惯是不可能的。"

小学生正处在良好行为习惯的养成和初步巩固时期。小学六年的学制，相对于初中和高中，不仅学习时间较长，而且"可塑性"也很强，这些都为习惯培养提供了基础和保障。

在习惯培养过程中，杜威反对把习惯等同于经过反复训练形成的自动化行为方式，他提出习惯具有理智和情感的倾向。他批评指出"三种错误思想在教育上相应的错误就是：第一，不考虑儿童的本能的或先天的能力；第二，不发展儿童应付新情景的首创精神；第三，过分强调训练和其他方法，牺牲个人的理解力，以养成机械的技能。这三件事都是把成人的环境作为儿童的标准，使儿童成长到这个标准。"这些观点，对我们研究、实施习惯培养具有启发意义。习惯培养，要遵循儿童的天性，要按照儿童成长的规律，循序渐进，所以，我们就实施了阶梯式培养。

关于习惯培养的形式作用和意义，在学校作用的发挥方面，杜威认为："生长的能力，依靠别人的帮助，也依赖于自己的可塑性。这两种情况，在儿童期和青年期达到顶点。可塑性或从经验学习的能力，就是形成习惯的意思。习惯使我们能控制环境，并且能为了人类的利益利用环境。习惯有两种形式，一是习以为常的形式，就是有机体的活动和环境取得全面的、持久的平衡；另一种形式是主动地调整自己的活动，借以应付新的情况的能力。前一种习惯提供生长的背景，后一种习惯构成持续不断的生长。主动的习惯包含思维、发明和使自己能力应用于新的目的的首创精神。这种主动的习惯和以阻碍生长为标志的墨守成规相反。因为生长是生活的特征，所以教育就是不断生长；在它自身以外，没有别的目的。学校教育的价值，它的标准，就看它创造继续生长的愿望到什么程度，看它为实现这种愿望提高方法到什么程度。"——把握习惯的形式和内容，学校在培养学生习惯方面，应该积极主动，有所作为；学生自身方面，应该增强主动性、创造性。

斯宾塞是英国著名哲学家、社会学家和教育改革家。其著作《教育论》曾是美国教育革命的先导。俄国、中国、日本和其他亚洲国家，也受到他的影响。杜威给予斯宾塞很高的评价，称他是"一座纪念碑"。斯宾塞非常重视儿童良好习惯的培养。他认为儿童养成良好的习惯具有非常大的价值，好习惯能够使儿童受益终身，激发儿童自我教育和自助学习能力，丰富儿童的情感。他还指出，要培养儿童专注、学会运用、善于积累、自己选择、爱好阅读的好习惯。研究斯宾塞的儿童良好习惯的培养，启迪我们在培养儿童良好行为习惯方面，应该从小从早就开始培养。在整个培养过程中，父母和老师要担负使命，要循循善诱，因势利导；要树立良好形象，承担榜样角色，以身作则，注重细节，遵循规律，从点到面，更要重视正面教育的力量。

三、现代名家的习惯培养——行动先导

陶行知先生是"五四"前后中国教育改造的旗手。他从实际出发，尊重中国国情，反对"老八股"教育，也反对"洋八股"教育，创立了"生活教育"学说，既强调了教育的现实功能，又关注教育的终极目的，其理论和学说，具有划时代的意义。作为教育工作者，我们对陶先生深表敬仰之情，对其学说中的真知灼见要继承和发扬。

陶行知先生在《如何使幼稚教育普及？》一文里说过这样的话，"教人要从小教起。幼儿园比如幼苗，必须培养得宜，方能发荣滋长。否则幼年受了损伤，即不夭折，也难成材。所以小学教育是建国之根本，幼稚教育尤为根本之根本。""我们必须唤醒国人明白幼年的生活是最重要的生活，幼年的教育是最重要的教育。"时下，一些地方，评价学校、评价教师、评价学生唯分数论，忽视养成教育，重智育而轻德育，违背了教育的初衷和规律，这不能不引起人们的警觉。学校教育，要重视培养什么人和怎样培养，以及培养效果如何的问题，单从分数看不出一个完整、科学、有效的育人过程。唯分数评价学校，简单，片面，有失公正。

就习惯培养问题而言，陶先生的实践和理论总结给了我们许多启发，也增强了我们深入研究习惯培养问题的信心和决心。我们形成的

认识和体会是：

习惯培养，要注重人格和精神培养。在《学生的精神》一文中，陶先生概括出了学生精神三点要义：一是学生求学须具有科学的精神。我们不论研究什么学科，总要看一个明白，想一个透彻，多发些疑问，切不可武断盲从。二是要改造社会必具有委婉的精神。我们在任何环境里面做事，不可过于急进……也需要用委婉的精神，走到民众前头，慢慢地领他们向前走，并且还要告诉他们前进的方法。如此才会有社会改造的希望。三是应付环境必具有坚强人格和百折不回的精神。我们处在任何环境里面，必抱有坚强人格，不可自由摇动，尤其到了利害生死关头之时，必富有"富贵不能淫，贫贱不能移，威武不能屈"的气概。这才算得上一个真正的大丈夫，真正的国民。陶先生关于学生人格、品质培养方面的主张，一言以蔽之，就是"千教万教教人求真，千学万学学做真人"。

好生活是培养好习惯的沃土。陶行知先生在《生活即教育》一文里讲生活教育，主张各种教育活动要在生活中去进行。"是生活就是教育；是好生活就是好教育，是坏生活就是坏教育；是认真的生活，就是认真的教育，是马虎的生活，就是马虎的教育；是合理的生活，就是合理的教育，是不合理的生活，就是不合理的教育；不是生活就不是教育；所谓之'生活'，未必是生活，就未必是教育。"生活教育"是提供人生需要的教育，不是作假的教育。人生需要什么，我们就做什么"。基于此种理念，在学生习惯培养方面，我们认为，好习惯是学生成长过程中必须具备的，需要一个漫长的培养、巩固过程。好生活是培养好习惯的沃土，教师、家长都要积极参与，勤洒汗水，精心耕耘这片沃土。

培养学生养成自我反省的习惯。关于如何做学问，陶先生概括了五个字的要求，即一是"一"字。一是"专一"的一。二是"集"字。集是"搜集"的集。三是"钻"字。钻是钻进去的钻，就是深入的意思。四是"剖"字。剖是"解剖"的剖，就是"分析"的意思。五是"韧"字。

韧是坚韧，即鲁迅先生所主张的"韧性战斗"的韧。我想我们每一个人，能把"一""集""钻""剖""韧"五个字做到了，在学问上一定有豁然贯通之日，于己于人于社会都会有贡献。

陶行知先生倡导"每天四问"的习惯，为学生进德修业提供参考。陶行知校长在育才学校三周年纪念晚会上的演讲词里明确倡导学生要养成"每天四问的习惯"，即"第一问：我的身体有没有进步？第二问：我的学问有没有进步？第三问：我的工作有没有进步？第四问：我的道德有没有进步？"这四问，关乎学生身体健康、学问长进、工作进步、道德进步四大方面，言简意赅，内涵丰富。先生解释了这样问的原因，"健康第一"，这是基础和资本；"学问是一切前进的活力的源泉"；"工作的好坏影响我们的生活学习都是很大的"；"道德是做人的根本"。第四问要求大家"建筑人格长城"，而"建筑人格长城的基础，就是道德"。现当代教育中，把"德育"置于首位，道德培养的重要性不言而喻。反思、反省自己，贵在坚持，应该成为一种好习惯。荀子在《劝学》一文里强调说："君子博学而日参省乎己，则知明而行无过矣。"

开展行动教育，要从小就抓起。针对旧中国当时关门办教育的现状，陶先生主张"行是知之始，知是行之成"，强调要从生活实践中获取真知，提出的理念是"行动教育""创造的教育""生活教育"。他打了一个比方，很精辟。"行动是老子，思想是儿子，创造是孙子。你要有孙子，非先有老子、儿子不可，这是一贯下来的。"关于行动教育，他的主张是"行动的教育，要从小的时候就干起。要解放小孩子的自由，让他做有意思的活动，开展他们的天才。""不过，行动的教育，应当从小就要干起，因为小孩子还没有斫丧他们行动的本能。"——可见，教育培养孩子良好的行为习惯，开发孩子的潜能，老师和家长从小就要开始抓。儿童教育活动要融入丰富多彩的生活中去，"创造的教育就是以生活为教育，就是生活中才可求到教育。教育是从生活中得来的，虽然书也是求知之一种工具，但生活中随处是工具，都是教育。况且一个人有整个的生活，才可得到整个教育。"我们着手培养孩子的良好行为习惯，也要在生活实践中进行，空头说教，达不到应有的效果。

叶圣陶先生是中国现代著名教育家、作家。他十分重视少年儿童良好习惯的培养。他认为教育就是养成良好的行为习惯。为此，叶圣陶专门写过《习惯成自然》和《两种习惯养成不得》等文章。文中所阐述的主要思想对当今少年儿童良好习惯的培养，仍然具有很强的现实意义和指导价值。叶先生的基本观点是：

养成习惯贵在躬行实践。叶圣陶先生非常强调在习惯养成中的身体力行。他认为，要养成某种好习惯，要随时随地加以注意，躬行实践，才能收到相当的效果。他在《习惯成自然》一文中写道："要有观察的能力，必须用心去观察；要有劳动的能力，必须真个动手去劳动；要有读书的能力，必须真个把书本打开，认认真真去读；要有做好公民的能力，必须真个把公民应做的一切认认真真去做。"这样，我们"所知"的才能逐渐化为我们的习惯，成为相应的能力和素质。由此可见，习惯培养与能力形成关系紧密。重视习惯培养，就是重视能力的培养与提高。

教育的目的就是培养习惯。叶先生认为"我们在学校里受教育，目的在养成习惯，增强能力。我们离开了学校，仍然要从多方面受教育，并且要自我教育，其目的还是在养成习惯，增强能力。习惯越自然越好，能力越增强越好，孔子一生'学而不厌'就说明了这个道理。"用叶先生的话说，教育就是培养好习惯。

两种习惯养成不得。叶圣陶认为："习惯不嫌其多，但有两种习惯养成不得，除此之外，其他的习惯多多益善。这两种习惯就是不养成什么习惯的习惯和妨害他人的习惯。"

关于"不养成什么习惯的习惯"，他说："坐要端正，站要挺直，每天要洗脸漱口，每事要有头有尾，这些都是一个人的起码习惯。有了这些习惯，身体和精神就能保持起码的健康，但这些习惯不是短时间内就形成的，要逐渐养成。在没有养成的时候，多少需要一些强制功夫，自己得随时警觉，直到'习惯成自然'，就成为终身受用的习惯。可是如果在先没有强制与警觉，今天东、明天西，今儿这样，明儿又那样，就可能什么习惯也养不成。久而久之，这就成为一种习惯，牢牢地在身上生了根。这就是不养成什么习惯的习惯，最要不得。"这种习惯与其他种种习惯冲突，一旦养成，其他种种习惯就很少有养成的希望了。

关于"妨害他人的习惯"，他说："走进一间屋子，砰的一声把门推开，喉间一口痰上来了，扑的一声吐在地上，这些好像是无关紧要的事。但这既影响他人学习和工作，又可能传播病菌，一旦习以为常，就成为一种妨害他人的习惯。"妨害他人的习惯是恶劣品质形成的重要根源。叶圣陶先生认为某些人的不良品质的形成，一个重要的病根在于养成了妨害他人的习惯。他说，如果一个人不明了自己与他人的密切关系，不懂得爱护他人，一切习惯偏向妨害他人的方面，就极有可能成为一个恶人。

四、国家制度层面的习惯培养——方略指南

《义务教育新课程标准（2017年版）》关于各门学科标准实施方面，对习惯培养都有明确要求。在具体教学实践活动中，要求结合学科自身特点，结合学段特点，培养学生良好的学习习惯，并在此基础上培养、发展、提升各种能力，为学生继续学习、成为合格公民和终身发展奠定良好的基础。可以说，这是我们实施综合习惯阶梯式培养的政策依据、方向指南和策略的源泉。

令人欣喜的是：冀教版《小学教材课程标准》在强化习惯培养方面，也探索、实践出了具有鲜明特色的途径和策略。如小学语文教材的要求：

从一年级下册开始，每册书增加"语文学习好习惯"内容。低年级的内容分别为"亲子读书""写字做人要认真""有错及时改"；

中年级教材还涉及"日记""预习""手不释卷""倾听""存疑""不动笔墨不读书""读无字书""读书写作联想"共八个语文学习习惯。好习惯内容的表现方式以文字为主，或为简短精练的儿歌（低年级段），或为意蕴深远的散文（中年级段），或为对仗工整的律诗（高年级段）。此部分内容安排在教材扉页之后，目录之前，意在提醒学生养成良好习惯，造就美好人生。（转引自冀教版小学语文教材副主编李学红《义务教育语文课程标准冀教版小学语文教材修订说明》）

这为我们根据学科特点，在教学实践中培养良好习惯提供了借鉴。

正宁县山河小学地处县城，学生人数三千多名，学生来源比较复杂。在习惯养成教育方面，家庭差异、父母差异、个人差异都比较大，这给学校德育工作提出了新的挑战。摆在我们面前的任务是，习惯培养工作该如何进行呢？应该培养哪些方面的内容？应该采取什么途径和方式？诸如此类问题，引起了我们的思考。

"纸上得来终觉浅，绝知此事要躬行"启发我们，实践出真知。经过反复讨论、实践、反思，许多措施在实践中生根、发芽。我们研究《小学生综合习惯的阶梯式培养》课题，经过几年的艰辛探索、实践和深化，许多策略、措施、途径、方式已经开花结果，我们的习惯培养给学生带来了真真切切的行为习惯的向好改变，我们全校广大师生的付出收到了意想不到的良好效果。

《中小学生综合习惯阶梯式培养方略》是全校广大师生的教育劳动成果。它有自己的鲜明特色，为彰显办学理念，创新育人模式提供了参考。它还在继续"生长"。

（撰稿：任有运 史晓真）

第二节 创新载体加强道德建设 多措并举铸就精神高地

未成年人是祖国的未来、民族的希望，加强和改进未成年人思想道德教育，直接关系到千家万户的幸福安康，关系到国家和民族的兴衰，更关系到我们全面建成小康社会的伟大目标能否顺利实现。近年来，学校在未成年人思想道德建设中，以"爱达教育"精神文化为总揽，始终坚持"立德树人、奠基幸福"的办学理念，高度重视未成年人思想道德建设，全体动员，全员参与，以"六爱、六要、六会、六达"为德育核心价值目标，以"培养小习惯　成就大人生"阶梯习惯养成教育为切入点，以体验式细节德育教育为主线，以打造富含道德教育的少年宫活动为主要载体，以"六年经历24件事"主题德育综合实践为方向，按照"立体构思、多管齐下、凸显活动、注重感悟、内化提升"的工作思路，全面加强未成年人思想道德建设，取得了显著成绩。2014年以来，学校先后被评为甘肃省德育示范学校、庆阳市德育示范学校、庆阳市未成年人思想道德建设先进集体；学校少年宫连续四年被评为甘肃省一类少年宫，2015年获"甘肃省优秀乡村少年宫"荣誉称号。

一、高度重视、核心引领，确立未成年人思想道德建设的价值取向

爱是教育的灵魂。

没有爱就没有教育，没有爱更谈不上学生良好品德的形成。我们的做法如下：一是文化引领思想。学校站在文化立校、文化育人的高度，提出了以"爱人达美、爱美达人"为基本内涵的爱达教育，作为加强未成年人思想道德建设的文化根与精神魂，并将其理念渗透到学校工作的方方面面。二是设定价值目标。以社会主义核心价值观为基础，结合学校实际，分年级确立"六爱、六要、六会、六达"的层级育人目标，努力使德育工作落实、落细、落小，实践活动育行、育心、育人，从而确立了未成年人思想道德建设的核心价值取向。三是夯实课程基础。为了建立未成年人思想道德建设长效机制，学校编制了《山河小学未成年人思想道德建设五年规划》，形成了整

体工作由校务会牵头总抓，政教处分管，班主任主抓，家长配合协管的德育工作机制，构建了德育工作以班级思想教育为基础，以思想品德课为主阵地，日常熏陶和多元课程综合渗透的德育课程体系，充分体现德育工作的生活性、活动性。

二、注重习惯、阶梯培养，找准未成年人思想道德建设的奠基之策

"什么是教育？教育，就是要养成良好的习惯。"行为心理学研究也表明：一种行为重复出现21次，可以成为初步习惯，重复出现90次就可以成为成熟习惯。一是细化标准求科学。基于理论，学校通过反复研究、论证，梳理归纳出山河小学学生在文明礼仪、学习能力、生活自理、环境保护、诚实守信、知恩感恩等方面需要养成的六个核心习惯，并根据各年级学生的身心特点和认知规律，将这六个核心习惯细化、分解为72条子习惯，按照由易到难、由浅到深的规律，分学期培养，每期六条，呈螺旋式上升，形成阶梯式培养，累积式发展的态势。二是评价验收促落实。按照学生习惯阶梯培养评价方案内容，我们制订了《山河小学学生习惯培养阶梯计划验收单》，每期两次，由班主任老师、科任老师和家长共同验收，实现了真正意义上的家校互评，共培共育，让习惯培养在家校合作中见证孩子的成长与进步，见证孩子向善尚美良好品德的形成。三是强化坚持成美德。通过几年坚持不懈地养习惯、纠错误、促巩固，我们的孩子更加文明了，更加诚实守信了，懂得感恩了，学习动力强了，生活得更快乐了。因此我们说，习惯培养，是加强学生思想道德建设的基石；阶梯培养，是科学提升学生思想道德素质的佳径。

三、课程育人、多元活动，建办未成年人思想道德建设的幸福乐园

近年来，学校坚持把少年宫建设作为加强未成年人思想道德建设

的主阵地和总抓手，强化措施抓落实，创新载体求实效，丰富课程促发展。一是扩大规模，满足兴趣需求。按照"一门课程影响部分人、多门课程影响一批人"的课程设置理念，学校努力扩充社团数量，少年宫共开办52个活动社团，设有跆拳道、足球、抖空竹、花样体育等体育类课程，电子琴、腰鼓、口风琴、葫芦丝、二胡、舞蹈、戏曲等音乐舞蹈类课程，书法、绘画、陶泥、剪纸、编织等美术类课程，科技、读书、课本剧表演、少儿口才、棋类等德育与综合类课程。二是发展特色，彰显课程魅力。为了确保课程效果最大化，学校将足健、跳绳、轮滑、羽毛球等课程统一命名为花样体育，分设4个社团，实现了学生每期可学习多样技能，克服了教与学的枯燥与呆板；将5个葫芦丝社团设置为高中低三个层次班，符合对不同年龄段孩子进行班级授课的要求，克服了多层杂乱的低效施教；将葫芦丝、独轮车、毛笔书法作为普及型课程面向全体学生推广，力求做到"三个人人学会"，形成了规模特色发展。通过四年多的坚持，每周的少年宫活动成了孩子们的最爱，乡村学校少年宫真正成了学生全面发展的幸福乐园。

四、主题导航、综合实践，开辟未成年人思想道德建设的广阔天地

面对新时期的思想道德建设，需要学校教育不断调整新思路、出台新举措、开创新领域。一是整合课程，主题教育与主题活动高度融合。从课程角度来说，学校德育工作的主渠道是品德课，为了破解长期以来"简单说教、枯燥乏味"的学生德育难题和瓶颈，学校将品德课与综合实践进行整合，每周利用连续2节课时间，开设主题德育综合实践课，以课本单元或章节为主题，由老师设计活动，学生高度自主参与，把抽象的道理变成浅显的活动经历，通过阅读理解、交流互动、探讨研究、亲身体验、感悟提升等办法，提高了未成年人思想道德水平。二是指定路径，主题教育与体验感悟高度融合。根据学生认知规律和身心特点，学校给各年级设定了活动主题，并将"六年经历24件事"

的总体要求作为规定内容，让学生通过一件件具体的事，品尝文明、光荣、自信、感恩、快乐、成功和幸福的滋味。三是结合实际，主题教育与时代召唤高度融合。在学生中广泛开展以诚实守信、文明礼貌、遵纪守法、勤劳好学、节约环保、团结友爱等为主题的践行社会主义核心价值观系列行动。利用"七一"建党节、"八一"建军节、"十一"国庆节等重大节庆日，重温历史，缅怀先烈，突出了爱国主义教育。通过开展主题性的综合实践活动，点亮了学生思想道德建设的航灯，拓宽了学生思想道德建设的领域。

新时期，未成年人思想道德建设，是一个永无休止、常抓常新的话题。作为学校，高度重视、创新载体、多措并举、全力以赴抓好未成年人思想道德建设，是党和国家、是人民群众交给我们的使命与担当。今后，在未成年人思想道德建设的大路上，我们将不忘初心，砥砺前行。

（作者：任有运　史晓真）

第三节　用真爱做教育

正宁县山河小学是一所县直小学，创建于1923年，现有学生3000多名、教师106名。学校规模较大，历史底蕴深厚，其"爱达教育"办学理念已在全体师生中深深地扎下了根，学校在学生习惯阶梯培养等德育教育、"世界咖啡"校本教研、学生月度明星评选等方面走出了一条自己独特的路子，在庆阳教育界小有名气。2016年的金秋，教师节刚过，走进学校采访，空气中还弥漫着喜庆祥和的味道，漫步校园，便被良好的师生风貌和儒雅致学的氛围所吸引，使人油然而生一种敬仰之情。

一所县城小学，能在短短的几年时间内，取得如此骄人的成绩，能树立为市级示范学校，能成长为甘肃省乡村骨干教师培训基地，靠的是什么？细细思量，人的因素应该成为第一因素。一靠扎根于师生心灵的"爱达教育"文化；二靠有一个有思想、能实干的好校长；三靠有一群师德高尚、心存大爱的教师队伍。

一、文化立校，为学校发展奠基导航

教育，说到底便是个"爱"字。"教育是真爱行为的坚持"这句话，是现任校长任有运同志从教二十多年对教育真谛的感悟和理解，也是任校长做教育的座右铭。但是，光有爱还不够，如何使这份爱更持久、更理性、更能直接作用于老师和孩子，基于这个考虑，任校长经过充分思考、论证，大胆提出以"爱人达己，爱己达人"为基本内涵的"爱达教育"，让"达"成就人的理念和做法，作为爱的支点，让人人在自爱互爱中，体验成功的幸福，从而让每个人都有爱的行动与能力，无限放大爱的内涵和外延。"爱达教育"就是爱人达己，爱己达人；爱人爱己，互爱互达。也就是说，只要有爱，愿意爱、会爱，就能相互成就自己和他人到一定高度。简单地说：爱能成就人。可以说，只要爱带着成就幸福的使命，那爱肯定就会真挚许多、长久许多、坚持许多、非功利许多。

人之初，性本善。正是因为如此，"爱达教育"的文化理念已经得到广大师生的认同，他们也用自己的行动诠释爱；在爱的感召下迸发出向善尚美的生命状态，传递着真善美的正能量。山小教育人顺势而为，继往开来，把"爱达"作为山河小学明晰的特色文化，贯穿和渗透到山河小学教育的方方面面，让爱的行动塑造好传承山小文化的每一名学生和老师，让爱的思想成长为每一位山小人的灵魂和幸福。

山河小学新一届班子基于新时期山河小学对育人方向的正确把握，在广泛研究讨论的基础上，确立了"立德树人、奠基幸福"的办学理念。令人欣慰的是，在党的十八大上，国家把立德树人作为教育的根本任务，使山河小学关于进一步坚定自己办学理念的信心倍增。作为基础教育的小学教育，最重要的就是要培养学生良好的思想品德，学好知识技能，从各方面打好基础，为学生以后的全面、个性发展和幸福生活奠定基础。"教育是真爱行为的坚持""爱达教育""立德树人，奠基幸福",这些朴素的学校文化和办学理念却真正唤醒了山小人崛起的梦,填满了每个老师发展学生、成就自己的思想天地,也无形中引导了他们的行动自觉和目标一致性,使理念真正行动起到了先导作用。

二、特色德育,细节教育和全面育人高度融合

山河小学领导班子在德育方面的共识是,一个人良好道德品质的形成重在良好习惯的养成,重在对生活的体验和感悟。山河小学针对小学生的身心和认知特点,在注重学生一日常规管理、文明纪律教育的同时,突出学生在校五条基本规定、路队"小红旗"、上下楼梯排队行、"月度小明星"、弯弯腰垃圾跑、文明源于一句问好等几个点上的管理,通过体验式细节德育和学生习惯阶梯培养两个抓手,做细做实学生养成教育,促使学生养成良好品德。

(一)施行体验式细节德育。办好一所学校,育人是第一要务。德育范围广泛,无处不在,但仅靠简单说教,只能是枯燥乏味,收效甚微。按照德育工作"活动化、生活化、体验化"的总体原则,山河小学把"爱达教育"作为统领学校德育工作的思想基础,积极推行"体验式细节德育",以社会主义核心价值观下的"六爱、六要、六会、六达"为目标,以"学生六年经历24件事"和主题德育综合实践活动为抓手,让实践育行育心育人,让德育落实落细落小,并坚持不懈用情感人,用心化人,强化德育效果。

(二)坚持做好"学生习惯培养阶梯计划"。"什么是教育?简单一句话,就是要养成良好的习惯。"从小养成良好的习惯,这是孩子们日后获得成功和幸福的基础。根据行为心理学研究表明,一种行为重复出现21次,可以成为初步习惯,90天就可以成为成熟习惯。基于这种理论,通过反复研究、论证,山河小学梳理归纳出了学生在文明礼仪、学习能力、生活自理、环境保护、诚实守信、知恩感恩等方面需要养成的六个核心习惯,并根据各年级学生的身心特点和认知规律,将这六个核心习惯细化、分解为72条子习惯,按照由

易到难、由浅到深的规律，分学期培养，每期六条，呈螺旋式上升，阶梯式培养，累积式发展的态势。通过几年的培养，山河小学学生日常行为表现发生了巨大变化。坐姿正确，作业及时，行走有序，讲究卫生，语言文明，彬彬有礼，恪守公德，为人助人，容人让人，"爱达"的种子在近2000颗幼小的心灵中悄悄发芽、开花。省市教育部门充分肯定山河小学的细节德育工作实效，将其分别树立为全省德育工作示范校、全市德育工作先进集体。

三、真爱付出，追求"四化"成为路径选择

教育是一门科学，它是有规律可循的事业。尤其作为小学教育，各项工作更要符合儿童的身心特点和认知规律，基于这个认识，在任校长的办学中，他追求"本真化、科学化、简洁化、公平化"的办学行为和风格。

（一）教育本真化就是要追求教育真理，回归教育原来的初衷。本真化的"本"，即是根本之"本"，回归教育的本源，回归教育的本质。"本"既是教育的起点，又是最终归宿。这里的"真"既是真实客观的"真"，又是真理的"真"，也是真诚的"真"。教育和引导学生不但要爱自己、爱生命、爱身体、爱知识、爱技能，而且还要爱父母、爱老师、爱同学、爱朋友、爱社会、爱国家，每位老师都要当"做真教育的教育真人"，叙写"爱达教育"理念下爱对教育本真生命的回归。

（二）教育科学化是做教育必须遵守的基本规律。教育发展的规律是什么，简言之就是要遵循孩子发展的身心特点和认知规律，如果教育者的教育手段和措施，背离了这一方向，教育可能会走很多弯路，或者是错误的路。山河小学在学生习惯培养计划、课堂教学理念、在校行为五条基本规定等方面，都充分地考虑了学生的身心特点和认知规律，做到了教育科学化。

（三）办学简洁化就是把复杂的事做简单。小学孩子年龄小，学

校的各项制度要求、老师的教育教导等一定要简洁化，不能太复杂，要让学生容易记住，他们才会去落实。比如他们的"每期六条小习惯""在校行为五条基本规定"都体现了简洁化办学的风格。

（四）管理公平化是山河小学管理的制胜法宝。人常说，公道自在人心。作为校长，时时要把公平装在心里，落实在管理的方方面面。要实现公平管理，首先必须要有一套科学人文的管理制度做保障。其次，要做到制度面前人人平等，这是一个很难坚守的过程。用好公平法宝，实施制度第一、校长第二的管理，这是山河小学激发女老师工作积极性以及最大潜能的制胜法宝。面对许多女老师吃苦性不强、家庭背景优越、心小事多的特点，山河小学在质量认可、职称晋升、评优选模等问题上，在人性化的制度执行上，去除任何私心杂念，努力让每个教师在同一个起跑线上心平气和地竞争，把每一个老师都当成一名真正的老师真心对待。于是，一团和气、公平竞争就成了山河小学老师团队形象的代名词。

四、特色管理，用真爱情怀凝聚感动力量

在管理中，任校长把教师的发展、学生的发展放在第一位，在实施制度刚性约束的前提下，建立符合教师与学校共同发展的愿望前景及实施路径，教师的主观能动性便能得以充分发挥。自2012年以来，在"爱达教育"文化的感召下，山河小学步入快速发展的主轨道，学校紧扣发展学生、成就教师的根本使命，管理以关怀人、激励人、成就人为出发点，通过公平、富有创意和特色的新方法，收到了以人为本、活而不乱、内敛人心、提升人气、激活潜能、浓厚"三风"的管理效能，达到了用真爱和人格魅力感召人心、凝聚力量的境界。

（一）温馨例会——教育故事，让老师人人成为优秀。往常的教职工例会大多以学习文件、日常管理、通报检查、安排工作、强调不足为主要内容，显得单一肤浅、枯燥乏味，常常引起老师的消极、厌倦、抵触情绪。为了创新管理措施，山河小学积极改变例会模式，取而代

之的是校长的思想引领、班子的专题讲座和老师的教育叙事。这样的例会，老师成了主角，他们的教育叙事均讲述着他们走过的路。凡走过，必留下坚实的痕迹；凡讲述，必定是心灵的碰撞。领导的引领，老师的叙事，带给老师更多的是热情，是感悟，是成长，例会成了老师们促进专业成长、陶冶师德、生命回归本真的温馨港湾。

（二）心灵对话——领导的肯定，让老师找到了位置和自信。自2012年以来，每年第一学期中期考试后，每位老师都要写一份质量分析报告，上交到包级领导处审阅，包级领导针对老师所做的工作和成绩，心交心地予以肯定，并指出努力的方向，然后下发到老师手中进行交流，而后老师写出自己的看法和认识，最后全校老师的质量分析材料统一交到校长处，校长对每一位老师的分析报告进行深度阅读，并写上极富个性、语重心长的书面评语后，返还到老师手中，老师再作最后一次认识与感言，面对校长和包级领导的款款温情和殷殷期盼，老师们深受感动，复以谢意励辞，他们将这种形式的交流称之为"心灵对话"。目前，老师与校长的对话已达500多人次，这项工作他们还将一如既往地坚持。这种管理模式真诚友善，拉近了管理距离，激活了正能量，使管理人气更加浓郁。心灵对话已经成为山河小学班子成员与教师工作、情感和精神沟通的桥梁，成为校长和教师诗意般管理生活的栖居方式。

（三）亮点激活——正面鼓励，让优点充盈教育的全部。用放大镜去发现师生的优点与进步，是山河小学管理成功的又一秘诀。山河小学给每位领导设立了《亮点激活查学记录本》，把管理的重心刻意倾斜到发现师生的亮点事件或做法。每周及时汇总，通过LED屏进行反馈，肯定成绩和优点，展示师生风采，让平凡的校园成为师生获得成就感和幸福感的乐园。履行好岗位职责，崇尚师德，已经成了老师的一种自觉意识，山河小学的校园，时时处处发生着令人感动的亮点工作，管理在正面引导和鼓励中迈上了更高的境界。

（四）评星晋级——点滴细节，让老师持续进步的力量。为进一步加强教师队伍建设，增强教师教书育人的责任感和敬业精神，鼓励教师不断提高教学业务水平和能力，充分调动教师工作的积极性、主动性和创造性，营造潜心教学、不断进取、勇于竞争的良好氛围，逐步建立促进教师专业化发展的长效激励机制，为教师的专业成长搭建平台，山河小学推行了《山河小学教师评星晋级管理办法》。学校对每位老师进行星级教师的首次认定后，每学期根据个人的工作量、工作业绩等进行评星晋级，并与绩效工资挂钩，从而形成对教职工的长效管理机制。教师星级管理制定出台后，极大地调动了教师的工作积极性，尤其是一部分即将退休的老师，他们能从星级津贴中感受到山河小学对他们的肯定与鼓励，所以会更加积极主动地承担工作任务。

（五）"月度小明星"——一个称号，让学生找到一生自我发展的自信。为了贯彻党的教育方针，全面提高学生素质，激励广大学生勤奋学习，积极进取，奋发向上，争先创优，培养德智体美劳全面发展的新一代接班人，进一步努力改变学风，充分发挥学生在各个方面的典型示范和激励引导作用，山河小学每月开展一次月度明星学生评选活动。本着肯定和鼓励的目的，为了发展学生个性特长和特点，老师根据学生外在表现，如果在某一个或几个方面具有某种特长和优秀品质，就可以评选为本班的明星学生，并赋予"最×××的小明星"称号，每班在每月最后一周评选3个明星学生，学校在下一个月第一周升旗仪式上对全校100多名小明星进行表彰奖励，每人颁发学校自行设计的《喜报》一张。尽管是一张小小的喜报，但学生收到的却是无穷的进步力量。按每个班来讲，每期按4个月计算，共可以评选12个小明星学生。这样几年下来，基本上每个学生都有了一个响亮的小明星称号，这会让每个学生通过这个称号感受到被肯定，找到自信。一个小小的称号，可以影响孩子的一生。

五、科研兴校，打造优质学校的后劲十足

（一）"童本·需要·活力"高效课堂理念符合课改要求。山河小学在反复研究教情、学情的基础上，根据学生身心特点和认知规律，初步构建了具有山河小学特色的"童本·需要·活力"高效课堂理念，

实现"以学定教、多学少教"的课堂教学价值追求。在着力研究课堂流程、环节操作、评价方式和管理机制的基础上，追求课堂效益、改变课堂状态、强调小组学习、强化自主合作学习、回归生本教育本真，并探索出了"五学三测"式课堂教学模式。

（二）"世界咖啡"校本教研成长了一批研究型教师。"世界咖啡"校本教研是一种集体平等对话与交流的教研方式。学校由各教研组向老师征集平时教学中难以解决的问题和困惑作为话题，然后由提出话题的老师做主持人，以"世界咖啡"校本教研的形式进行研讨、商议、分享，达成共识。这个共识，成为平日里老师教育教学的理论工具和实践指南。借助"世界咖啡"校本教研这个平台，每位老师都展示了自我，获得了成就感和存在感，增强了自信心，使教研工作向本真化、纵深化、针对化、特色化发展。

（三）"一同两异"集体备课是任务单教学和学法指导深度融合的精深备课。依托"童本·需要·活力"高效课堂理念，立足"五学三测"课堂教学模式，山河小学从2015年后期开始实行保底与个性相结合的"一同两异"集体备课。按照同级分工，合作完成的总体原则，由主备人精心备课，在备课组长的组织下，同级同科目老师参与集体备课，各抒己见，去异存同，形成具有共性保底的统一导学案，然后打印下发到老师手中，其他老师再根据自己教学实际和本班学情，进行二次添加或删减，最终形成共性与个性并存的导学案，实施教学。这种备课的亮点在于，在备课过程中，将教学内容分解为若干个教学任务，然后对应每一个任务，提出科学合理的教法学法，注重学法指导。"一同两异"集体备课既能减轻老师备课负担，又能实现备课时"精备""简备"与思考相结合；既有主备老师的个人著作，又有其他老师的共同智慧；既是一次共性集体备课的结果，又是两次个人个性备课的结晶，使老师的成长有了一个质的飞跃。

六、开发课程，不断满足多元课程育人的个性需求

山河小学的爱达教育思想还生动地表现为，尽可能地满足儿童成

长的需求，为他们提供多样化的课程形式，由他们自愿选择，开展各自喜闻乐见的社团活动，实施拓展型课程育人。

2013年，在省、市、县文明办的关心支持下，山河小学实施了甘肃省"乡村学校少年宫"项目，学校开设了独轮车、足球、跆拳道、舞蹈、葫芦丝、戏曲、儿童剧、素描、水彩、书法、合唱、鼓号等50多种社团活动，外聘辅导员7名，全校所有学生参与活动。其中独轮车、葫芦丝、足球、素描、合唱、腰鼓队、跆拳道、舞蹈初具规模，独轮车全市仅有。学校每半学期举行一次"激情广场90分"社团才艺展示，促进学生特长发展。山河小学学生的社团活动和新课程建设已经步入蓬勃发展阶段，引起社会广泛关注，省、市文明办领导热情褒扬，省教育厅将学校命名为"全省快乐校园示范校"。2014年，庆阳市在该校隆重召开全市乡村学校少年宫建设现场会。

七、打造名师，给学校插上了腾飞的翅膀

2015年，甘肃省正式启动了"百千万"乡村教师素质提升计划，山河小学被甘肃省教育厅确定为第二批百所"金色教苑"乡村教师研训基地之一，必将加快该校向全省一流学校进军的步伐。这是山河小学建校史上的一件盛事，全校师生为之欢欣鼓舞，也必将掀开山河小学教育教学工作崭新的一页。2015年12月，来自镇原、庆城、宁县和正宁县的20名优秀校长和老师参加了这次培训。活动期间，参训教师与山河小学的老师建立师带徒、面对面、手把手的帮教关系，广泛开展了专题培训、听课、评课、同课异构、互动交流、主题研讨等活动。通过学习，彼此建立了深厚的友谊，每位学员给予了山河小学高度的评价，培训取得圆满成功。

2016年6月，山河小学顺利通过北师大第三方专家组的评估，加入北师大"学校一体化发展项目"。"学校一体化发展"是北京师范大学支持庆阳基础教育质量提升协同创新计划"美丽园丁"项目的一个支项目。其主要内容是北京师范大学在庆阳市选取31所优秀学校（小

学 10 所），从学校文化形成、学校管理创新、课堂教学优化、骨干教师名优班主任培养等方面进行全方位打造，以帮助项目学校优化办学理念，开阔教育视野，打造成全国示范校、名校。该项目的实施，必将加快山河小学向全省名校进军的步伐。

经过不懈努力，山河小学以学生习惯培养阶梯计划、体验式细节德育、主题德育实践、学生在校行为五条基本规定为抓手，重点抓好课改课堂生命化、教学模式适合化、有效作业精细化、校本教研本土化等教学工作，学校"三风"得到根本好转，办学效益日益凸显。为把教师打造成有思想的学者型、研究型、专家型、实干型的教育者，他们长期坚持教学改革、校本教研和校本培训；为把学生培养成习惯好、信心足、特长优、素质高的快乐小公民，他们长期开展学生月度小明星评选、七色柱评价、激情广场、广深阅读、多彩社团、循环日记、成长记录等活动，努力把山河小学创办成有灵魂、有文化、有质量、有特色的内涵名校。

自 2012 年以来，学校教育教学质量稳居全县前列，学校先后被评为甘肃省"科技创新实验示范学校""德育示范学校""快乐校园示范学校""优秀乡村学校少年宫"；庆阳市"教育系统先进集体""课改示范学校""新教育实验基地""德育工作先进集体""优秀家长学校"；连年被正宁县委、县政府评为先进集体；有 1 名教师获得甘肃省"特级教师"称号，5 名教师获得甘肃省"骨干教师"称号，7 名教师获得甘肃省"青年教学能手"称号，20 多名教师获县、市级综合奖励，200 多名学生获得市以上奖励，"习惯立人，课程育人，特色达人，素质强人"的办学策略得到了有效落实。特别是 2015 年，"全国校园足球特色基地校"和"甘肃省乡村教师影子研训基地"两个殊荣的获得，将山河小学的办学理念推向了一个新的高度。

我们有理由相信，只要正宁县山河小学能认认真真地落实各级政府的教育方针，沿着新时期学校教育的本真路径，继续用真爱的情怀与行动，诠释"爱达教育"的真谛，牢记"立德树人，奠基幸福，成就教师，发展学生"的使命，坚持不懈地真做教育，山河小学的明天，一定会更加健康协调，辉煌灿烂。

（此文刊登于2016年9月30日《甘肃法制报》第四版，作者：张岳祥　乔海平　朱丽辉）

第四节　让"爱达教育"成为教育路上不灭的灯塔

正宁县山河小学是一所县直小学，创建于1923年，现有学生3000名、教师106名。学校规模较大，历史底蕴深厚，其"爱达教育"办学理念已在全体师生中深深地扎下了根，学校在学生习惯阶梯培养等德育教育、"世界咖啡"校本教研、学生月度明星评选等方面走出了一条自己独特的路子，在庆阳教育界小有名气。

一所县城小学，能在短短的几年时间内，取得如此骄人的成绩，能被评为市级示范学校，能成长为甘肃省乡村骨干教师培训基地，靠的是什么？

正宁县山河小学一景

一、"立德树人，奠基幸福"办学思想的确立

2012年9月，山河小学新一届班子基于新时期学校对育人方向的把握，在广泛研究讨论的基础上，确立了"立德树人、奠基幸福"的办学思想。令人欣慰的是，在党的十八大上，国家把立德树人作为教育的根本任务，使山河小学关于进一步坚定办学思想的信念和实践信心倍增。作为基础教育的小学教育，最重要的就是要培养学生良好的思想品德，学好知识技能，从各方面打好基础，为学生以后的全面、个性发展和幸福生活奠定基础。

有趣的活动课

二、"爱达教育"学校文化及精神力系统

教育是提高人素质的事业，教育也是爱的事业，对于学校教育而言，这份爱到底有多真、能持续多长时间、有效性是多少，基于这种

思考，我们提出了以"爱人达己、爱己达人"为基本内涵的"爱达教育"。作为学校的精神文化，以"教育是一种真爱行为的坚持"为核心理念，以"启迪智慧，健全人格"为办学宗旨，以"立德树人，奠基幸福"为办学理念，以"文化立校，课改强校，特色兴校"为办学思路，以"习惯立人，课程育人，特色达人，素质强人"为办学策略，以"群星灿烂，健康快乐"为办学目标，努力把学生培养成习惯好、信心足、特长优、素质高的快乐小公民，把老师打造成有思想的实干型、学者型、研究型、专家型的教育者，把学校创办成有灵魂、有文化、有质量、有特色的内涵名校。

在工作中，积极实施"1346"发展战略，即以追求让师生在学校的培养下群星灿烂、健康快乐作为中心目标；实施爱达教育、星光教育和七色光教育三种文化；坚持习惯立人、课程育人、特色达人、素质强人的四维育人；开展阶梯习惯、广深阅读、适学课堂、社团活动、激情广场、成长足迹六项活动。

对"爱达教育"的再诠释

三、"爱达教育"文化理念下的管理特色

山河小学在管理中把教师的发展、学生的发展放在第一位，建立符合教师与学校共同发展的愿望前景及实施路径，教师的主观能动性便能得以充分发挥。自2012年以来，在"爱达教育"文化的感召下，山河小学步入快速发展的主轨道，学校紧扣发展学生、成就教师的根本使命，管理以关怀人、激励人、成就人为出发点，通过公平、富有特色和创意的新方法，收到了以人为本、活而不乱、内敛人心、激活潜能的良好效果。

【温馨例会】往常的教职工例会多以学习文件、日常管理、通报检查、安排工作、强调不足为主要内容，显得单一肤浅、枯燥乏味，常常引起老师的消极、厌倦、抵触情绪。为了创新管理措施，山河小学积极改变例会模式，取而代之的是校长的思想引领、领导的专题讲座和教师的教育叙事。这样的例会，老师成了主角，他们的教育叙事均讲述着他们走过的路。凡走过，必留下坚实的痕迹；凡讲述，必定是心灵的碰撞。领导的引领，老师的叙事，带给老师更多的是热情、是感悟、是成长，例会成了老师们专业成长、生命回归本真的温馨港湾。

【心灵对话】每年第一学期期中考试后，每位老师都要写一份质量分析报告，上交到包级领导处审阅，包级领导针对老师所做的工作和成绩，心交心地予以肯定，并指出努力的方向，然后下发到老师手中进行交流，而后老师写出自己的看法和认识，最后全校老师的质量分析材料统一交到校长处，校长对每一位老师的分析报告进行深度阅读，并写上极富个性、语重心长的书面评语后，返还到老师手中，老师再作最后一次认识与感言，面对校长和包级领导的款款温情和殷殷期盼，老师们深受感动，复以谢意励辞，他们将这种形式称之为"心灵对话"。目前，老师与校长的对话已达500多人次，这项工作我们还将一如既往地坚持。这种管理模式真诚友善，拉近了

管理距离，激活了正能量，使管理氛围更加浓郁。心灵对话已经成为山河小学班子成员与教师工作、情感和精神沟通的桥梁，成为校长和教师诗意般管理生活的栖居方式。

【**亮点激活**】用放大镜去发现师生的优点与进步，是山河小学管理成功的必然选择。为此，山河小学给每位领导设立了《"亮点与激活"领导查学表》，把管理的重心刻意倾斜到发现师生的亮点事件或做法。每周及时汇总，通过电子显示屏进行反馈，肯定成绩和优点，激发了师生的成就感。履行好岗位职责，已经成了老师的一种自觉行为，山河小学时时处处发生着令人感动的亮点工作，管理在正面引导和鼓励中迈上了更高的境界。

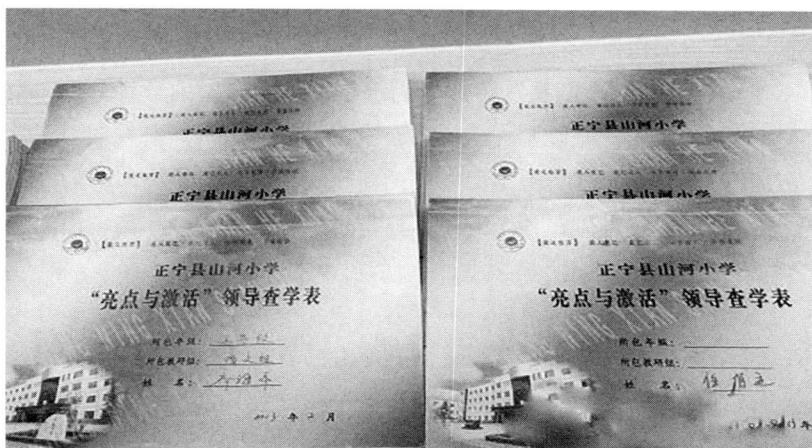

"亮点与激活"领导查学表

【**教师星级管理**】为进一步加强教师队伍建设，增强教师教书育人的责任感和敬业精神，鼓励教师不断提高教学业务水平和能力，充分调动教师工作的积极性、主动性和创造性，营造潜心教学、不断进取、勇于竞争的良好氛围，逐步建立促进教师专业化发展的长效激励机制，为教师的专业成长搭建平台，建立一支素质优良、结构合理的教师梯队，为更多的中青年教师搭建成长的平台，扎实有效地推动课堂教学改革，全面提升教育教学质量，山河小学推行了《山河小学教师评星晋级管理办法》。一星级教师（六颗星）、二星级教师（十二颗星）、三星级教师（十八颗星）、四星级教师（二十四颗星）、五星级教师（三十颗星）、六星级教师（三十六颗星）、七星级教师（四十二颗星）、八星级教师（四十八颗星）。每六颗星为一级，满六颗星可以晋升高一级。学校对每位老师进行星级教师的首次认定后，每学期或每学年根据个人的工作量、工作业绩等进行评星晋级，并与绩效工资挂钩，从而形成对教职工的长效管理机制。教师星级管理制定出台后，极大地调动了教师的工作积极性，尤其是一部分即将退休的老师，他们能从星级津贴中感受到学校对他们的肯定与鼓励，所以会更加积极主动地承担工作任务。

【学生"月度小明星"评选】为了贯彻党和国家的教育方针，全面提高学生素质，激励广大学生勤奋学习，积极进取，奋发向上，争先创优，培养德智体美劳全面发展的新一代接班人，进一步努力改变学风，充分发挥学生在各个方面的典型示范和激励引导作用，山河小学每月开展一次月度明星学生评选活动。

本着肯定和鼓励的目的，为了发展学生个性特长和特点，老师根据学生外在表现，如果在某一个或几个方面有某种特长和优秀品质，就可以评选为本班的明星学生，并赋予"最×××的小明星"称号，每班每月评选3个明星学生，每期按4个月计算，共可以评选12名明星学生。这样6年下来，每个学生都有了一个响亮的小明星称号，这会让每个学生通过这个称号感受到被肯定，找到了自信，展示了自我，极大地鼓舞了学生的积极性。

葫芦丝社团

四、"爱达教育"文化理念下的体验式细节德育

办好一所学校，育人是第一要务。德育工作从总体上来说，分为"大德育"和"小德育"。大德育的组成有四部分，即：政治教育、思想教育、道德教育、个性心理教育；小德育主要涉及学生道德教育，即养成教育的方方面面和学生个性心理教育的点点滴滴。如何能用适合学生、教师的理念与方法，做好育人工作，我们的定位是：学校教育一定要根据学生的年龄、身心特点和教情，充分体现办学的本真化、科学化、简洁化和公平化。德育范围广泛，无处不在，但是德育工作仅靠简单说教、空洞想象，只能是枯燥乏味，收效甚微。按照山河小学德育工作"生活化、活动化、体验化"的总体原则，学校把"爱达教育"作为统领山河小学德育工作的思想基础，找到德育工作的切入点和抓手，积极推行"体验式细节德育"，以"学生习惯培养阶梯计划"、学生六年经历24件事、社会主义核心价值观下的"六爱、六要、六会、六达"、主题德育综合实践活动为抓手，将德育工作从大处着眼、小处着手，细化措施，坚守坚持，用心化人。基本理念是：以礼导其行，而后身修；以智启其德，而后理明；以诚动其怀，而后自省；以爱感其心，而后情通。

图书馆

【**学生习惯培养阶梯计划**】良好的行为习惯是决定一个学生未来成功的基础和保障。从小养成良好的习惯，这是孩子们日后获得成功和幸福的基础。根据行为心理学的研究表明，一种行为重复出现21次，可以成为初步习惯，90天就可以成为成熟习惯。基于这种理论，通过反复研究、论证，我们梳理归纳出了山河小学学生在文明礼仪、学习能力、生活自理、环境保护、诚实守信、知恩感恩等方面需要养成的6个核心习惯，并根据各年级学生的身心特点和认知规律，将这6个核心习惯细化、分解为72条子习惯，按照由易到难、由浅到深的规律，分学期培养，每期6条，呈螺旋式上升，阶梯式培养，累积式发展的态势。对于习惯而言，有些在一定阶段就会养成，而有些习惯的培养却一直不会间断，可能会延伸到初中、高中乃至终生。我们的这种习惯培养，贯穿于学生生活学习的每一个环节，关注学生的一言一行，一个微笑、一个动作，所以习惯培养就是体验式细节德育。

习惯培养阶梯计划项目启动仪式

【**六年经历24件事**】根据学生不同阶段的年龄和身心特点，我们给每个年级定出了实践主题，细化了必须经历的事情，通过24件事的经历，我们期望学生通过对事情本身的体验和感悟，达到提升思想、锻造品质的目的。

【**六爱六要六会六达**】根据社会主义核心价值观的基本要求，结合山河小学"爱达教育"文化精神，我们给每个年级提出了爱的主题、一个要求、会的标准、达人称号，并对应落实社会主义核心价值观内容的教育，体现山河小学"德育要落实落细落小，实践要育行育心育人"的根本要求。（"六爱六要六会六达"具体内容见P137）

【**主题德育综合实践活动**】只有经历了才会懂得，只有实践了才有体验，只有体验了才能感悟，只有感悟了才会形成良好品德。我们将原本每周的队会活动与德育实践课进行整合，每周四安排了80分钟的主题德育实践课，不再单独上品德课，让学生在生活活动中上课学习，在上课学习中感悟生活与活动。学生通过参与角色体验、实践活动等形成了良好的行为习惯及心理品质。

五、高效课堂的构建

【"童本·需要·活力"高效课堂理念】"童本·需要·活力"
高效课堂是基于学生身心特点和认知规律的一种课堂模式。"童本"
课堂就是在一、二年级进行，由于学生的年龄小，对学习的认识程度
和自觉程度还很低，所以老师在教学的过程当中，严格掌握学生认识
水平，掌握他们注意力难以长时间集中的现实，掌握他们模仿性强的
特点，用儿童的眼光和思维，调控教学行为，要求学生在课堂规范用语、
坐姿、读书写字姿势、发言纪律等方面一定要做到标准规范，老师要
注重教的准确性和规范性，注重教和练所占的时间比例由一年级的8:2
向二年级的7:3的转变和过渡；"需要"课堂就是根据三、四年级学
生在独立意识、语言、行为、个性、感情等方面均有一定发展的实际，
根据学生逐渐形成的个性化的个人需求，老师在教学中既要注重课程
标准的要求，又要注重他们的个人需求，既要注重老师的引导和教授，
又要注重发展他们的自学意识和能力，实现教和学的时间比例逐步过
渡到6:4左右；"活力"课堂主要针对五、六年级学生而言，因为他
们随着年龄的增长，基本已经有了个人的独立意识，有了男女差别和
性别意识，他们会注意别人对自己的看法，这时候需要我们的老师利
用团队意识和合作精神，想办法调动学生的积极性，鼓励他们积极发
言，动手动脑，自主学习，合作探究，当然倾听的品质也主要在这一
个时期内完成，逐步实现减少老师的教，增加老师的引导和点拨，增
加学生的自主学习和适当的部分合作探究，使教与学的时间比例从五
年级的5:5达到六年级的4:6左右，为孩子适应初中学习打好基础。

【"五学三测"课堂教学模式】我们在深入研究教情和学情的基
础上，着力研究课堂流程、环节操作，进而探讨评价方式和管理机制
的改革，追求课堂效益、改变课堂状态、强调小组学习、强化自主合
作学习、回归生本教育本真，探索出了一个以实现"以学为主、多学
少教"的理想的教学模式，即"五学三测"式课堂教学模式。所谓"五

学"是指五种学习方法：简单自学、同桌互学、组内群学、交流展示学、拓展提高学；所谓"三测"是指三个检测环节：关联知识专项测（课前预习复习测）、探究新知分类测（课中获取新知反馈测）、拓展延伸综合测（课后巩固延伸测）。课堂上学生的学习方式单一，基本都是老师引导学、帮扶学、经验学，缺少自主学、合作学、探究学；测评模式基本都是新授结束后集中"闯关测"。如四年级的《简便运算》应该对照有关运算定律，边总结边尝试简便运算，不宜集中总结运算定律，再集中简便运算，学生容易发生混淆，无所适从。

体育课

六、平等对话、共同提高的校本教研

"世界咖啡"校本教研是一种集体平等对话与交流的教研方式。它会营造一个轻松、和谐的环境，让参与教师针对一个或数个话题，发表各自的见解，相互碰撞意见，激发出更多实用或意想不到的创新点子。"世界咖啡"校本教研的实施过程是这样的：由各教研组向老师征集平时教学中难以解决的问题、困惑作为话题，然后由提出话题的老师做主持人，以"世界咖啡"校本教研的形式对这些话题先在小组内进行研讨和商议，然后各组展示分享本组的观点，最终形成相对一致而且比较全面科学的方法，这中间每位老师都有发言的机会和主动权，主持人和教研组长也可及时地点评和质疑。借助"世界咖啡"校本教研这个平台，每位老师都展示了自我，获得了成就感和存在感，增强了自信心。

【"世界咖啡"校本培训】由于山河小学专业老师短缺，因此，在校本培训方面山河小学也采取"世界咖啡"的形式，积极推行"兵教兵"的校本培训，即让山河小学音体美方面的专业老师为其他非专业音体美老师做专业方面的培训。如山河小学专职体育教师王玉田多次为非专业体育老师做小学一至六年级体育技能基本知识的培训；音乐教师杨春燕多次为非专业音乐老师做小学阶段音乐课基本技能培训；专职美术老师徐玉琴多次为非专业美术老师做美术基本技能培训，如剪纸入门、人物基本画法等，使每位受训老师都受益匪浅。在校本培训过程中，每位老师也可以就自己任教学科中的疑难问题提出质疑，大家一起讨论，寻找对策，提高自己。我们不敢说"世界咖啡"校本培训让这些非专业老师短时间内成长得很专业，但这样的多次培训和交流最起码让他们知道了音体美课的基本要求、基本常识，能承担起所担任的任务。这种"兵教兵"的"世界咖啡"校本培训方式也让每一位有专长的老师有做老师之师的机会和成功体验，老师们激情盎然，气氛热烈，效果显著。

舞蹈课上

【"一同两异"集体备课】依托"童本·需要·活力"高效课堂理念，立足"五学三测"课堂教学模式，山河小学从2015年后期开始实行保底与个性相结合的"一同两异"集体备课。按照同级分工，合作完成的总体原则，由主备人精心备课，在备课组长的组织下，同级同科目老师参与集体备课，各抒己见，去异存同，形成具有共性保底的统一导学案，然后打印下发到老师手中，其他老师再根据自己教学实际和本班学情，进行二次添加或删减，最终形成个性导学案，实施教学。"一同两异"集体备课既能减轻老师备课负担，又能实现备课时"精备""简备"与思考相结合；既有主备老师的个人著作，又有其他老师的共同智慧；既是一次共性集体备课的结果，又是两次个人个性备课的结晶。

七、丰富多彩的综合实践

少年宫社团活动是山河小学的一大亮点。学校班子和辅导员老师付出了艰辛的劳动，积极总结经验教训，及时解决运行中的不足，根据学生的爱好，及时撤并了人数较少的社团，增加了独轮车、戏曲、魔方等社团课程，购置了二胡、音响等活动器材，制定了切实可行的改进计划，建立了以点带面、以师带徒、全面提高的辅导员培训机制，成立了"一师两用"的辅导员队伍和志愿者辅导员队伍。学校先后与县剧团、文化馆、书画协会取得联系，聘请艺术人才加入山河小学辅导员队伍，为学生传播艺术、教授技能。特别是这些外聘辅导员，他们躬身示范，悉心指导，为山河小学乡村学校少年宫提供了技术保障，提高了辅导员队伍整体素质。学校招收校内外学员2000多名，时间由原来的星期四变为星期二下午90分钟，充足地保证了学生的活动时间。山河小学少年宫课程的设置，基本满足了不同孩子发展的需求，使他们真正体会到课余生活的乐趣，体会到社会对留守儿童的关爱，解决了许多家长的后顾之忧。

独轮车练习

八、点燃梦想的星星之火

【循环日记】从2014年开始，结合山河小学书香校园的创建，山河小学在每个班设立了"循环日记"，把班级学生分成若干个小组，每个小组一本日记，由本小组成员轮流写。每天晚上写好，中、高年级在小组内进行修改评价，低年级由家长进行修改评价，第二天早上老师抽查了解后再做评价。它的特点在于流动性，学生、家长、老师之间互相学习交流，取长补短，共同进步。为了取得家长的支持，老师们在每个小组的日记首页写了《给家长的一封信》，每班的内容都各不相同，富有班级特色。为了让每个学生都能写出最好的日记，老师会给每个小组写下老师寄语，提出希望要求，并教给学生写日记应该注意的事项。在老师的指导下，每个小组各自取了具有小学生特点的个性名称，比如"蓝天组合""黄风小队"等，而且把自己的小照片贴在小组名称下。在"世界咖啡"教研会上，同级的老师会相互交流"循环日记"的指导经验。这种做法很好地训练了学生的写作能力，学生和家长的积极性很高，再加上学校的积极推广与支持，循环日记已经成为语文教学中的"功臣"，成为家长—学生—老师之间的信使，成为提高教师作文教学水平、激发学生写作兴趣的有效途径。

科技小组

【成长记录】在老师和家长的指导和帮助下，山河小学自2003年开始实施学生成长记录册评价。学生建立了自己的成长记录册，主要收集、记录学生自己、教师或同伴做出评价的有关材料，如：优秀作业、活动记录、发表作品、记录自己学习活动的照片、磁带、项目作业、实验报告等一些相关的证据与材料，以此来评价学生学习和进步的状况。成长记录册可以说是记录了学生在一个时期一系列的成长故事，是评价学生进步过程、努力程度、反思能力及其最终发展水平的理想方式。山河小学的成长记录册封面设计新颖、别致、有内涵，内容收集丰富、有质量，多方面促进了学生的自主发展，提高学生的自信心，对学生的成长起到了一定的激励作用，同时也为老师、家长、同学和社会等提供了更加丰富多彩、准确真实的评价材料，使我们能够更加开放地、多层面地想方设法评价激励每一个学生。

腰鼓社团

【七色柱评价】在"爱达教育"思想的引领下，结合山河小学"培养小习惯，成就大人生"学生习惯培养阶梯计划和"学生月度小明星"的评选，我们在每个教室设计了一个水晶七色柱评价图，对学生进行班级七色柱评价，将每个班的学生平均分成若干小组，每个小组中的每名学生占一列七色柱，每列七色柱下面贴该名学生的照片。班级七色柱评价有三种方式，即学生自我评价、同学互评、小组互评。根据学生的平时表现，老师或小组长为他们贴上小星星或笑脸，记录学生的进步，一周进行一次统计，每月积累小星星和笑脸最多的学生可推选为月度小明星。七色柱评价用放大镜的方法，多角度、多层面地发现学生的特长及亮点，哪怕学生有一点点的进步，也要给予及时的肯定与鼓励。学生本人积极参与自我评价，以评价促进自身发展，对自己的表现，从学习能力、道德品质、个性与情感三个方面进行自我评价，在评价中发现自己的优缺点，取长补短；同学互评，孩子的眼光更为公正和独到，因为评价的是自己每天接触的小伙伴，所以更准确，更能反映问题。同时，也要强调多元化的价值取向和多元标准，提倡评价主体的多元化，主张使更多的人成为评价主体、着重对学生个性化的表现和体验进行评定、鉴赏，使学生的探究能力得到提高。

班级七色柱评价

（此文2016年10月登载于中国甘肃网，作者：任有运　石琼慧　张岳祥）

第五节　学生良好习惯培养是一项社会工程

　　一个人从小就要养成各种好习惯，比如文明礼仪、生活习惯、学习习惯、安全习惯等，因为好习惯伴随人的一生，是生活和生命中应该具备的基本素质，是个人立足于社会的基础条件之一。培根说："习惯是一种顽强而巨大的力量，它可以主宰人生。因此，人从幼年起就应该通过教育培养一种良好习惯。"——重视习惯培养，就是对人生负责。

　　小学阶段是培养学生养成良好习惯的关键阶段。学生的"可塑性强"，思想行为比较单纯，学生自我发展的愿望也十分强烈，这对培养习惯都有积极的作用和意义。

　　摆在我们面前的问题是，如何具体去完成习惯培养这个重要命题？笔者认为，中小学生良好习惯培养是一项社会工程。全社会都要为此做出努力。

　　中华民族历来都是十分重视习惯培养的。问题是，时代变了，习惯的内容更丰富了，社会对习惯的要求也相应提高了。作为现代公民，无论年龄大小，都应该培养、巩固、保持、表现自己的良好习惯。全社会都要重视良好习惯的养成，国人都要有文明习惯。

　　随地吐痰——这被当作国人的第一恶习。外国一些人已经把随地吐痰这种不良习惯与中国人联系在一起。由此可见，坏习惯，不仅有损于个人形象和素质，还关乎国民素质和形象，绝对不容小觑。

全社会要形成重视好习惯，摒弃坏习惯的良好氛围

　　人，不是孤立于社会的。社会是一个大家庭。作为家庭成员，尤其是成人，在行为习惯表现方面，要为中小学生树立榜样。成人在行为习惯方面的不良表现，看似微不足道，但其负面影响不小。比如，

大家都在排队，偏有人乱插队，破坏秩序和规矩。在小学生眼里，将会产生何种感慨呢？一个小学五年级的学生在作文里这样写道："老师教我们在公共场合要讲秩序，但那些大人们乱插队，只顾自己方便。乱插队的大人的老师当年没有教育他们吗？"

我们在一些公众场合，尤其是旅游景点，经常会看到，"禁止乱扔垃圾""禁止随地大小便"等系列的警示牌，说明不讲公德，没有良好习惯的还大有人在。

好习惯的养成，需要一个漫长的过程；不良行为习惯具有顽固性。许多人羡慕日本人的排队文明。其实日本人的文明习惯的培养，经历了上百年历程。

文明习惯、好习惯的培养，不是一蹴而就的事情，需要从长计议。我想，只要全社会共同行动，目标一致，思想上高度重视，行为上严格规范，制度上规范约束，舆论上营造氛围，监督惩戒有措施，形成培养文明习惯的健全机制，国人文明习惯的培养、文明素养的提高定能令人满意。

提到中小学生各种良好习惯的培养，当然需要全社会来参与。社会、家庭和学校都要担负责任和使命，并相互形成联合培养机制，探索、总结出科学、合理、高效的途径和方式。

学校是培养学生良好行为习惯的重要根据地

纵观小学、初中和高中的学习生活时间，"6+3+3"，这12年在一个人的人生经历中占了相当大的比重，这个时间段所产生的教育价值和意义又是何等重要。因此，学校是培养学生良好习惯的重要根据地。这个根据地，不是画地为牢，也不是世外桃源，它是一个与大社会息息相通的小社会。它有专业团队，有属于自己的形式多样的培养良好习惯的演艺舞台。陶行知先生在《我之学校观》一文里说，"学校生活只是社会生活的一部分。学校不是道士馆、和尚庙，必须与社会生活息息相通。要有化社会的能力，先要情愿社会化。""学校生活是社会生活的起点。远处着眼，近处着手，改造社会环境要从改造学校环境做起。"——以培养学生良好习惯为抓手，改变学风、教风、校风，全面提高育人质量，这是山河小学在教育实践中的特色和亮点。

但现实中，许多事情却事与愿违。

一些学校，重视"应试教育"，忽略或淡化学生良好品行的培养。"素质教育"机制措施存在缺陷和不足。

一些老师，教育教学活动中，重智育，轻德育。

一些家长，看重的也是分数，把分数之外的许多教育环节和过程推给学校和教师。

一些职能部门，评价学校片面化，"唯分数、唯升学率"论。学校削足适履，被动适应，习惯素养的提升没有得到应有的重视。

立德树人，是各级各类学校教育过程中必须重点落实的目标和任务。从习惯养成入手，抓习惯培养，就是为学生形成健全人格奠定基础。

站在习惯培养的角度，如果把小学、初中和高中这三个学段予以划分和命名，各自的作用和意义就有所不同了。

小学：习惯培养的黄金阶段，属于习惯培养的春季。

初中：习惯培养的深化阶段，属于习惯培养的夏季。

高中：习惯培养的巩固阶段，属于习惯培养的秋季。

小学这6年，时间占到了50%。这个阶段集中强化培养学生各种好习惯，有利条件有很多。如，学生自身发展特点，适中的课业负担，以及学校和家庭教育的广阔时空等。这个阶段，"一切刚刚开始"；这个阶段，一切都在萌芽阶段；这个阶段，花朵需要施肥浇水；这个阶段，人生需要打基础。

只有小学阶段的习惯培养工作搞得扎实，基础坚实，初中的继续发展、深化才有保障。巩固，拓展，深化是这一阶段的重要任务。笔直的树干成长于幼苗期。弯曲了的树干很难回到幼苗期。呵护苗木的雏形，继续修剪，才能成型。

高中阶段，是习惯培养的应用和巩固阶段，好习惯开始发挥积极作用。学生感受自己得益于好习惯的理性认识明显增强，行动更加自觉，规范。

春季：春暖花开，播种良好习惯，正当其时。

夏季：艳阳高照，呵护良好习惯，持之以恒。

秋季：丰收在望，运用良好习惯，春华秋实。

因为经历了春夏秋，幼苗已经茁壮成长，冬季，无论何种严寒，都能从容面对。

家庭、家长在培养子女良好行为习惯方面任重而道远

家庭、家长在养育子女、教育子女方面，发挥着十分重要的作用。巴金说过："孩子的成功教育，从好习惯培养开始。"家长是孩子的第一任教师。家长的思想意识、价值观、言谈举止、处事方式、生活习惯等，时时处处影响着孩子。因此，在家庭方面，要构建利于子女学习和生活的适宜的环境。家长要担当起教育子女的表率。

时下，部分家长教育观念滞后，教育方式简单粗暴，重智育，轻德育；有的家长对孩子的溺爱代替一切，忽略对孩子健全人格培养。一些家长忙于工作，疏于管教子女，家庭教育面临许多问题。家庭教育的质量下滑，给学校教育增添了困难。甚至，一些家长推卸责任，把子女成长过程中出现的一些不良现象和问题归咎于学校和教师。

因此，家庭教育的质量亟待提高。要提高家庭教育质量，首先要提高家长教育水平。除家长主观努力外，还要依靠社会力量和学校力量。

从习惯培养角度讲，家长要高度重视孩子的习惯培养。社会上流传的"5+2=0"的理论，学生5天的学校生活，却被2天的家庭生活给颠覆了，学校教育效果被家庭环境、社会环境给破坏了。这种现象的存在，警示家长和社会，教育培养的目标应该一致，方式应该相辅相成而不是去抵消。

综合习惯阶梯式培养：途径和方式别具一格

山河小学以课题研究的方式开展小学生习惯培养系列活动，把课题研究领域推到一个新的高度，取得了可喜的成绩。

（一）学校牵头，家庭沟通；学校主动，家庭积极配合，家校联动培养机制初步形成

学校牵头，出于何种动机和目的？

习惯培养是小学阶段的重要事情——认识是到位的，理念符合教育发展规律。学校依据学生习惯表现的现实状况，进行充分论证，找到了德育工作有序、高效开展的突破口、出发点。全校师生，学生家长，都是课题实验的负责人和参与者。大家的目标是一致的，愿望是一致的。一切为了学生的健康成长，要做好奠基工作。

事实证明，突破口找得准，思路也十分清晰。习惯培养为"学校—家庭—社会"搭建了沟通的桥梁。为"教师—教学活动—学生学习生活习惯培养"构建了平台。

（二）培养内容、途径和方式，新颖别致

72条综合习惯，六年重点培养、巩固，不求一步到位，只求因材施教，呈循序渐进，呈螺旋式上升。学生积极配合，完全能够适应训练要求。训练过程和培养环节安排科学、有序。有评价方案和标准，可操作性强，能够发挥监督、激励和评价引导作用。阶梯式培养内容的确定到实施，各个环节任务的落实，学校肩负起了责任和重担，家庭力量和作用得到重视，家校携手，共抓习惯培养；教师、家长和学生密切配合，目标一致，途径一致，培养习惯步入良性运行机制。

（三）综合习惯阶梯式培养初见成效

学校高度重视德育工作，以习惯养成教育为抓手，落实德育过程，巩固德育成果。

走进校门，学生们行队礼，主动向老师问好。走进教室，自觉回

到座位，读书学习，没有人喧哗，没有人追逐打闹，"保持安静"在学生们的行动中已经成了自觉行为。课间，走廊里的书架前，各年级的同学自觉翻书阅读。那些课外书，是他们的宝贝。没有人在书上乱涂乱画，大家都在文字里穿越古今。那些课外书，长期排列在教学楼走廊里，从来没有丢失现象。

　　校园里见不到烟头，见不到纸屑，听不到脏话。花草树木完好无损，墙壁洁白，乱写乱画的现象早已无影无踪……一届届毕业生，步入初中，把良好的行为习惯带进了新的学习生活环境中。

　　家长们对学校实行的综合习惯培养工作给予了大力支持。他们看到孩子表现出的种种良好的行为习惯，由衷地感谢学校所做出的努力。

　　业绩是奋斗出来的。德育目标的实现要靠具体行动去完成。小习惯培养，塑造一个文明学生；小习惯培养，成就一所学校。在山河小学的文化走廊里，悬挂着多种多样的奖牌，"家长示范学校""全省德育示范学校""全市教育教学先进集体""县级先进集体""甘肃省快乐校园示范学校""甘肃省文明校园"……每一块奖牌，都凝结着广大师生的智慧和汗水。在荣誉面前，他们十分谦虚。他们说，在立德树人，培养小习惯、成就大人生方面，"路漫漫其修远兮，吾将上下而求索"，需要持之以恒，继续深化实践工作，继续前进，让文明习惯的花朵四季绽放。

（撰稿：史晓真）

第二章　小学生综合习惯阶梯式培养的实践

第一节　德育工作与习惯培养关系示意图

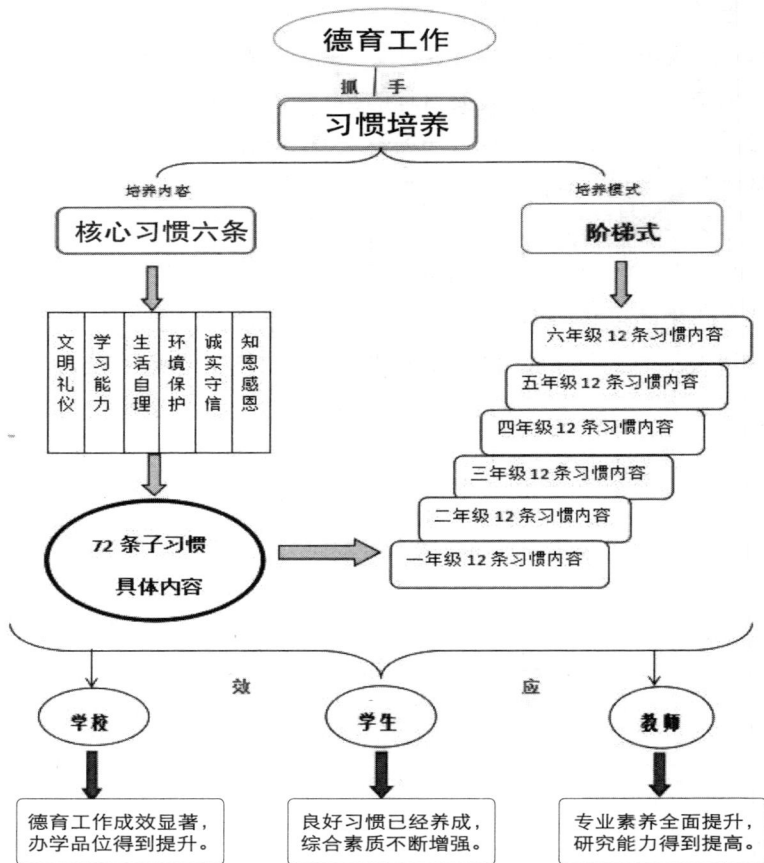

【说明】

1.学校德育工作的核心是"立德树人"。如何把德育工作落到实处？简单说教不能达到预期效果。综合习惯培养，是落实德育工作的具体措施和抓手。

2.依据农村中小学习惯教育养成现状，以及学生发展特点，确定了六条核心习惯。以此为中心，根据各年级学生特点，每个年级重点确定12条基本习惯内容，便于师生和家长共同开展培养活动。

3.实践证明，综合习惯培养教育工程的实施，推动了学校各项工作的发展，产生了积极而深远的影响。学校整体工作迈上了新台阶。教育主管部门以及社会各界认可支持综合习惯阶梯式培养系统工程，并给予了高度评价。

4.学生良好行为习惯基本养成，文明素养、优秀品质方面得到显著提升，这是最大的收获。

5.在综合习惯培养、提升过程中，教师的教育教学水平发生了巨大变化，运用校本教研平台，拓展思路，解决实际问题，增强了教育教学的责任感、使命感和幸福感。

第二节　小学生综合习惯问卷调查报告

我国著名的教育家叶圣陶先生曾深刻指出："什么是教育，简单一句话，就是要养成良好的习惯。"良好的行为习惯是决定一个学生未来成功的基础和保障。从小养成良好的习惯，是孩子们日后获得成功和幸福的基础。

近年来，随着人民物质生活水平的不断提高，我国少年儿童的身体发育水平已明显提高。人民精神文明、生活水平的提高和社会信息来源不断丰富，也大大促进了少年儿童的智力发育。但同时，在少年儿童中，也出现了"行为霸道、不懂礼貌、磨蹭马虎、好吃懒做、自私任性、孤僻胆小"等不良心理倾向。在学校中，学校德育教育逐步淡化，教育形式单一，只重视知识的传授，忽视了学生的个体特征和情感体验。学生受到考试分数的压力和周围环境的影响与制约，可以看到"高分低能，高分低德"的现象，他们进入社会无所适从，甚至产生心理错位情况。小学生是祖国的花朵，他们的行为习惯、外在素养的好坏，直接关系到国家的前途和民族的命运。所以，学生行为习惯必须从小抓起，从点点滴滴抓起。

一、调查目的

养成教育就是培养学生良好行为习惯的教育，它的目的是教会学生做人。通过有效的培养和训练，使学生从小养成良好的行为习惯，克服不良行为，这正是养成教育的基本内涵和主要任务。我校一直比较重视学生的养成教育工作，通过近年的教育实践活动，我校学生在行为习惯方面有很大的进步，身心得以健康发展，但仍有一些令人不满意的地方。本次对学生进行问卷调查，针对问卷调查结果和课内外小学生行为习惯的实际表现，进一步分析学生在养成教育方面存在的问题，为课题研究提供第一手资料，有针对性地制定课题研究方案，以便于在学校管理和课题实施中采取具体措施，制定制度，开展活动，促进学生养成良好的道德、行为习惯和学习习惯。

二、调查对象及方法

本次调查活动由课题组全面组织开展，由6名课题组教师分班进行。采用问卷法。设置的养成教育调查问卷，分为学生道德和行为习惯调查问卷、学习习惯调查问卷两大部分。

调查活动于2014年9月初开始，活动历时一周，共分为"问卷设计""问卷调查""数据分析""报告形成""对策建议"等几个阶段。

本次问卷调查，重点针对山河小学1—6年级学生，具体发给一（3）、二（1）、三（4）、四（1）、五（2）、六（3）班，总计六个班的学生。发放问卷410份，收回有效问卷394份，回收率为96%。总体开展情况比较顺利。

三、调查结果

（一）道德和行为习惯

1. 孝敬父母，懂得感恩，自己能做的事情自己做：能64%；不能0.2%；有时候能35.8%。

2. 尊敬老师，见面行礼问好：经常主动68%；偶然或被动28%；从不或低头走过4%。

3. 升国旗、奏国歌要肃立、行队礼：能做到62%；基本做到35%；不能做到3%。

4. 认真值日，自觉保持教室、校园整洁卫生：能做到62%；基本做到35%；不能做到3%。

5. 发现校园里有脏物时：赶快捡起来43%；有时会捡起来51%；装作没看见6%。

6. 遵守学校或班级纪律：能遵守67%；不能遵守3%；有时会违反纪律30%。

7. 遵守交通规则，红灯停绿灯行，乘坐公交车主动排队、主动让座：能72%；有时能24%；不能4%。

8. 课间，你会在走廊追逐打闹吗？不会68%；有时会25%；经常会7%。

9. 你和同学发生冲突时会主动谦让吗？能谦让65%；不谦让，和同学理论28%；动手打架7%。

10. 如果不能来上学，你会向老师请假吗？会91%；不会9%。

11. 上学离家或放学回家跟家长打招呼：经常73%；偶然21%；从不6%。

12. 你每周的零花钱有多少？5元以下59%；6—10元20%；10元以上21%。

13. 用完水电后，你会自觉关开关吗？会90.6%；不会1.3%；有时会8.1%。

14. 你有没有在桌凳上、墙壁上乱写乱画？没有过73.9%；有时有过25.9%；经常乱写乱画0.2%。

15. 你有没有乱扔垃圾、果皮、纸屑等杂物？没有这样做62.7%；有时这样做36.5%；经常这样做0.8%。

（二）学习习惯

1. 早晨到校后，你能自觉早读吗？能48%；不能4%；在老师或班干部的督促下能48%。

2. 上课前，你能做好准备吗？（如准备好课本、文具，上厕所等）能85%；不能5%；在老师或班干部的督促下能10%。

3. 上课专心听讲，不随便说话，不做小动作：能59%；不能7%；在老师或班干部的督促下能34%。

4. 按时完成作业，不马虎，不磨蹭：能按时交80.2%；有时按时交19.3%；经常不能按时交0.5%。

5. 完成作业后主动检查并修改：主动检查并修改50%；有时检查修改48%；从不检查2%。

6. 课堂上，你敢于发言，勇于提问，敢于质疑吗？敢于36%；不敢于8%；有时敢于56%。

7. 对于新知识课前能提前预习吗？经常预习65%；偶尔预习33%；不预习2%。

8. 对于学过的知识能及时复习吗？经常复习50%；偶尔复习48%；不复习2%。

9. 对于课外读物经常阅读，勤于动笔吗？经常50.5%；很少48%；从不1.5%。

10. 你写字的姿势正确吗？能做到"眼离书本一尺远，胸离书桌一拳远，手离笔尖一寸远"吗？能做到"三个一"49%；被提醒时才能做到48%；从不注意写字姿势3%。

四、分析与启示

（一）道德和行为习惯

表1

问题	选项	人数	所占比例（%）
孝敬父母，懂得感恩，自己能做的事情自己做	能	252	64
	不能	1	0.2
	有时能	141	35.8

表2

问题	选项	人数	所占比例（%）
尊敬老师，见面行礼问好	经常主动	268	68
	偶然或被动	110	28
	从不或低头走过	16	4

表3

问题	选项	人数	所占比例（%）
上学离家或放学回家跟家长打招呼	经常	288	73
	偶然	82	21
	从不	24	6

从表1—表3可知，学生在孝敬父母、尊敬老师方面做得还不错。这是学生最起码的道德行为习惯，是养成教育的重点内容之一。但这个调查数据也许有一定的水分，因为在平时的工作中，能经常主动向老师问好的学生并不多，可能有部分高年级学生在回答问题时，考虑

太多，没能表达真实意图，这一点我们在研究课题时，要充分考虑到。

表4

问题	选项	人数	所占比例（%）
升国旗、奏国歌要肃立、行队礼	能做到	245	62
	基本做到	136	35
	不能做到	13	3

从表4来看，我校学生在升国旗、奏国歌时的表现不太好，只有62%能做到，还有近一半的学生不能令人满意。这是一件严肃的事情，学生应该都能做到才对，我们将进一步加强学生的爱国主义教育，让所有学生认识到问题的重要性，努力使学生在升国旗、奏国歌时都能做到严肃认真，行队礼。

表5

问题	选项	人数	所占比例（%）
认真值日，自觉保持教室、校园整洁卫生	能做到	244	62
	基本做到	136	35
	不能做到	14	3

表6

问题	选项	人数	所占比例（%）
发现校园里有脏物时，你采取的行动是哪一种？	赶快捡起来	171	43
	有时会捡起来	201	51
	装作没看见	22	6

表7

问题	选项	人数	所占比例（%）
你有没有乱扔垃圾、果皮、纸屑等杂物？	没有这样做	247	62.7
	有时这样做	144	36.5
	经常这样做	3	0.8

从表5—表7来看，我校学生的生活行为习惯非常令人担忧，乱扔垃圾、果皮、纸屑等杂物现象严重，没有养成良好的生活习惯，总认为卫生有人打扫，乱扔垃圾也没关系。不少学生对班级、学校的垃圾视而不见，能主动捡起来的学生只有43%。卫生工作，关系到学生的身心健康，也能体现出一个人的整体素质，加强这方面的教育是完全必要的。

表8

问题	选项	人数	所占比例（%）
遵守学校或班级纪律	能遵守	265	67
	不能遵守	12	3
	有时会违反纪律	117	30

表9

问题	选项	人数	所占比例（%）
遵守交通规则，红灯停绿灯行，乘坐公交车主动排队、主动让座	能	282	72
	有时能	95	24
	不能	17	4

对学生进行纪律教育，培养学生的文明行为习惯，是学校德育经常性的重要内容之一。学生无论在学校、家庭还是在公共场所，都要

遵守纪律和社会公德。学生能否做到遵守交通规则，乘坐公交车是否主动排队、主动让座，可以反映出学生的公德意识和学校的常规教育。从表8来看，在接受调查的394名学生中仍有近30%的同学不能经常做到。

表10

问题	选项	人数	所占比例（%）
课间，你会在走廊追逐打闹吗？	不会	267	68
	有时会	99	25
	经常会	28	7

表11

问题	选项	人数	所占比例（%）
你和同学发生冲突时会主动谦让吗？	能谦让	255	65
	不谦让，和同学理论	112	28
	动手打架	27	7

行为主义心理学家斯金纳指出：任何有机体都倾向于重复那些指向积极后果的行为，而不去重复指向消极后果的行为。调查中有7%的学生在校经常追逐打闹，动手打架，这是一种消极行为，一方面，和小学生年龄特点有很大关系，但另一方面，又反映了学校教育引导得不够。这是个棘手的问题，应引起重视，需要加强教育和管理。良好行为习惯是做人的基础，抓好学生习惯养成，对提高教育实效性有重要意义。我们应该给学生创造良好的环境，引导他们文明活动，学会宽容。

表12

问题	选项	人数	所占比例（%）
如果不能来上学，你会向老师请假吗？	会	359	91
	不会.	35	9

表13

问题	选项	人数	所占比例（%）
用完水电后，你会自觉关开关吗？	会	357	90.6
	不会	5	1.3
	有时会	32	8.1

从表12和表13来看，被调查的394名学生中，有91%的同学会请假，90.6%的同学会自觉关开关。这个比率还是比较令人满意的，主要是因为平时学生如果不能来上学的话，老师会要求他们请假，已形成了"惯例"；学生用完水电后绝大多数会自觉关开关，是直觉的感官刺激作用的结果，正常的人都会这样去做的。但我们也应看到，仍有近10%的学生不能自觉地做到，这就要求我们进一步地加强行为教育，让所有的学生都能内化为自觉的行动。

表14

问题	选项	人数	所占比例（%）
你每周的零花钱有多少？	5元以下	233	59
	6—10元	78	20
	10元以上	83	21

表14反映出，有41%学生的节约意识较差，吃零食现象严重，喜欢乱花钱，对于父母的劳动成果，不是很珍惜。

表15

问题	选项	人数	所占比例（%）
你有没有在桌凳上、墙壁上乱写乱画？	没有过	291	73.9
	有时有过	102	25.9
	经常乱写乱画	1	0.2

喜欢写写画画是孩子的天性，我们应该积极地鼓励，但是学生如果在桌凳、墙壁上乱写乱画，这就是不好的行为习惯了。在调查的学生中有26.1%的同学乱涂乱画过，这反映出在班级管理方面，有的班主任没有把工作做细做好，发现有的学生在桌凳上、墙上乱写乱画时没有及时地指出、进行批评教育、正确地引导，反而听之任之，使学生养成了坏习惯。

从道德和行为习惯的15个问题的调查统计来看，总体上学生的表现不能让人满意，存在的问题还是比较严重的，期待学生的行为习惯的养成教育工作进一步地加强。我们有责任和义务去引导、教育学生养成良好的行为习惯，让每一位同学做一名文明的学生，做一个文明的人。

（二）学习习惯

表16

问题	选项	人数	所占比例（%）
早晨到校后，你能自觉早读吗？	能	189	48
	不能	15	4
	在老师或班干部的督促下能	190	48

表17

问题	选项	人数	所占比例（%）
上课前，你能做好准备吗？（如准备好课本、文具，上厕所等）	能	333	85
	不能	20	5
	在老师或班干部的督促下能	41	10

早晨到校后有一半以上的学生不能自觉早读，说明我校教学常规管理的不到位，从低年级开始有的教师就没有培养学生养成自觉早读的习惯。上课前有85%的学生能准备好课本、文具，上厕所等课前准备工作，不能做到的占5%，在老师或班干部的督促下能做到的占10%，总的看还不错，但仍需加强教育，让所有的学生都能自觉地做到。

表18

问题	选项	人数	所占比例（%）
上课专心听讲，不随便说话，不做小动作	能	234	59
	不能	28	7
	在老师或班干部督促下能	132	34

表19

问题	选项	人数	所占比例（%）
课堂上，你敢于发言，勇于提问，敢于质疑吗？	敢于	140	36
	不敢于	32	8
	有时敢于	222	56

我们经常说向课堂四十分钟要质量，课堂上学生的表现直接影响

教学的质量高低，如果学生不能专心听讲，积极参与，教师讲授的内容再好都没有用。从表18—表19中我们看到，竟有41%的学生不能专心听讲；只有36%的学生敢于发言、提问。这不能不让人深思，让我们好好地反思其中的原因。

表20

问题	选项	人数	所占比例（%）
按时完成作业，不马虎，不磨蹭	能按时交	316	80.2
	有时按时交	76	19.3
	经常不能按时交	2	0.5

表21

问题	选项	人数	所占比例（%）
完成作业后主动检查并修改	主动检查并修改	198	50
	有时检查修改	187	48
	从不检查	9	2

从表20—表21来看，80.2%的学生能按时完成作业，不马虎，不磨蹭。但完成作业后能主动检查并修改的学生只有50%。可见，一半的学生对待作业没有养成良好的检查习惯，从一个侧面说明我们对学生的良好学习习惯的培养还不够，必须持之以恒地抓好，才会对我们的教学质量的提高，有很大的积极作用。

表22

问题	选项	人数	所占比例（%）
对于新知识课前能提前预习吗？	经常预习	256	65
	偶尔预习	129	33
	不预习	9	2

表23

问题	选项	人数	所占比例（%）
对于学过的知识能及时复习吗？	经常复习	198	50
	偶尔复习	189	48
	不复习	7	2

从表22—表23可知，33%学生对新知识偶尔预习，48%的学生对学过的知识偶尔复习，造成转化效果差、难度大。原因：部分学生没有养成良好的学习习惯，与教师课堂评价不能正确对待学生有关系，与个别家长不能及时督促检查有关系。

表24

问题	选项	人数	所占比例（%）
对于课外读物经常阅读，勤于动笔吗？	经常	199	50.5
	很少	189	48
	从不	6	1.5

对于课外读物经常阅读，勤于动笔的学生只占50.5%，有一半的学生很少或从不经常阅读并勤于动笔，导致知识面窄，写作水平、阅读能力低，给语文教学带来了很大的困难。

表25

问题	选项	人数	所占比例（％）
你写字的姿势正确吗？能做到"眼离书本一尺远，胸离书桌一拳远，手离笔尖一寸远"吗？	能做到"三个一"	193	49
	被提醒时才能做到	188	48
	从不注意写字姿势	13	3

能做到"三个一"的只占49%，从不注意写字姿势占3%，可见学生的写字姿势不正确的情况不容乐观，有48%的学生需要人提醒才能注意写字的姿势。这就要引起我们的注意，在课堂教学中一定要强调写字正确的姿势，提醒学生养成良好的写字姿势的习惯。

从调查的10个学习习惯的问题统计来看，比道德和行为习惯的养成略好一些。但在某些方面存在的问题还比较严重，比如在早读、自觉检查作业、积极发言、课外阅读、写姿等方面都亟待去培养教育，养成良好的学习习惯。

五、对策与措施

1.营造良好的行为习惯教育氛围

（1）利用各种阵地进行规范的宣传。用《小学生日常行为规范》《小学生守则》，规范学生的行为，要求学生从点滴做起，从自己做起，从现在做起。利用班会、班队活动、校园广播、黑板报、宣传栏等，让每一面墙壁都会讲话，促使学生正确认识行为规范，获得正确的情感体验，形成符合规范的行为导向。

（2）多种教育方法并举形成教育合力。班会讲、老师讲、学生讲、班干部讲、家长讲等多种方法结合，让学生明白养成良好行为习惯的优势，产生积极的心理动机，自觉配合学校的养成教育。

（3）发挥榜样的力量。教师要为人师表，率先垂范，同时要推出示范学生，使全体学生"学有榜样，赶有目标"。

2.对学生进行行为规范的认知教育

通过国旗下讲话、品生活、品社会、常规教育等活动，让学生端正认识态度，明确行为目标。

3.对学生的行为规范要常抓不懈，强化训练

"习惯"要"习"才能"惯"，任何一种习惯都是在教师严格的训练、学生有意识的反复训练中养成的。小学生的自制能力差，一些良好行为习惯易产生，也易消退，所以对他们要严格要求，反复训练，经常督促，直到巩固为止。强化学生的行为训练，能使学生形成良好的行为习惯，关键的一环是"导之以行"：

（1）寓规范训练于阵地建设之中。具体包括班主任的班会课、少先队活动。

（2）寓规范训练于日常生活之中。

（3）寓规范训练于各种活动之中。升旗仪式、值日、课间操、课间活动、学校的各种实践活动、校外活动。

（4）在学科教学中渗透养成教育：学校教育是养成教育的主阵地，而课堂教学则是养成教育的主渠道。教师在开展养成教育时一定要根据学科特点，充分利用好教材中的养成教育因素，把养成教育贯穿于各科教学之中。利用一朝一夕，通过每一件事、每一节课的长期熏陶使养成教育达到目的。

4.开展丰富多彩的活动，陶冶学生的情操，达到养成教育目的

积极开展各项活动，让学生在活动中提升素质，在体验中感悟生活。在感悟中明确如何做到知行统一，学会做人、做事和学习的方法，从而促进良好行为习惯的养成。

（1）鼓励学生积极参与学校组织的各项活动。如：庆"六一"、

庆"元旦"、征文比赛、讲故事比赛、演讲比赛、文艺汇演、献爱心、学雷锋等活动。

（2）把班级还给学生，让学生独立组织开展班级活动。如：开展班级的小设计和小制作比赛。学生以小组为单位，合作完成，体验合作成功的快乐。

（3）利用每周的活动课，让小组轮流组织设计比赛项目，如：拔河、跳绳、文艺小活动等，从而达到养成良好行为习惯，陶冶学生情操的目的。

5.树立榜样，启发自觉，及时总结，激励奋进

模仿是小学生养成良好行为习惯的重要途径，为学生树立榜样，通过榜样的表率作用使养成教育变得"可见、可学、可仿、可行"。

（1）树立现实生活中的榜样。在班上多表扬具有良好行为习惯的学生，使其他学生自觉模仿，形成习惯。对学生的每一点良好行为，不仅要及时给予表扬，而且要在班上营造一种良好的舆论氛围。

（2）给学生讲名人名家的故事，通过故事中的人物精神激励学生养成良好的行为习惯。

（3）注重言传身教，做好学生的表率，不得使自己的不良习惯"传染"到孩子的身上。在实施的过程中对于学生表现出的良好的行为习惯要及时进行总结，做到每周一总结，每月一总评，学期末进行总表彰。注意随时发现学生的闪光点，利用校园广播、黑板报等形式让全体学生了解，对学生从不同的角度给予表扬、肯定、鼓励，对于增强其自信心，激励其进取心，将产生直接作用，而这些心理因素又对取得新成绩，养成良好的行为习惯能起到推动作用。

六、调查情况总结

本次调查活动由课题组全面组织开展，由6名课题组教师分班进行。活动历时一周，共分为"问卷设计""问卷调查""数据分析""报告形成""对策建议"等几个阶段。总体开展情况比较顺利。

综合本次调查，我们发现：学生生活习惯普遍较差，文明生活行为能力、自立自我管理能力缺乏，节约意识较差。其中原因也较多，一种是小学生的身心年龄特点决定的，另一种是家庭因素，由于本县经济欠发达，父母外出打工的"留守儿童"现象严重，这也就造成了学生生活行为习惯养成普遍较差。当然学生社会阅历不足，思想单纯，自制力不强，难免会有违反纪律的现象出现。如果教师对学生的不良行为只是一味地体罚、责怪、高声训斥，会使学生的自尊心受到伤害，产生逆反心理，不良行为会愈演愈烈。因此教师必须对他们更加呵护，用情感去影响、感化他们，因为爱往往在学生的感情世界中占有不可取代的地位。如果教师能够适时地显示出对违纪学生的爱护与关注，他们便会如获至宝，深受感动，真正从心底尊重、佩服自己的老师，这便是他们尊重他人的开始，并将尊师之情扩展开去，便会成为懂得尊重人、爱护人的人。教师的爱心还会强化全班同学对集体的"归宿感"，形成强大的集体凝聚力，促使学生养成良好的行为习惯。

针对问题我们提出了对策，重点是认真落实、加强训练，以期能增强德育工作的实效性，帮助广大学生养成良好的生活行为习惯，让学生在愉快健康中快乐地成长。

第三节　小学生综合习惯阶梯式培养实施方案

一、指导思想

以《小学德育大纲》为指导，以儿童的身心发展规律和我县小学生的思想道德实际为依据，以未来社会对人才的基本素质要求为教育目标，根据《小学生守则》和《小学生日常行为规范》的要求，积极探索小学阶段学生习惯养成教育的内容、方式、方法和途径，努力提高小学生的思想道德素质，养成良好习惯，促进小学生身心健康发展，为学生的终身发展奠定基础。

二、基本内容和要求

1.学生习惯培养内容

我国著名的教育家叶圣陶先生曾深刻指出：什么是教育，简单一句话，就是要养成良好的习惯。良好的行为习惯是决定一个学生未来成功的基础和保障。从小养成良好的习惯，是孩子们日后获得成功和幸福的基础。根据行为心理学研究表明，一种行为重复出现21次，可以成为初步习惯，90天就可以成为成熟习惯。我们根据各年级学生的身心特点和认知规律，将学生在小学阶段需要养成的良好习惯总结归纳为文明礼仪、学习能力、生活自理、环境保护、诚实守信、知恩感恩六条核心习惯，并将六条核心习惯按照由易到难、由浅到深的规律，分解为72条子习惯（具体内容见学生习惯培养验收单），分学期培养，每期6条，呈螺旋式上升，阶梯式培养，累积式发展的态势，通过学生习惯阶梯培养，引导学生学会做人、学会感恩、学会学习、学会做事、学会生活、学会健体等。

2.学生习惯阶梯培养措施及要求

（1）班主任及科任老师要明确每期习惯培养内容，并组织学生认真学习本期的6条习惯培养内容。

（2）每学期开学初班主任要及时将习惯培养验收单下发到家长手中，并告知家长仔细阅读习惯培养内容，明确培养方向，配合学校搞好学生习惯培养。

（3）班主任、科任老师、家长要共同研究，分解细化本期要培养的6条习惯内容，由班主任负责，制定出适合本班学情和教情的班级学生习惯阶梯培养方案及计划，根据老师任课不同，担任的习惯培养内容可以不同（可以根据学生情况制定出梯度式培养方案或者学生习惯培养个案，并让家长参与习惯培养方案中来）。在年级组长的负责下，对班级习惯培养方案进行梳理，总结出年级习惯培养方案，学校再根据班级年级习惯培养方案制定出本期学校学生习惯培养方案。

（4）班主任、家长及科任老师要明确分工,在习惯培养上严格把关,依据《山河小学"培养小习惯　成就大人生"学生习惯阶梯培养验收单》内容及我校学生习惯培养指导精神, 分层培养, 分期培养, 定期验收。

（5）班级每学期对学生的习惯培养情况要进行每月一次的验收,学校要进行每期两次的验收。

（6）每学期末, 班主任、家长、科任老师, 根据自己所担任的学生习惯培养职责及内容, 写出全面而客观的总结和心得, 真实反馈本期习惯培养成果及不足以及改进措施, 学校依据老师及家长的心得写出学校学生习惯培养总结, 并提前准备下期培养方案。

三、遵循的主要原则

1.主体性原则

学生是教育的对象, 又是学习的主体。在教育过程中, 要把学生放在主体地位, 尊重、关心、爱护、帮助学生, 引导他们形成良好的行为习惯。

2.科学性原则

小学生良好行为习惯的培养,以《教育法》《义务教育法》为指导,以《小学生守则》《小学生日常行为规范》为依据,以全面实施素质教育为培养目标,遵循教育规律,以科学的态度,根据儿童不同年龄阶段特征,有侧重地进行习惯培养。

3.统一性原则

学生良好习惯的形成取决于多方面的因素。既有家庭环境、学校环境、社会环境的影响,也有其个人经历、社会交往及个人心理特点的影响。在教育过程中, 既要注重学校教育, 也要沟通学校与家庭、学校与社会的关系, 使教师、学生、家长对习惯养成教育的目标、意义有统一的认识, 在实践中要保持行动的一致性。家校配合, 共同教育, 培养学生的良好行为习惯, 塑造学生的良好品格。

4.实践性原则

良好习惯形成的基础，是通过特定的外部条件与本能反应或有意识活动的多次联系而成。因此，我们在教育中，一方面要从学生学习、生活中的点滴小事抓起；另一方面要根据学生在不同年龄阶段的需要和接受能力不同，选择内容和教育方式，开展各种活动，使学生在实践中不断强化意识，从而达到教育的效果。

5.循序渐进原则

小学生良好习惯的培养内容很多，实施时应避免盲目和顾此失彼，习惯的培养要循序渐进地开展。习惯是在不断重复和练习中逐步形成的，要培养学生良好的习惯不能贪多求全，而应有计划地分阶段一步一步地实施，让好习惯一个一个地形成。

6.反复性原则

习惯的培养需要多次重复才可能巩固下来，逐渐形成学生自己的需要。这就要求我们对学生的行为方式，反复练习、巩固，直至成为他们的自觉行为，成为习惯永久保留下来。在培养过程中，要不断循环往复，要有信心、有耐心，并尽力为学生营造一个有利于良好习惯养成的环境氛围。要分阶段有重点地开展相关活动，不断重复巩固其他习惯内容，使学生在反复巩固训练中，把行为巩固下来成为自觉，并变成自身的需要。

7.时代性原则

对于学生良好行为习惯的培养要体现时代的特点和社会发展对人才的要求。

四、采取的主要措施

1.高度重视，常抓不懈。小学生习惯养成教育不是靠某个人就能办好的，它需要学校上上下下共同努力，还需要家庭和社会的齐抓共管。它也不是在一朝一夕中就能完成的，需要长期不懈的努力。因此，各学校要高度重视习惯养成教育工作，把习惯养成教育摆上重要议事日程，要建立长效评比机制，促进工作长期开展。

2.把握关键期。任何教育都有关键期。各教师要高度重视起始阶段的培养工作，尤其在小学一、二年级，需要特别加强教育和指导。

3.目标要一致。习惯养成教育是一项系统工程，要注意横向和纵向之间的联系，各方面要求要协调一致，班级的要求与学校的要求要一致；任课教师的要求与班主任的要求要一致；家庭的要求与学校的要求要一致。否则的话，学生就会无所适从。

4.强化行为训练。任何一种良好习惯的形成与巩固都要经过一个相当复杂的发展过程，小学生自制力和持久性差，因此，教师在向学生讲清"是什么，为什么，怎么做"的同时，还应狠抓行为的训练过程。可以根据训练内容进行专项训练，做到整改一条，巩固一条；再训练一条，再巩固更多。同时，儿童的行为是从模仿开始的，教师和家长要以身作则，凡是要求学生做到的，自己首先做到，时时处处为学生做表率。

5.制定标准，搞好评价。任何工作，光有布置和安排是不行的，还必须要跟上检查督促。各学校要成立学生习惯养成督查小组，采取学生自评、互评、师评、家长评等不同方式，定期组织检查、公布成绩、表彰奖励，给学生、教师创造一个争先创优的机会，激发全体师生的竞争热情，不断巩固养成教育的成果。

6.注重体验，激励带动。养成教育贵在主动发展。各单位要通过开展多种形式的活动，引导学生在活动中感受道德、选择行为、进行自我批评与合作竞争，从而自觉遵守规范。与此同时，组织开展"学、比、评、查、奖"活动，树立典型，激励全体学生赶超先进。

7.家校配合，形成合力。"家庭是孩子成长的第一所学校，父母是孩子成长的第一位老师。"各校要采用召开家长会、家访、建立家校联系手册等灵活多样的方式，指导和督促家长从自身做起，配合学校共同抓好对孩子的习惯养成教育，形成家校合力、齐抓共管的局面。

良好习惯的养成一直是小学教育的重要任务，各单位要在认真总结经验和做法的基础上，根据新时期的要求和学校实际，进一步完善教育方案，创出自己的特色，为学生的终身发展奠定坚实的基础。

第四节　小学生综合习惯阶梯式培养分学期内容

依据我校德育工作的基本特点、学生习惯养成现状，课题组梳理出了小学阶段习惯培养的核心内容，即"文明礼仪、学习能力、生活自理、环境保护、诚实守信、知恩感恩"，以此为出发点，分解为72条基本习惯，分年级、分阶段实施。习惯培养的最终目标是培养优秀品质，塑造健全人格，为学生的幸福人生奠基。

小学各年级习惯培养内容如下：

一、一年级

（一）第一学期

①早晚自己穿衣、洗漱、铺床叠被，前一天晚上准备好第二天的学具，有序整理书包和书桌。

②能正确使用"您好、请、谢谢、对不起、再见"等礼貌用语，见到老师、客人主动问好，任何场合坚持使用普通话。

③行动统一听指挥。在学校上下楼梯走成两列靠右行，做到"三轻"，集合站队快静齐，上下学有秩序，严格遵守交通规则。

④走姿坐姿正确，读写姿势端正，会正确执笔，做到"三个一"。

⑤上课不做小动作，认真听讲，不做与学习无关的事。

⑥积极发言，声音洪亮，身站直，口齿清。

（二）第二学期

①物品分类摆放，使用完的物品放回原处，桌面铺位干净整洁。

②讲究卫生，穿戴整洁，勤洗漱，不乱扔垃圾，自己动手洗袜子和红领巾。

③诚实守信，不说谎话，不随便拿别人的东西。

④饭后先做作业再玩耍休闲，按时按要求完成老师布置的作业。

⑤书写工整漂亮，不在作业本上乱涂乱画。

⑥在父母的帮助下，每天读故事或听故事一则。

二、二年级

（一）第一学期

①爱护花草树木，不随手攀花折草。

②放学后按时回家，不在学校、街道等场所逗留玩耍。

③遵守公共场所秩序，不大声喧哗，追逐打闹。

④作业格式严格按老师要求的去做，不自作主张。

⑤每天坚持独立读儿童读物20分钟。

⑥书写漂亮，作业完成准确率高，不写错字。

（二）第二学期

①自己动手整理房间，物品摆放有序。

②尊敬师长，团结同学，不打架，不骂人。

③不挑食，不浪费饭菜，不随便乱花钱。

④遵守课堂纪律，争做纪律标兵。

⑤尽早完成家庭作业，并交家长检查。

⑥每天坚持做3—5道计算题。

三、三年级

（一）第一学期

①在家能扫地、拖地，帮家长打扫卫生。

②能做家庭小主人，礼貌地招呼来访客人。

③学会向别人请教，交流时态度诚恳。

④课前能预习，不明白的地方做好标记。

⑤能清楚地表达自己的观点和见解。

⑥每天有固定的阅读时间，并养成良好的阅读习惯。

（二）第二学期

①热爱祖国，升国旗奏国歌时自觉肃立。

②帮助家长做力所能及的家务活，全面提高动手能力。

③爱护书本，摆放图书有条理，善于使用工具书。

④热爱集体，团结同学，乐于助人。

⑤善于发现并学习他人的优点。

⑥自觉遵守公共秩序，用语文明。

四、四年级

（一）第一学期

①自己的小件衣服自己洗，动手做，体会劳动的快乐。

②养成良好的上课习惯和作息时间习惯。

③体会长辈的艰辛，能主动给老人夹菜、洗脚、捶背等。

④坚持课外阅读，能将阅读中的好词佳句及时摘抄。

⑤每天坚持听读10分钟英语，认识听读的重要性。

⑥主动和同学、老师合作，共同解决问题。

（二）第二学期

①爱护环境，爱护公物，不在公物上乱涂乱画。

②心存感恩，接受别人的帮助时要真诚地致谢。

③养成良好的饮食习惯，不买三无食品，不吃变质食物。

④每天坚持写主题鲜明的"小练笔"一则。

⑤学会交流，及时与老师、同学及家长分享读书的乐趣，交流读书心得。

⑥检查自己作业干净整洁情况，分析老师评语。

五、五年级

（一）第一学期

①增强集体荣誉感，争当班级小主人，争当老师小帮手。

②增强安全意识，学习安全常识，提高自救自护能力。

③坚持体育锻炼，热爱大自然。

④保护文物古迹，不在建筑物和文物古迹上涂抹刻画。

⑤扩大奥数题的知识面及类型，每天做两道奥数题。

⑥常写读书笔记，注重知识的积累。

（二）第二学期

①学会赞美他人，与人相处中学习他人的优点，成长自己。

②学会倾听，不随便打断他人的讲话，尊重他人的正确意见。

③节约用电、用水，爱护集体财物。

④能掌握基本的上网浏览、查阅图书的方法。

⑤能积极主动地完成教科书上所要求的各类操作实验。

⑥睡觉前对当天学习的主要内容进行回忆。

六、六年级

（一）第一学期

①学会保护他人及自己的隐私，自己的家庭情况，不随便告诉他人，不随意打听他人的隐私。

②热情大方，及时帮助有困难的人。

③孝敬父母，以自己满意的成绩报答父母的养育之恩。

④对搜集的各种资料能进行分析、归类、整合。

⑤做事有计划，不盲目，不拖沓。

⑥勤于动笔，认真思考，审题严谨。

（二）第二学期

①热情向上，积极参加集体活动和公益活动，积极参加课内外文娱、体育、科技活动。

②学会自我反思，自我批评，追求进取。

③关心国家大事，每天收集3条信息（看新闻联播、上网或读报纸）。

④利用星期天对上周所讲内容进行复习，在列表小结的基础上，

举一反三，融会贯通，巩固提高。

⑤能利用实地考察，走访调查等渠道主动搜集与学习相关材料，拓宽自身知识面。

⑥识记社会主义核心价值观的基本内容、含义。

第五节　小学生综合习惯阶梯式培养验收方案

行为形成习惯，习惯决定品质，品质决定命运。为全面贯彻落实山河小学《培养小习惯　成就大人生》学生习惯培养阶梯计划，巩固学生习惯阶梯培养教育成果，深入推进素质教育和养成教育，促进学生全面而有个性的发展，根据山河小学《"培养小习惯　成就大人生"学生习惯培养阶梯计划实施方案》制定本学期验收方案。

（一）验收时间

第20周星期一、星期二下午第一节课开始。

（二）验收对象

一年级—六年级全体学生。

（三）验收方式

1. 家庭验收：家长依据《习惯培养验收单》逐条验收。

2. 学校验收：分班进行，分组验收。

（四）验收分组

组　　长：任有运

组　　员：

第一组：张岳祥　石琼慧　朱丽辉　徐红丽　徐　燕　王小芳
　　　　　　　（验收一、二、三年级）

第二组：乔海平　曹芳娟　张小霞　文　霞　姚丽丽
　　　　　　　（验收四、五、六年级）

（五）验收内容

1. 根据各年级分期验收内容逐条验收，具体内容见附表。

2. 附加项：有习惯培养实施过程资料，包括培养心得、总结、记录、图片等资料。

（六）验收要求

1. 请各班主任老师仔细了解验收方案，根据验收内容准备相关资料，收集放于讲台，以备验收考核。

2. 请验收小组成员务必于1月5日下午，即第20周星期一下午2:30在教导处集合，分组进行验收。

3. 验收务必做到公正公平，坚持原则，真实严格。

（七）评分标准

1. 前五项内容每项20分，五项共计100分。

2. 附加项：习惯培养实施资料20分。

（八）其他工作

1. 照相：党冰心

2. 情况反馈：朱丽辉

附录：

山河小学学生习惯阶梯式培养学校总验收单

班级	验收单（20分）	七色柱星级评价图（25分）	六条习惯内容抽查（35分）	班级印象（10分）	附加项（10分）	总分	名次
二（1）班							
二（2）班							
二（3）班							
二（4）班							
二（5）班							
二（6）班							
二（7）班							
二（8）班							
二（9）班							
二（10）班							
本年级工作亮点							
存在问题及改进建议							

山河小学

年　月　日

小学生综合习惯阶梯式培养各年级家庭验收单

各年级第一学期验收单

一年级（山河小学"培养小习惯　成就大人生"学生习惯培养阶梯计划验收单）

_____班_____同学及家长：

　　我国著名的教育家叶圣陶先生曾深刻指出：什么是教育，简单一句话，就是要养成良好的习惯。良好的行为习惯是决定一个学生未来成功的基础和保障。从小养成良好的习惯，这是孩子们日后获得成功和幸福的基础。根据行为心理学研究表明，一种行为重复出现21次，可以成为初步习惯，90天就可以成为成熟习惯。为了进一步促进我校学生的德育和养成教育工作，我们将启动《山河小学"培养小习惯　成就大人生"学生习惯培养阶梯计划》项目，培养学生在生活、个性、学习、安全等方面的72条良好习惯。该生在本学期需要养成以下六个习惯，真诚地希望家长能和老师相互配合，针对习惯计划，注重平时培养，进行定期验收，促进孩子早日养成良好的习惯。

一年级第一学期需要养成的习惯	家长验收意见		教师验收意见	
	初验	终验	初验	终验
1.早晚自己穿衣、洗漱、铺床叠被，前一天晚上准备好第二天的学具，有序整理书包和书桌。				
2.能正确使用"您好、请、谢谢、对不起、再见"等礼貌用语，见到老师、客人主动问好，任何场合坚持使用普通话。				

续表

一年级第一学期需要养成的习惯	家长验收意见		教师验收意见	
	初验	终验	初验	终验
3.行动统一听指挥。在学校上下楼梯走成两列靠右行，做到"三轻"，集合站队快静齐，上下学有秩序，严格遵守交通规则。				
4.走姿坐姿正确，读写姿势端正，会正确执笔，做到"三个一"。				
5.上课不做小动作，认真听讲，不做与学习无关的事。				
6.积极发言，声音洪亮，身站直，口齿清。				

家长收到签字：

说明：1.家长收到后，抄录六条习惯并实施培养。2."验收意见"分为A、完全养成；B、大部分养成；C、基本养成；D、未养成四等，家长和老师根据学生的实际表现，只填入序号。3."初验"时间为中考前，"终验"时间为期末考试前。

正宁县山河小学

年 月 日

播种一种思想，就能收获一种行为；播种一种行为，就能收获一种习惯；
播种一种习惯，就能收获一种品格；播种一种品格，就能收获命运。

二年级（山河小学"培养小习惯　成就大人生"学生习惯培养阶梯计划验收单）

_____班_____同学及家长：

我国著名的教育家叶圣陶先生曾深刻指出：什么是教育，简单一句话，就是要养成良好的习惯。良好的行为习惯是决定一个学生未来成功的基础和保障。从小养成良好的习惯，这是孩子们日后获得成功和幸福的基础。根据行为心理学研究表明，一种行为重复出现21次，可以成为初步习惯，90天就可以成为成熟习惯。为了进一步促进我校学生的德育和养成教育工作，我们将启动《山河小学"培养小习惯　成就大人生"学生习惯培养阶梯计划》项目，培养学生在生活、个性、学习、安全等方面的72条良好习惯。该生在本学期需要养成以下六个习惯，真诚地希望家长能和老师相互配合，针对习惯计划，注重平时培养，进行定期验收，促进孩子早日养成良好的习惯。

二年级第一学期需要养成的习惯	家长验收意见		教师验收意见	
	初验	终验	初验	终验
1. 爱护花草树木，不随手攀花折草。				
2. 放学后按时回家，不在学校、街道等场所逗留玩耍。				
3. 遵守公共场所秩序，不大声喧哗，追逐打闹。				
4. 作业格式严格按老师要求的去做，不自作主张。				
5. 每天坚持独立读儿童读物20分钟。				
6. 书写漂亮，作业完成准确率高，不写错字。				

家长收到签字：

说明：1.家长收到后，抄录六条习惯并实施培养。2."验收意见"分为A、完全养成；B、大部分养成；C、基本养成；D、未养成四等，家长和老师根据学生的实际表现，只填入序号。3."初验"时间为中考前，"终验"时间为期末考试前。

正宁县山河小学

年　月　日

多一个好习惯，就多一份自信；多一个好习惯，就多一个成功的机会；多一个好习惯，就多一份驾驭生活的能力。

三年级（山河小学"培养小习惯　成就大人生"学生习惯培养阶梯计划验收单）

_____班_____同学及家长：

我国著名的教育家叶圣陶先生曾深刻指出：什么是教育，简单一句话，就是要养成良好的习惯。良好的行为习惯是决定一个学生未来成功的基础和保障。从小养成良好的习惯，这是孩子们日后获得成功和幸福的基础。根据行为心理学研究表明，一种行为重复出现21次，可以成为初步习惯，90天就可以成为成熟习惯。为了进一步促进我校学生的德育和养成教育工作，我们将启动《山河小学"培养小习惯　成就大人生"学生习惯培养阶梯计划》项目，培养学生在生活、个性、学习、安全等方面的72条良好习惯。该生在本学期需要养成以下六个习惯，真诚地希望家长能和老师相互配合，针对习惯计划，注重平时培养，进行定期验收，促进孩子早日养成良好的习惯。

三年级第一学期需要养成的习惯	家长验收意见		教师验收意见	
	初验	终验	初验	终验
1.在家能扫地、拖地，帮家长打扫卫生。				
2.能做家庭小主人，礼貌地招呼来访客人。				
3.学会向别人请教，交流时态度诚恳。				
4.课前能预习，不明白的地方做好标记。				
5.能清楚地表达自己的观点和见解。				
6.每天有固定的阅读时间，并养成良好的阅读习惯。				

家长收到签字：

说明：1.家长收到后，抄录六条习惯并实施培养。2."验收意见"分为A、完全养成；B、大部分养成；C、基本养成；D、未养成四等，家长和老师根据学生的实际表现，只填入序号。3."初验"时间为中考前，"终验"时间为期末考试前。

正宁县山河小学
年 月 日

习惯是一种顽强而巨大的力量，他可以主宰人生。（培根）
习惯实际上已成为天性的一部分。（亚里士多德）

四年级（山河小学"培养小习惯　成就大人生"学生习惯培养阶梯计划验收单）

_____班_____同学及家长：

我国著名的教育家叶圣陶先生曾深刻指出：什么是教育，简单一句话，就是要养成良好的习惯。良好的行为习惯是决定一个学生未来成功的基础和保障。从小养成良好的习惯，这是孩子们日后获得成功和幸福的基础。根据行为心理学研究表明，一种行为重复出现21次，可以成为初步习惯，90天就可以成为成熟习惯。为了进一步促进我校学生的德育和养成教育工作，我们将启动《山河小学"培养小习惯　成就大人生"学生习惯培养阶梯计划》项目，培养学生在生活、个性、学习、安全等方面的72条良好习惯。该生在本学期需要养成以下六个习惯，真诚地希望家长能和老师相互配合，针对习惯计划，注重平时培养，进行定期验收，促进孩子早日养成良好的习惯。

四年级第一学期需要养成的习惯	家长验收意见		教师验收意见	
	初验	终验	初验	终验
1.自己的小件衣服自己洗，动手做，体会劳动的快乐。				
2.养成良好的上课习惯和作息时间习惯。				
3.体会长辈的艰辛，能主动给老人夹菜、洗脚、捶背等。				
4.坚持课外阅读，能将阅读中的好词佳句及时摘抄。				
5.每天坚持听读10分钟英语，认识听读的重要性。				

续表

四年级第一学期需要养成的习惯	家长验收意见		教师验收意见	
	初验	终验	初验	终验
6.主动和同学、老师合作，共同解决问题。				

家长收到签字：

说明：1.家长收到后，抄录六条习惯并实施培养。2."验收意见"分为A、完全养成；B、大部分养成；C、基本养成；D、未养成四等，家长和老师根据学生的实际表现，只填入序号。3."初验"时间为中考前，"终验"时间为期末考试前。

正宁县山河小学

年　月　日

思想决定行动，行动养成习惯，习惯形成品质，品质决定命运。（陶行知）

人应该支配习惯，而决不能让习惯支配自己。（奥斯特洛夫斯基）

五年级（山河小学"培养小习惯　成就大人生"学生习惯培养阶梯计划验收单）

_____班_____同学及家长：

我国著名的教育家叶圣陶先生曾深刻指出：什么是教育，简单一句话，就是要养成良好的习惯。良好的行为习惯是决定一个学生未来成功的基础和保障。从小养成良好的习惯，这是孩子们日后获得成功和幸福的基础。根据行为心理学研究表明，一种行为重复出现21次，可以成为初步习惯，90天就可以成为成熟习惯。为了进一步促进我校学生的德育和养成教育工作，我们将启动《山河小学"培养小习惯 成就大人生"学生习惯培养阶梯计划》项目，培养学生在生活、个性、学习、安全等方面的72条良好习惯。该生在本学期需要养成以下六个习惯，真诚地希望家长能和老师相互配合，针对习惯计划，注重平时培养，进行定期验收，促进孩子早日养成良好的习惯。

五年级第一学期需要养成的习惯	家长验收意见		教师验收意见	
	初验	终验	初验	终验
1.增强集体荣誉感，争当班级小主人，争当老师小帮手。				
2.增强安全意识，学习安全常识，提高自救自护能力。				
3.坚持体育锻炼，热爱大自然。				
4.保护文物古迹，不在建筑物和文物古迹上涂抹刻画。				
5.扩大奥数题的知识面及类型，每天做两道奥数题。				
6.常写读书笔记，注重知识的积累。				

家长收到签字：

说明：1.家长收到后，抄录六条习惯并实施培养。2."验收意见"分为A、完全养成；B、大部分养成；C、基本养成；D、未养成四等，家长和老师根据学生的实际表现，只填入序号。3."初验"时间为中考前，"终验"时间为期末考试前。

正宁县山河小学

年 月 日

> 播种一种思想，就能收获一种行为；播种一种行为，就能收获一种习惯；
> 播种一种习惯，就能收获一种品格；播种一种品格，就能收获命运。

六年级（山河小学"培养小习惯 成就大人生"学生习惯培养阶梯计划验收单）

_____班_____同学及家长：

我国著名的教育家叶圣陶先生曾深刻指出：什么是教育，简单一句话，就是要养成良好的习惯。良好的行为习惯是决定一个学生未来成功的基础和保障。从小养成良好的习惯，这是孩子们日后获得成功和幸福的基础。根据行为心理学研究表明，一种行为重复出现21次，可以成为初步习惯，90天就可以成为成熟习惯。为了进一步促进我校学生的德育和养成教育工作，我们将启动《山河小学"培养小习惯 成就大人生"学生习惯培养阶梯计划》项目，培养学生在生活、个性、学习、安全等方面的72条良好习惯。该生在本学期需要养成以下六个习惯，真诚地希望家长能和老师相互配合，针对习惯计划，注重平时培养，进行定期验收，促进孩子早日养成良好的习惯。

六年级第一学期需要养成的习惯	家长验收意见		教师验收意见	
	初验	终验	初验	终验
1.学会保护他人及自己的隐私，自己的家庭情况，不随便告诉他人，不随意打听他人的隐私。				
2.热情大方，及时帮助有困难的人。				
3.孝敬父母，以自己满意的成绩报答父母的养育之恩。				

续表

六年级第一学期需要养成的习惯	家长验收意见		教师验收意见	
	初验	终验	初验	终验
4.对搜集的各种资料能进行分析、归类、整合。				
5.做事有计划，不盲目，不拖沓。				
6.勤于动笔，认真思考，审题严谨。				

家长收到签字：

说明：1.家长收到后，抄录六条习惯并实施培养。2."验收意见"分为A、完全养成；B、大部分养成；C、基本养成；D、未养成四等，家长和老师根据学生的实际表现，只填入序号。3."初验"时间为中考前，"终验"时间为期末考试前。

正宁县山河小学

年　月　日

播种一种思想，就能收获一种行为；播种一种行为，就能收获一种习惯；播种一种习惯，就能收获一种品格；播种一种品格，就能收获命运。

各年级第二学期验收单

一年级（山河小学"培养小习惯　成就大人生"学生习惯培养阶梯计划验收单）

_____班_____同学及家长：

我国著名的教育家叶圣陶先生曾深刻指出：什么是教育，简单一句话，就是要养成良好的习惯。良好的行为习惯是决定一个学生未来成功的基础和保障。从小养成良好的习惯，这是孩子们日后获得成功和幸福的基础。根据行为心理学研究表明，一种行为重复出现21次，可以成为初步习惯，90天就可以成为成熟习惯。为了进一步促进我校学生的德育和养成教育工作，我们将启动《山河小学"培养小习惯　成就大人生"学生习惯培养阶梯计划》项目，培养学生在生活、个性、学习、安全等方面的72条良好习惯。该生在本学期需要养成以下六个习惯，真诚地希望家长能和老师相互配合，针对习惯计划，注重平时培养，进行定期验收，促进孩子早日养成良好的习惯。

一年级第二学期需要养成的习惯	家长验收意见		教师验收意见	
	初验	终验	初验	终验
1.物品分类摆放，使用完的物品放回原处，桌面铺位干净整洁。				
2.讲究卫生，穿戴整洁，勤洗漱，不乱扔垃圾，自己动手洗袜子和红领巾。				
3.诚实守信，不说谎话，不随便拿别人的东西。				

续表

一年级第二学期需要养成的习惯	家长验收意见		教师验收意见	
	初验	终验	初验	终验
4. 饭后先做作业再玩耍休闲，按时按要求完成老师布置的作业。				
5. 书写工整漂亮，不在作业本上乱涂乱画。				
6. 在父母的帮助下，每天读故事或听故事一则。				

家长收到签字：

说明：1.家长收到后，抄录六条习惯并实施培养。2."验收意见"分为A、完全养成；B、大部分养成；C、基本养成；D、未养成四等，家长和老师根据学生的实际表现，只填入序号。3."初验"时间为中考前，"终验"时间为期末考试前。

正宁县山河小学

年　月　日

习惯若不是最好的仆人，便就是最差的主人。（爱默生）
坏习惯是在不知不觉中形成的。（奥维德）

二年级(山河小学"培养小习惯 成就大人生"学生习惯培养阶梯计划验收单)

_____班_____同学及家长:

我国著名的教育家叶圣陶先生曾深刻指出:什么是教育,简单一句话,就是要养成良好的习惯。良好的行为习惯是决定一个学生未来成功的基础和保障。从小养成良好的习惯,这是孩子们日后获得成功和幸福的基础。根据行为心理学研究表明,一种行为重复出现21次,可以成为初步习惯,90天就可以成为成熟习惯。为了进一步促进我校学生的德育和养成教育工作,我们将启动《山河小学"培养小习惯 成就大人生"学生习惯培养阶梯计划》项目,培养学生在生活、个性、学习、安全等方面的72条良好习惯。该生在本学期需要养成以下六个习惯,真诚地希望家长能和老师相互配合,针对习惯计划,注重平时培养,进行定期验收,促进孩子早日养成良好的习惯。

二年级第二学期需要养成的习惯	家长验收意见		教师验收意见	
	初验	终验	初验	终验
1.自己动手整理房间,物品摆放有序。				
2.尊敬师长,团结同学,不打架,不骂人。				
3.不挑食,不浪费饭菜,不随便乱花钱。				
4.遵守课堂纪律,争做纪律标兵。				
5.尽早完成家庭作业,并交家长检查。				
6.每天坚持做3—5道计算题。				

家长收到签字:

说明：1.家长收到后，抄录六条习惯并实施培养。2."验收意见"分为A、完全养成；B、大部分养成；C、基本养成；D、未养成四等，家长和老师根据学生的实际表现，只填入序号。3."初验"时间为中考前，"终验"时间为期末考试前。

正宁县山河小学

年　月　日

孩子成功教育从好习惯培养开始。（巴金）

由智慧养成的习惯，能成为第二天性。（培根）

三年级（山河小学"培养小习惯　成就大人生"学生习惯培养阶梯计划验收单）

＿＿＿＿＿班＿＿＿＿＿同学及家长：

我国著名的教育家叶圣陶先生曾深刻指出：什么是教育，简单一句话，就是要养成良好的习惯。良好的行为习惯是决定一个学生未来成功的基础和保障。从小养成良好的习惯，这是孩子们日后获得成功和幸福的基础。根据行为心理学研究表明，一种行为重复出现21次，可以成为初步习惯，90天就可以成为成熟习惯。为了进一步促进我校学生的德育和养成教育工作，我们将启动《山河小学"培养小习惯　成就大人生"学生习惯培养阶梯计划》项目，培养学生在生活、个性、学习、安全等方面的72条良好习惯。该生在本学期需要养成以下六个习惯，真诚地希望家长能和老师相互配合，针对习惯计划，注重平时培养，进行定期验收，促进孩子早日养成良好的习惯。

三年级第二学期需要养成的习惯	家长验收意见		教师验收意见	
	初验	终验	初验	终验
1.热爱祖国，升国旗奏国歌时自觉肃立。				
2.帮助家长做力所能及的家务活，全面提高动手能力。				
3.爱护书本，摆放图书有条理，善于使用工具书。				
4.热爱集体，团结同学，乐于助人。				
5.善于发现并学习他人的优点。				
6.自觉遵守公共秩序，用语文明。				

家长收到签字：

说明：1.家长收到后，抄录六条习惯并实施培养。2."验收意见"分为A、完全养成；B、大部分养成；C、基本养成；D、未养成四等，家长和老师根据学生的实际表现，只填入序号。3."初验"时间为中考前，"终验"时间为期末考试前。

正宁县山河小学

年　月　日

业精于勤而荒于嬉，行成于思而毁于随。（韩愈）
做一件好事并不难，难的是养成一种做好事的习惯。（亚里士多德）

四年级（山河小学"培养小习惯 成就大人生"学生习惯培养阶梯计划验收单）

_____班_____同学及家长：

　　我国著名的教育家叶圣陶先生曾深刻指出：什么是教育，简单一句话，就是要养成良好的习惯。良好的行为习惯是决定一个学生未来成功的基础和保障。从小养成良好的习惯，这是孩子们日后获得成功和幸福的基础。根据行为心理学研究表明，一种行为重复出现21次，可以成为初步习惯，90天就可以成为成熟习惯。为了进一步促进我校学生的德育和养成教育工作，我们将启动《山河小学"培养小习惯 成就大人生"学生习惯培养阶梯计划》项目，培养学生在生活、个性、学习、安全等方面的72条良好习惯。该生在本学期需要养成以下六个习惯，真诚地希望家长能和老师相互配合，针对习惯计划，注重平时培养，进行定期验收，促进孩子早日养成良好的习惯。

四年级第二学期需要养成的习惯	家长验收意见		教师验收意见	
	初验	终验	初验	终验
1. 爱护环境，爱护公物，不在公物上乱涂乱画。				
2. 心存感恩，接受别人的帮助时要真诚地致谢。				
3. 养成良好的饮食习惯，不买三无食品，不吃变质食物。				
4. 每天坚持写主题鲜明的"小练笔"一则。				
5. 学会交流，及时与老师、同学及家长分享读书的乐趣，交流读书心得。				

续表

四年级第二学期需要养成的习惯	家长验收意见		教师验收意见	
	初验	终验	初验	终验
6.检查自己作业干净整洁情况，分析老师评语。				

家长收到签字：

说明：1.家长收到后，抄录六条习惯并实施培养。2."验收意见"分为A、完全养成；B、大部分养成；C、基本养成；D、未养成四等，家长和老师根据学生的实际表现，只填入序号。3."初验"时间为中考前，"终验"时间为期末考试前。

正宁县山河小学
年 月 日

播种一种思想，就能收获一种行为；播种一种行为，就能收获一种习惯；播种一种习惯，就能收获一种品格；播种一种品格，就能收获命运。

五年级（山河小学"培养小习惯 成就大人生"学生习惯培养阶梯计划验收单）

_____班 _____同学及家长：

我国著名的教育家叶圣陶先生曾深刻指出：什么是教育，简单一句话，就是要养成良好的习惯。良好的行为习惯是决定一个学生未来成功的基础和保障。从小养成良好的习惯，这是孩子们日后获得成功和幸福的基础。根据行为心理学研究表明，一种行为重复出现21次，可以成为初步习惯，90天就可以成为成熟习惯。为了进一步促进我校学生的德育和养成教育工作，我们将启动《山河小学"培养小习惯　成就大人生"学生习惯培养阶梯计划》项目，培养学生在生活、个性、学习、安全等方面的72条良好习惯。该生在本学期需要养成以下六个习惯，真诚地希望家长能和老师相互配合，针对习惯计划，注重平时培养，进行定期验收，促进孩子早日养成良好的习惯。

五年级第二学期需要养成的习惯	家长验收意见		教师验收意见	
	初验	终验	初验	终验
1.学会赞美他人，与人相处中学习他人的优点，成长自己。				
2.学会倾听，不随便打断他人的讲话，尊重他人的正确意见。				
3.节约用电、用水，爱护集体财物。				
4.能掌握基本的上网浏览、查阅图书的方法。				
5.能积极主动地完成教科书上所要求的各类操作实验。				
6.睡觉前对当天学习的主要内容进行回忆。				

家长收到签字：

说明：1.家长收到后，抄录六条习惯并实施培养。2."验收意见"分为A、完全养成；B、大部分养成；C、基本养成；D、未养成四等，家长和老师根据学生的实际表现，只填入序号。3."初验"时间为中考前，"终验"时间为期末考试前。

正宁县山河小学

年 月 日

> 功莫大于去恶而好善，罪莫于去善而为恶。（贾谊）
> 勿以善小而不为，勿以恶小而为之。（诸葛亮）

六年级（山河小学"培养小习惯 成就大人生"学生习惯培养阶梯计划验收单）

_____班_____同学及家长：

我国著名的教育家叶圣陶先生曾深刻指出：什么是教育，简单一句话，就是要养成良好的习惯。良好的行为习惯是决定一个学生未来成功的基础和保障。从小养成良好的习惯，这是孩子们日后获得成功和幸福的基础。根据行为心理学研究表明，一种行为重复出现21次，可以成为初步习惯，90天就可以成为成熟习惯。为了进一步促进我校学生的德育和养成教育工作，我们将启动《山河小学"培养小习惯 成就大人生"学生习惯培养阶梯计划》项目，培养学生在生活、个性、学习、安全等方面的72条良好习惯。该生在本学期需要养成以下六个习惯，真诚地希望家长能和老师相互配合，针对习惯计划，注重平时培养，进行定期验收，促进孩子早日养成良好的习惯。

六年级第二学期需要养成的习惯	家长验收意见		教师验收意见	
	初验	终验	初验	终验
1.热情向上，积极参加集体活动和公益活动，积极参加课内外文娱、体育、科技活动。				
2.学会自我反思，自我批评，追求进取。				
3.关心国家大事，每天收集3条信息（看新闻联播、上网或读报纸）。				
4.利用星期天对上周所讲内容进行复习，在列表小结的基础上，举一反三，融会贯通，巩固提高。				
5.能利用实地考察，走访调查等渠道主动搜集与学习相关材料，拓宽自身知识面。				
6.识记社会主义核心价值观的基本内容、含义。				

家长收到签字：

说明：1.家长收到后，抄录六条习惯并实施培养。2."验收意见"分为A、完全养成；B、大部分养成；C、基本养成；D、未养成四等，家长和老师根据学生的实际表现，只填入序号。3."初验"时间为中考前，"终验"时间为期末考试前。

正宁县山河小学
年 月 日

锲而舍之，朽木不折；锲而不舍，金石可镂。（荀子）
蓬生麻中，不扶而直；白沙在涅，与之俱黑。（荀子）

第六节 小学生不良行为习惯矫正方案

好习惯能使孩子终身受益。在孩子小学阶段，重要的不是要学多少知识、成绩要有多好，这一阶段，正是培养孩子们良好学习习惯的重要时期。2014年开始，我校着力研究《小学生综合习惯阶梯式培养》的课题。在培养过程中，我们坚持了科学分类、分步实施、跟进验收、积极评价、策略矫正的基本方法，教师、学生和家长积极参与，家庭、学校、社会三者通力合作，学生各方面的习惯已经养成。但同时也发现了小学生受其年龄特点、心理素质和生活环境等多种因素影响，极易导致是非观念不清、法制观念淡薄，从而养成诸多不良行为习惯。为了有效矫正小学生不良行为习惯，培养其正确的人生观、价值观，我们特制定以下矫正方案。

一、小学生不良行为习惯的现状

（一）不良学习习惯

1. 学习目的不明确、兴趣不浓，缺乏学习的主动性、自觉性。

2. 对待作业敷衍了事、急于求成、书写潦草、从不注意作业的规范要求。

3. 学习上对自己要求不严，课堂注意力分散，反应不积极，不能积极主动思考问题。

4. 不懂得知识的共享和合作交流，读死书、羞于向老师和同学请教，抄袭作业的现象"蔚然成风"。

5. 没有正确的学习姿势，喜欢趴着或躺着看书；沉迷小说、网络等虚幻世界，厌学情绪严重。

（二）不良生活习惯

1. 道德观念淡薄，行为举止轻浮，意志脆弱，不能正确对待生活中遇到的挫折。

2. 日常生活自理能力差，对父母的依赖性严重，生活秩序混乱没有规律。

3. 劳动意识不强，劳动技能差，怕苦怕累，享乐意识逐渐增长。

4. 时间观念不强，贪睡、迟到，不注重学习与休息的协调性，睡觉时喜欢高谈阔论，夜不归寝或半夜逃离寝室现象时有发生。

5. 安全意识淡薄，没有科学的安全防范意识。

6. 饮食习惯差，不注重合理的饮食规律和健康的饮食卫生。

（三）不良人际交往习惯

1. 学生不良人际交往习惯主要表现为：同学之间不能正常交往，"哥儿们"义气严重；男、女生之间"亲亲热热"，突破了同学的纯洁友谊界限，早恋现象时有发生。

2. 日常交往中，缺乏基本的礼貌，不懂得文明用语；暴力倾向严重，遇到矛盾动辄打架斗殴、欺负弱小；性情孤僻，不喜欢与人沟通，不善于与人交往。

二、小学生不良习惯矫正对策

小学生的各种不良习惯，需要根据不同情况，分类矫正。在矫正过程中，要注意方式方法，还要不断坚持。

第一类：做作业拖拉型

有的学生每天晚上作业总要做到晚上10时以后，其实他的作业并不多，他的同学一般都能够在晚上7时完成。家长发现，在做作业时，拖拉习惯了，喜欢边玩边做，做两分钟，玩五分钟，一会儿要喝水，一会儿上厕所。

孩子做作业拖拉的习惯，很大程度上是家长们造成的。一些家长在孩子做作业时端茶、倒水，总是在打断孩子；有的家长喜欢坐在旁边指手画脚，孩子写错一个地方就大呼小叫，造成孩子心理恐惧，每写一个字都小心谨慎；有的家长在孩子做完作业后，就布置大量的课外练习，一些孩子为了避免多做作业，有意拖拉，久而久之，拖拉的坏习惯就养成了。

对策：孩子拖拉，家长要反省自己，看看到底是什么原因让孩子养成了做作业拖拉的习惯，然后对症下药。孩子做作业前，家长应指导孩子将一切准备工作做到位，如喝水，上厕所，要用的文具、书本都准备齐了；孩子做作业时，家长不要在一旁盯着，不要轻易打断孩子。对于一些已经有拖拉习惯的孩子，可请教老师完成作业的大致时间，限时让孩子完成作业，完成的情况，家长可在联络本上向老师汇报。

第二类：不检查作业型

平时的作业整洁、正确率高，总能得到小红花，但一到考试就落后了。老师通过与其家长交流得知，平时做完作业，没有自行检查的习惯，从一进小学校园开始，家长就包办了本该由孩子完成的任务——检查作业。

对策：孩子们都是喜欢游戏的，建议家长和他们做个游戏。封孩子为"作业（试卷）国王"的警察，警察的任务就是抓坏蛋，在这个王国里，坏蛋就是那些错题。每次做完作业或是答完试卷后，"警察"就必须尽义务要抓"坏蛋"。如果有一天，警察再也抓不到坏蛋了，那么警察就可以升级为警长。这个游戏也能帮助孩子改善作业粗心大意的毛病。

第三类：不懂也不提问型

在平时的教学中，遇到过这样的学生：他们乖巧得很，但也很少提问，"不是没有问题，而是不善于思考，提不出问题来"。不懂而不提问的现象，总是让问题伴随着孩子的成长越积越多，问题多了却得不到及时的解决，孩子想提高学习就难了。

对策：思考会令孩子不断进步。对于不爱思考和提问的孩子，建议家长多从其他方面来促使孩子开口提问。比如，家长可多带孩子去科普展馆，去超市和菜场，让孩子多问，比如买东西，让孩子去问价格，提示孩子去询问商品情况，这样做可以锻炼孩子的胆量，也能让孩子将提问看作是一件再普通不过的事。

另外，在平时的生活中，家长也应"不耻下问"，学着向孩子问问题，孩子回答不出来的，就带着孩子一同去向他人请教，家长这样的做法，也是对孩子提问进行的鼓励暗示。

第四类：学习缺乏动力型

最令父母头疼的问题，就是学习不主动，非要家长盯着才肯学习。由于学习不主动，在临近考试时，得花费比同学们多出几倍的精力备考，"临时抱佛脚"的效果也不尽如人意，成绩长期处于班级中下游。

对策：给家长提供一个游戏学习法。孩子不愿学习，却一定会喜欢游戏。家长可以和孩子一起"打牌"学习，如将想让孩子学习或是复习的内容（学科不限）写在多张纸条上，家长和孩子一起玩耍，双方相互抽牌答题，最后让孩子将所有的题过一遍。值得注意的是，家长在与孩子"打牌"的过程中，不要显得过于睿智，有时糊涂一点儿，向孩子请教反而能激发孩子的兴趣。

第五类：不爱惜学习用具型

孩子上学了，父母给他买了许多漂亮的文具，孩子着实会兴奋一阵子。但好景不长，他的书桌上和书包里放满了没用完的铅笔、作业本。每支铅笔用过两次后就搁置一边，要换新的，每本作业本用不到三分之一，就破损不堪，卷笔刀多得可以开博览会。对孩子的学习，家长们都毫不吝惜，在给孩子选购文具时，多半会迁就孩子，动辄花百来元买一个卷笔刀，但孩子却并不珍惜。

对策：孩子乱丢学习文具的现象较为普遍，对此，家长应定期检查孩子对文具的保管情况，对孩子浪费的行为要进行教育（如可，带孩子去了解贫困学子的学习状况），对孩子不切实际地提出购置文具的行为要学会拒绝。家长也可以试着这样做，将文具作为奖品送给孩子，在赠奖时给孩子提出期望，相信孩子看到文具时就能想到它背负的"使命"，不会轻易浪费。

第六类：不清理学习场所型

清理学习场所是指学习完成后及时整理桌面和周围环境，物归其位，以便下次学习的顺利开展。这是一项经常性的活动，有些孩子由于多种原因，不太耐烦去做这种工作，往往把清理任务扔给家长。家长有时出于溺爱，认为孩子做完作业已经够辛苦了，就不再要求孩子清理学习场所、收拾书包等；有的家长认为孩子还小，不会做这么细致的工作，或做起来较费时，效果不佳，于是越俎代庖，落得省事。

对策：孩子做作业是比较辛苦的，但不能因此放弃要求。具体处理办法是，让孩子稍稍休息和放松一下，然后再要求孩子清理。孩子初次清理时，应有耐心地在一旁指导，直到清理完毕为止。最后，给孩子一些鼓励，口头鼓励或物质鼓励均可。特别注意的是，就算是孩子收拾得不干净、不整洁，家长也应鼓励，而不应抱怨或再次整理，这样只会打消孩子的积极性。

第七类：无节制地看电视型

部分同学爱看电视，放学回家，书包往沙发上一扔，就打开电视，看得入痴入迷。吃饭、做作业、玩耍都要开着电视，每天花在电视上的时间至少4个小时。眼睛近视了不说，学习效率也极为低下。

对策：家长不让孩子看电视是不合理的，关键在于指导孩子正确地利用这种传播媒介。为了防止孩子无节制地看电视，家长必须对孩子进行经常性的教育，要约法三章，每天能看多长时间应依儿童年龄、身心状况、学业状况而定。有两条家长须记住：第一，不要把看电视作为对孩子的一种奖赏；第二，要恰当安排孩子的课余生活，适当带领孩子做些室外游戏和室内游戏。同时，可以和孩子一起读一些有趣又有益的儿童读物。另外，家长自己也不能有长时间看电视的习惯，最好不要经常打开电视。

第八类：做事拖拉型

时间观念不强，做事三心二意，不能按时完成家长和老师交给的任务。

对策：

一是利用孩子广泛而持久的兴趣和对新事物的好奇心培养注意力。孩子对事物的兴趣越浓，其稳定、集中的注意力就越容易形成。比如说让孩子尽情地玩也可以培养其注意力。强烈新奇、富于运动变化的事物最能吸引孩子的注意力，因此家长可以把孩子带到新鲜的环境中去玩，如让他看以前未见过的花草、造型各异的建筑物，或带孩子到动物园去看有趣的动物，引导他们去观察，在很投入的观察中培养注意力。以后在学习中，他们便具备了同等水平的注意力。

二是合理安排饮食，注意孩子的营养调配，同时帮助孩子合理安排作息，保证每天有9—10小时的睡眠时间，这样才能使大脑有充沛的精力，保持注意力高度集中。同时可教会孩子做些放松性的训练，在短短的几分钟内，达到轻松平静的状态，使疲劳的大脑得到休息，提高阶段的注意力。

三是建立奖惩制度，将孩子作业时的种种好的和坏的表现对应的奖惩方式列成清单。当学习任务看起来过多时，可把它分成若干份，按份设奖，可以让孩子自己列出一个他愿意争取的奖励清单，但不是什么昂贵的、特别大的奖励，可以是一些食物奖励，或者是小玩具，又或是和父母一起玩棋等。与孩子有小小进步父母要给予奖励一样，他做不到时，小小的惩罚，也是必要的。比如：作业有一次在规定时间内没有完成就取消周末的外出游玩，或者禁止看某天的动画片。当然这个奖惩制度的具体内容要学生和家长共同参与制定，不能够只是家长意愿的反映。

第九类：学习粗心型

粗心是一种错觉。对事物个别属性的认识叫感觉，综合起来对整体的认识叫知觉，两者合起来叫感知。感知有正确与错误两种，错误的感知就是错觉。小学生的感知能力较弱，在学习过程中，常常出现抄错题的现象，比如将6看成9、将312看作321，或把运算符号抄错等，这些错觉就是粗心的表现。

对策：

一是运用具体事例，说明粗心的危害性，认识改正的必要性。创造学习情景，克服不良影响，保持学生的注意力。从访谈中我们知道，课堂练习与家庭作业比较起来，因粗心而出现的错误要少一些，这是因为课堂内学习气氛浓，大家都在做练习，没什么干扰，不易分心，因此，学生的练习要尽可能地在课堂内完成。

二是培养学生自我检查的能力。多数粗心的学生都是做完练习后从不检查的。要克服粗心的毛病就要使学生养成自我检查的习惯。每次布置练习时一定要强调在做完之后都要认真、细致地检查，甚至应该专门留出时间让学生自己检查。一般因"粗心"造成的错误通过学生自我检查是能够发现的，为了培养学生自我检查的能力，教师可以经常有意识地把学生练习和考试中因粗心而出现的错误抄在黑板上，让学生找出错在哪里，还可以搞一些学生互查作业的活动。

三是从家长方面来说，粗心的孩子，大都是家长要求不严格，平时缺少应有的锻炼。有的家长，总是怕孩子弄坏东西或闯祸，不放手让孩子做事。而越是不让他做，他就越没有锻炼的机会，越不会做。孩子喜欢做事本来是他们的特点，我们应该利用这个特点有指导性地让他们去做一些力所能及的事情，比如说，包书、补书、手工劳动、穿针、钉纽扣、缝缝补补等，并事先关照他们应该注意什么，怎样才能做好。因为事先有关照，孩子做事时就比较当心，长期锻炼下去，孩子自己就会克服粗心的毛病。

三、几点要求

1. 矫正不良习惯需要各方配合。不论老师、家长发现孩子的不良习惯，都需要双方及时沟通，及时制定矫正策略，紧密配合进行矫正。

2. 矫正不良习惯需要强化措施。由于是不良习惯，存在一个矫正和培养的过程，所以，在措施上，一定要想办法强化，必要的时候，还需要有些强硬措施。

3. 矫正不良习惯需要坚持不懈。改变一个错误，需要花费更大的代价和精力；有些不良习惯可能会有反复性。所以，矫正不良习惯，一定要学会坚持。

习惯是个人内部自相适应的一种自动化行为动力系统。一种习惯一旦形成，人们的优势心理反应是维持一种习惯而不是去改变这种习惯。不管是在形成良好习惯还是在矫正不良习惯的过程中，教师都要遵循循序渐进的原则，根据学生的年龄特点提出具体的、切实可行的要求，拿出有效的措施，力求达到最好习惯培养结果。

第七节　学校、教师培养学生综合习惯工作总结

一、山河小学2014年秋季学生习惯培养工作总结

自从2012年后季至今，"培养小习惯　成就大人生"学生习惯培养阶梯计划在我校已开展实施两年多。这两年来，在学生习惯阶梯培养理念的引领下，我校学生的行为习惯发生了巨大的变化，学生的生活习惯、学习习惯、待人接物等逐渐规范文明，教师和家长对学生习惯的培养也逐渐理性而科学，可以说学生习惯阶梯培养揭开了我校文明立校的新篇章。

本学期期末，验收小组对全校学生习惯培养从以下几方面进行了验收：一是习惯阶梯培养制度资料的验收，主要指习惯培养验收单和七色柱两项内容；二是学生显性习惯的验收，主要是根据各年级本期要养成的六条习惯中的可视习惯即显性习惯选择两条进行验收；三是班级习惯培养过程资料进行验收，主要包括班级阶段性小结、过程性资料和其他能反映习惯培养过程的文字图片等；四是班级印象的验收，主要是根据班级学生的平常表现、班级文化、学生的精神风貌等方面的验收。

（一）通过本次的验收，发现了以下这些值得肯定的方面

1. 从低年级到高年级学生的整体行为习惯有了质的进步，主要表

现在学生的仪容仪表整洁了，语言文明了，坐姿端正了，回答问题的声音响亮了，队形整齐了，上下楼有秩序了，课间吵声小了，见到客人能问好了，互帮互助的多了，等等。学生的这些或多或少的变化是我校"培养小习惯 成就大人生"学生习惯培养阶梯计划的结晶，是老师辛勤培养的结果，是家长积极配合的成就。

2. 全体老师的教育智慧令人敬佩，如二（4）班王亚娟老师根据本期习惯培养内容办了《爱护花草》的手抄小报，既对学生进行了爱护大自然的教育，也使学生的审美和动手能力得到了锻炼；如二（5）班的张亚静老师，根据本期习惯培养的内容，搜集了精美的图片资料，对学生进行直观的教育，使习惯培养更加形象化，便于操作和养成；如一（4）班的赵文杰老师根据本期习惯培养内容召开了专门的主题班会，并写出了心得体会；如三（4）班全体学生写了本期的习惯培养心得；如五（4）班罗婧老师在七色柱的基础上还增加了背诵听写等星级评比栏，使习惯培养更加细化具体，等等。这些都无不说明，老师在学生习惯培养工作中所付出的努力和心血。

（二）通过本次的验收，也发现了以下几方面的问题

1. 个别班级习惯培养验收单填写不规范，主要表现在老师代替家长填写，或者评价等次不真实、不客观，一概而论，一A到底，或者一C到底；班级习惯培养验收单数量保存不够。

2. 七色柱与班级实际评价情况不符，存在临时突击，应付检查的嫌疑。

3. 班级过程性资料较少，大部分班级甚至没有。

4. 老师对本期习惯培养内容不清楚，并未结合习惯培养内容组织学生进行学习，班级活动未根据习惯培养内容开展。

5. 习惯培养的成果巩固不是太理想，有些低年级习惯到了高年级就没有了，如学生的坐姿、握笔、回答问题的姿态等。

6. 师生对"培养小习惯 成就大人生"学生习惯培养阶梯计划的认识不够，重视程度不够。

（三）针对以上问题，提出以下几点建议和期望

1. 全体老师首先要从思想上高度重视"培养小习惯　成就大人生"学生习惯培养阶梯计划，这是保证我们各项工作科学有效运行的一个得力抓手，也是我们全体山小人的一个重大课题。学生习惯阶梯培养不是习惯培养课题小组的事情，不是班主任一个人的事情，而是全体科任老师共同的任务。

2. 每学期开学，各科任老师要先了解本期习惯培养内容，并组织学生进行学习了解，以不同的方式让学生牢记于心，并要写出本班本期的习惯培养计划，这个计划必须以"培养小习惯　成就大人生"学生习惯培养阶梯计划为立足点，要科学、客观、有效、保证落实。

3. 每个科任老师要和班主任共同培养学生习惯，在平时的教学和班级事务中要时常沟通交流，有问题及时反馈，每个老师都要做到对学生的习惯培养情况了如指掌。

4. 每位老师要将每期的习惯培养资料细心保存，在学校"培养小习惯　成就大人生"学生习惯阶梯培养的主体思想引领下，发挥教育智慧，制定适合本班班情学情的班级学生习惯阶梯培养计划，也可以使班级习惯培养更加细致化、具体化、特色化、个性化。

总之，习惯决定性格，性格决定命运，而我们决定的是习惯！习惯的培养是一个持之以恒的过程，良好学习习惯的培养不是一蹴而就的，必须有足够的耐心和毅力，反复抓，抓反复，一丝不苟，持之以恒。稍有懈怠，便会走样；经常中断，就会前功尽弃。只有学科老师、班主任和家长的共同监督及督促，孩子才更容易养成好的学习习惯。只要我们在学生习惯培养上毫不放松，相信会有可喜的收获。

二、教师培养学生综合习惯工作总结

"培养小习惯　成就大人生"习惯培养的心得体会

山河小学　孙红娟

"什么是教育？简单的一句话，就是要养成良好的习惯。良好的

行为习惯是决定一个学生未来成功的基础和保障。"这是著名教育学家陶行知先生的一句话。从这句话中我深深地懂得了习惯的重要性。作为一名班主任,我注重学生的行为习惯、生活习惯、学习习惯的培养。具体做法如下:

1. 配合学校发放"学生习惯培养阶梯计划验收单"。

2. 让学生牢记六年级第一学期需培养的六条习惯的内容。

3. 在平时的学习和生活中践行所需养成的习惯,通过自我完善、家长配合、老师要求、同学监督的过程来实施。

4. 尤其在第二条习惯的培养中,我利用周四的主题德育实践课的时间,采用演讲的形式来培养学生的良好习惯,让学生做一个热情大方、乐于助人的人。

5. "对搜集整理资料"这一习惯的培养,我专门让学生准备了读书笔记、纠错本。让学生学会积累学过的知识。同时定期在班级内"诗刊"举办征文活动。

6. 在每学期期末让学生自己反思习惯培养心得,并写出心得体会,好的做法在全班推广。

总之,习惯的好坏影响一个人的一生,良好的习惯要从小养成。

六（3）班学生本期习惯培养总结

山河小学　刘波玲

本期以来,在学校的正确领导下,在各位老师的共同关心和培养下,在各位家长的积极配合下,在孩子们的不懈努力下,六（3）班大部分同学的"六条习惯"已基本养成。现具体情况总结如下:

学会保护他人和自己的隐私,自己的家庭情况,不随便告诉别人,不随便打听他人的隐私。针对这条习惯,作为班主任兼语文老师、思品老师,我经常将它贯穿于课堂教学中来培养,如:每周一次的安全教育课,给孩子观看相关的视频,相互交流生活中的案例等活动,使学生基本养成本条习惯。

热情大方，及时帮助有困难的人。热情是孩子心灵健康乐观向上的体现，帮助有困难的人是孩子充满爱心、关心他人的美好品质，这条习惯对孩子相当重要。据我观察发现，学生都做得很好，这和学校领导及各位老师的培养是分不开的，每位值周老师每天在晨检时反馈、表扬热心帮助他人的学生及行为，充分鼓励了全校每名学生，因此这条习惯是六条习惯中培养效果最好的一条。

孝敬父母，以自己满意的学习成绩回报父母的养育之恩。通过平时语文课的教学及拓展，开展以"感恩"为主题德育综合实践课。

后三条要养成的习惯分别是：对搜集的各种资料能进行归类整理；做事有计划不拖沓；勤于动笔，认真思考，审题严谨。这三条习惯的养成不但要靠老师，家长及家庭生活的培养也很重要。家长不关心、不重视的习惯就养成不好。

每当老师布置搜集整理资料的任务后，有些家庭没有给学生创造条件，再加上不闻不问，搜集资料就流于形式。

做事有计划不拖沓，这条习惯大部分学生养成得都不好。由于目前大部分孩子是独生子女家庭，父母对孩子过于溺爱，很多事情都由家长包办，不给孩子独立锻炼的机会。尤其是应该由孩子自己来完成的事，家长却代替他去做，这样对孩子的成长很不利，自然这条习惯培养起来有阻力。

勤于动笔，认真思考，审题严谨这条习惯通过长期的坚持培养，如每天坚持写读书笔记，每天坚持30分钟的阅读，每周一次读书沙龙活动，使大部分学生养成了勤于动笔，认真思考的习惯。

总之，本期我们在习惯培养方面下了不少功夫，花了不少心思。总体来说同学们都有了很大的收获。六条习惯已基本养成，但习惯培养重在坚持，只有长期坚持才能得到巩固，贯穿于生活之中。

四年级上学期班主任习惯培养工作总结

山河小学　秦亚丽

时间真快，在忙碌中，一个学期又快过去了。对于这个班，我感觉孩子们的成长真的是不经意的。不经意间，他们的个头长高了很多；不经意间，他们懂事了很多；不经意间，他们学会了很多……不经意间，他们就这么一点一滴地成长起来了。而我作为他们的同行者，作为他们成长的见证者，最大的感受，就是欣喜。

回顾这一学期的班主任工作，让我深切地体会到，学生习惯的培养只有全体学生和班主任共同努力，增强集体凝聚力，创设融洽的学习氛围，才能使每个学生的良好习惯达到整体发展，从而使学生在各方面得到进步。班主任工作是琐碎的，平时我主要将习惯培养工作的重点分为以下几个方面：

1. 关心孩子。爱是无声的语言，是教师沟通学生思想和感情最有效的手段，想要管理好班级，必须关心、了解每位学生。

作为班主任，我始终把工作的责任感放在第一位。我的教育对象是孩子，他们天真烂漫，那一颦一笑，处处充满着童稚童趣。做一个辛勤的园丁，使每朵鲜花都绽放，每棵幼苗都茁壮成长，这是我做班主任的信念。低年级的孩子对老师特别热情，经常会围着老师转，我也很习惯在课后把孩子聚到自己身边，和他们聊聊天，考考他们会认拼音了吗？告诉他们这几天进步了！告诉他们星期天作业完成得很漂亮，也跟他们说昨天他们写的生字不好看，今天和同学吵架不应该……在这种轻松的聊天氛围下，把握好教育的契机，自然而然地提出对他们的一些要求，同时也收到了良好的效果。

我还觉得，班主任对学生习惯的培养，应该是种宽容的爱。经常想起一句话：假如我是孩子，我会怎么做？每次，当孩子犯了错误时，当我怒气升腾的时候，我就让自己进行换位思考：如果我是孩子，我是不是也会像他们一样？假如那是我的孩子，如何教育才是最佳途径？于是，在这样的前提下，孩子们的调皮捣蛋、屁股坐不住、对新鲜事物的好奇都变成了可以理解的行为。对于低年级的孩子来说，表扬的力量是无穷的。在平时，我通过对孩子的观察，将孩子们的闪光点和一点一滴的进步都记录到自己心里，及时表扬和鼓励他们。

我会经常对我的孩子们说：你们都是最棒的！这学期进步最大的就是你！老师越来越喜欢你了……当我和家长交流时，经常听他们说起，孩子们回家说老师又表扬他们什么了，一脸兴奋，然后那几天在家表现就会特别好。还是那句话：爱是相互的。在这一点上，作为班主任我是幸福的，我付出一份爱，收获的则是更多份纯真的爱。

2. 平时的一点一滴都很重视培养孩子们的各种行为习惯，各种习惯的养成是形成良好班风班貌的基础，低年级则是良好习惯养成的关键期。

我觉得培养良好的习惯关键是要培养学生的习惯意识，使他们做到老师在与不在一个样，如果有一个比较良好的班风，学生会在各方面得到提升。所以我尤其注重在班级氛围中培养学生良好的习惯，无论是学习习惯，还是卫生习惯。我根据低年级孩子的特点，一方面，以比赛、竞争等方式来巩固学生的良好习惯；另一方面，作为老师以身作则，每次进教室都先往地上看一看，捡一捡，整一整，孩子们看在眼里记在心里，为养成良好的习惯创造了良好的气氛。

3. 加强与家长间的交流。家庭教育和学校教育是密不可分的，尤其是班主任工作，更加需要家长的理解和支持。

我特别注重和家长建立良好的关系，加强和家长间的交流，一学期下来，我和每位学生的家长都进行了交流，告诉他们孩子在学校的表现。当孩子有了什么进步，孩子病了，这段时间学习状态不佳……我都会及时与家长取得联系，使家庭教育和学校教育同步，更好地促进孩子的健康成长。比如我班有些孩子是家境好的独生子女，家长极其宠爱，久而久之养成了一些弊病：娇气、任性、以自我为中心……每次与家长交谈时家长对孩子的介绍词就是坏脾气。于是除了多搞集体活动引导他们热爱集体，学会帮助别人，我还积极主动地跟家长进行沟通，共同帮助他们改变。

4. 加强集体凝聚力。

这一学期，通过孩子们的共同努力，所取得的成绩是可喜的。当然，好成绩的取得与孩子们的集体荣誉感是分不开的。在每一次比赛之前，我都会坐下来好好和孩子们聊聊，告诉他们：这又是一次集体与集体间的对抗，而你们，作为集体的一分子，就应该为集体出一份力。一个集体就像一艘船，载着学生越过江河湖海，驶向理想的彼岸；一个集体犹如一个大家庭，每一个学生如亲人一样相互关心、互相帮助、共同进步。

班主任在学生习惯培养方面的工作更多的是一种琐碎，一种默默地付出，是无法用语言去加以描述的，只有自己才能品尝出其中的酸甜苦辣。当然，我在班级教学与管理中还是有一些不足的，在今后，我会同我的孩子们继续努力，即使没有最好，也一定会更好！

二年级小学生养成良好学习习惯的心得体会
山河小学　范月红

行为铸就习惯，习惯形成性格，性格决定命运。习惯是影响人生命运的一种力量。俗话说："积一千，累一万，不如养个好习惯。"小学教师担负着对孩子教育的任务，要让他们的工作事半功倍，学生能养成良好的学习习惯尤为重要。在日常教学过程中，教师要指导学生分清楚哪些行为是可以使之成为习惯的，哪些是要坚决杜绝的。"学坏容易学好难"，所以，在习惯形成之前，我们一定要慎重地分辨，否则一念之差便会产生两种截然不同的结果。

通过这几年的教学实践，我认为小学生要培养的学习习惯主要有以下几个方面：

1. 提前准备学具的习惯。

去年，我担任一年级的班主任。刚接新班时，学生的很多行为习惯都没有养成，有的学生上课时削铅笔，有的学生上课时才发现语文书忘家里了。这种类似的问题反复出现。在班里，我一再嘱咐：第二天用的文具、书、作业本前一晚都要准备好，放进书包里，铅笔每天晚上提前在家里削好，不要等到上课用的时候才想起来削。经过一段时间的强调，现在我们班的学生已经很少再出现这种问题了。

2. 认真听讲的习惯。

首先，让学生做到上课不做小动作，不玩玩具及学习用品，不做与学习无关的事。这就要求我们教师在课堂上要充分培养学生的兴趣和调动积极性，让学生全身心地投入学习中去。其次，让学生能够认真倾听其他同学的发言，看他们的发言是否正确，有没有需要补充的，或者有错误需要纠正的。再次，要做到认真地听老师讲解，并按要求认真地完成练习，而且，每天能够按照老师的要求来完成家庭作业。在课堂教学中，我们可以运用多种形式让每个学生参与其中，比如说开火车认字的游戏，找几个"小老师"来领读，还可以让几个同学分角色朗读或者编课本剧，表演课文中讲述的故事。这样，学生基本上能做到全神贯注地听讲，同时又不感到枯燥无味。

3. 善于思考和敢于提问的习惯。

要求学生上课专心听讲，认真思考，积极发言。对不懂的问题要主动向老师请教。课前预习知识，不明白的题提前做好标记。我们班大多数学生回答问题都很积极，争先恐后地举手抢答，课堂气氛活跃，师生配合密切。只有个别性格内向以及学困生不爱回答问题，也不爱动脑思考。针对这种情况，我对这些学生采取课堂多关注、多鼓励、多提问的方式，以增强他们的自信心。课下又给他们吃"偏心饭"、多辅导。

经过一段时间的努力，学生们在课堂上都比较活跃，能根据我提出的问题去积极思考，踊跃回答问题，效果立竿见影。从上学期开始，我就要求学生在学习新课之前对课文进行预习。每课课后的生字都要求在课前标注上拼音，并且把新字在课文中圈出来，以便记忆。并且还要求学生们标出自然段。良好的预习习惯已经养成，因为学生们很自觉，每课都会预习，所以课堂教学质量高。

4. 读书写字姿势端正的习惯。

很多小学生读书写字姿势不正确，眼睛离书本太近，有的甚至趴在桌子上看书、写字。我们作为教师，一定要督促孩子们读书写字姿势端正。让孩子牢记四个"要"：（1）读书写字的姿势要正确；（2）看书、写字30—40分钟后要到室外活动或向远处眺望一会儿；（3）握笔时手与笔尖要保持一寸的距离；（4）读书时，眼睛与书本的最佳距离要保持在35—40厘米左右。与家长沟通，让家长在家纠正端正孩子读书写字姿势，控制限制孩子看电视时间。众多教育实践证明，帮助学生纠正一个不良习惯，比引导其形成一个良好学习习惯要耗费更多的精力。捷克教育家夸美纽斯主张：好习惯培养最好在心里很清新，没有形成错误观念，没有养成坏习惯就开始。俗话说："与其给孩子金山、银山，不如教给孩子好习惯。"良好的习惯不是一朝一夕就能养成的，需要长期训练，不断养成。只有我们每位老师对待学生都给予母亲般的关爱，在工作中多一分耐心与激情，对学生多一分宽容，勇于开拓创新，不断总结，改进工作方法，我们付出的汗水才会桃李芬芳。

习惯培养心得体会——培养小习惯　成就大人生

山河小学　张晓文

不知不觉中，山河小学孩子们的"培养小习惯　成就大人生"阶梯习惯培养实施已经五年了。五年来在家校共同努力下，孩子们已经养成既定的良好习惯。看着他们一天天健康快乐地成长，真是欣慰之至。

1. 养成教育，始于细节。"千教万教，教人求真；千学万学，学做真人。"这是著名教育家陶行知关于习惯教育根本任务的基本阐述。班主任德育习惯养成最有效的办法，就是从小处着眼，从细节入手，关注生活中的每一个细节，让学生做好身边的任何一件小事，从小养成良好的生活和学习习惯。

2. 养成教育，从小抓起。小学阶段是学生养成良好学习习惯的重要时期，著名的教育学家叶圣陶说过："什么是教育？简单一句话，就是养成良好的习惯。"良好的学习习惯对小学生来说能为终身学习打下良好的基础，使人终身受益。

3. 取得成效及努力方向。习惯在于坚持。孩子们五年来虽取得了良好的养成成效，但学生参差不齐，个别学生习惯还有待进一步养成。但愿在老师们的努力下，尽力和家长配合，让所有学生养成我校制定的小学六年养成的72条习惯，为他们今后的人生打下坚实的基础。

一（1）班学生习惯培养小结

经过一学期的努力，觉得孩子们长大了，懂事了。孩子们已由开学初上课为所欲为、自由散漫，逐步成为守纪律、懂礼貌的孩子。我认为本学期孩子们最大的进步表现在以下几个方面：

1. 课堂纪律。

开始接手时，学生近一半不听讲、玩小动作、睡觉，干什么的都有。现在已基本养成了上课认真听讲、积极发言的习惯。上课时，大部分学生能集中精力听讲，即使有不注意听讲的同学，也有同学积极地帮助他们改正不良习惯。

2. 良好的卫生习惯已基本养成。

学生已逐步改掉乱扔纸屑的不良习惯。

3. 坚持说普通话。

学生已由最初讲方言，转变为逐步学习用普通话进行交流。

4. 站队纪律有很大转变。

接手这个班时，站队时挤、吵、乱，现在站队有了很大转变，改变了以前站队一窝蜂，后面挤作一团的现象，在班干部的逐步带领下，站队纪律有了很大进步。

5. 充分发挥七色柱的评价激励作用。

在每周的安全班会上，除了上好安全课，还坚持以"星"评价，让学生在星级评价中获得成就感。

当然，孩子们还在成长的路上，今后需要我们家校共同"塑造"他们的好习惯。因为习惯决定行为，行为影响一生。

第八节　家长培养学生习惯的心得体会

阶梯式习惯培养的心得体会及评价

冯嘉康家长　冯立民

转眼间，我的孩子已从一个不谙世事的幼童成长为一名热爱学习、知书达礼的翩翩少年了。在几年的小学生活中，学校实施的"学生习惯培养阶梯计划"为孩子的习惯培养搭建了坚实的平台。这个计划，将小学生需要养成的习惯根据难易程度分解到12个学期当中，有始有终，循序渐进，家校配合，效果良好。

本学期需养成的6个习惯，我们和孩子都进行了详细了解，并督促他经常对照计划要求，不断巩固提高。为此，我们为孩子尽可能创造条件，满足他的求知欲，通过汲取知识开阔视野，并利用所学知识解决生活中遇到的问题。为孩子购买了《天体》《中国歌谣选》等十多本课外书，鼓励他参加诵读比赛、制作小灯笼的活动。通过课外阅读和集体活动，他比以前更加自信和乐观、学习兴趣日益浓厚，对天体物理产生了强烈的好奇心。利用走亲戚的机会，他亲手收集一种叫"龙骨"的石头，并借助书本了解古生物的进化。随着心智日趋成熟，他开始关心国家大事，尤其是中国的周边局势，对国家的主权萌生了一定的认识。"培养小习惯　成就大人生"，培养孩子的习惯是一个系统工程，山河小学关于学生习惯培养的阶梯计划，内容丰富，设计科学，目标明确，可操作性强，值得坚持和推广。

阶梯式习惯培养的心得体会和实践

蒙奕家长　文婷

良好的学习习惯是可以养成的，习惯养成后看上去很简单，但养成过程却并不简单。一个良好的习惯会影响一个人一生的命运。其实学生时期是养成好习惯的黄金时期，因此，在培养学生的思想品德和行为规范方面，要形成一定的目标递进层次。良好的学习习惯，是学习知识、培养能力、发展智力的重要条件。因此，培养学生良好的学习习惯，是学校、家庭，长期而又艰巨的任务。

作为教师、家长，对孩子不仅要教"知识"，而且要教如何学好知识。小学是义务教育的基础阶段，是一个人形成良好学习习惯的关键时期，也是一个人成长的奠定时期。因此，在小学教学中重视良好的学习习惯培养，根据小学生可塑性强的特点，采取有效措施，有意识地进行训练和培养是非常有必要的。

2018年4月1日

阶梯式习惯培养家长的心得与评价

张佩家长　张小平

我的孩子叫张佩，是山河小学六（3）班学生。我家孩子从小学上一年级时就参与了山河小学"培养小习惯　成就大人生"习惯培养阶梯计划，经过学校和家长六年的持续培养，孩子养成了许多良好的行为习惯。

一是养成了自觉学习习惯。每天回到家，第一件事就是完成老师当天布置的家庭作业。她书写认真，不懂的先查字典或找学习资料，这种动手习惯非常好。若有多余时间，每天坚持阅读20页，这几年已经阅读完《格林童话集》《小儿百科知识》《三国演义》等中外名著70多本。广泛的阅读给孩子的语文学习和习作打下了坚实的基础。

二是养成了孝心感恩习惯。从三年级开始，就会洗小件衣物，还能整理书桌、床铺，到了五年级开始帮助妈妈摘菜、洗碗，还能煮挂面，做三道小菜。如今，每个周末和妈妈一起洗衣服、打扫卫生等都做得很好，特别是当我辛劳一天，她会打来热水帮我洗脚，还沏茶、按摩，让我心生感动和幸福。

三是养成了文明行为习惯。和两个哥哥相处得特别好，不论请别人做任何事情都能坚持说"请您""麻烦您""辛苦您了""谢谢"等礼貌用语。在外面和小伙伴一起玩，都能主动帮助他人，对不文明的行为会友好地提醒和制止。

四是养成了集体观念。从一（3）班到六（3）班，她都对班级荣誉非常看重。只要是学校组织的活动，她都积极参加，并争取取得荣誉。多年来，几位老师对张佩格外关心，孩子也深有体会，常挂在嘴边的话是"老师为了我们班太辛苦了，我不能让其他同学丢班级的分。"

总之，六年来，孩子在山河小学得到全面发展，在六（3）班得到幸福成长。感谢学校和老师的辛勤培育，这些都离不开学校科学实施"习惯培养阶梯计划"，愿山河小学明天更辉煌。

阶梯式习惯培养的心得与体会

王怡璇家长　　王聪仁

一个人从小养成的良好行为习惯，不仅会使他的那些好的行为方式得到巩固，而且可以转化为内在的性格、情操。道德观念，是他为人处世和一生幸福的基础。下面我就浅谈自己的做法和体会。

1. 从孩子的年龄和心理特点看，促进良好学习，以及复习习惯的养成。六年级学生正处于生长发育阶段，不仅在生理上，而且在心理上也发生着很大的变化，尤其如今的孩子生活条件不断提高，心理比较脆弱，逆反心理极强，因此要先从培养良好学习习惯入手。在培养时应该是亲切的、发自内心的，而不是一味说教，更不能惩罚、责怪等。和孩子谈话犹如在磨刀，既可以让刀口锋利，也可能把刀变钝。

2. 注重行为训练，培养学生良好的文明习惯。由于行为习惯的形成是积久成性的，因此必须经过长期的反复训练一以贯之。我发现我的孩子在学习、做作业时的姿势不正确，于是我及时地纠正。解说坐是一种静态造型，端庄优美的坐，会给人们以文雅、稳重、自然、大方的印象。同时要学会自我完善，对生活热情向上，积极参加各种集体活动，平时注意看新闻，简单地了解国家大事。这些都是在不断的重复和练习中逐步形成的，不是一朝一夕能养成的，反复训练是形成良好习惯最重要最基本的方法。

3. 言传身教，更能促进学生良好习惯的养成。严格要求自己，以身作则，中国有句古话："其身正，不令而行，其身不正，虽令不从。"父母要为孩子做榜样。

4. 鼓励孩子自我反思、批评，追求进取，更能促进学生良好习惯的养成。如果不反思、自我批评的话，孩子永远不知道自己的缺点，久而久之，会影响孩子的良好发展。我们要引导孩子，鼓励孩子，让他们知道怎么做是对，怎么做是错，错在哪里……

总之，高年级是学生承上启下的关键年、是学生心理成熟的关键阶段，家长、老师要教育每个孩子，从我做起，从文明礼仪、良好习惯、举手之劳的小事做起，规范自己的一言一行、一举一动，这样才能更好地促进学生全面发展，为学生的成功人生打下坚实的基础。

"阶梯计划"习惯培养心得体会与评价
张家乐家长　张选辉

六年来，孩子在学校接受着阶梯式习惯的培养，取得了良好的效果。叶圣陶老先生说：教育就是培养习惯，良好的习惯就是人生取之不竭的道德资本。乌申斯基也曾说过：良好的习惯是人在某种神经系统存在的道德资本，资本不断增值，而人在整个一生中享受它的利息。可见养成教育在人的一生中占有多么重要的地位。小学阶段是孩子培养良好行为习惯的最佳时期，培养良好习惯不仅是为了孩子成材，更重要的是让孩子成人，让好习惯伴随孩子幸福成长。山河小学正是基于此，充分发挥阶梯习惯的培养和养成，对孩子的茁壮成长奠定了坚实的基础。

1. 小目标，大发展。小学六年，针对每学期、每个年级学生的年龄层次，制定符合儿童此阶梯段的习惯培养目标。看似纷小简单的阶段要求及目标对照，深入检查，其实用规范的思想引领孩子的智行，"点滴之水汇于江河"，六年来分级分批、分层次矫正、引领，促使孩子前进，基本养成了一些良好的行为习惯，为孩子们以后的发展奠定了坚实的基础。

2. 低层次，全方位。小学阶梯计划确定的目标、任务起点不是很高，只适应于"童"级阶段细小的言行要求，看似简单的一期几个小的方面，而且是日常生活中的点滴举止，但综合六年各阶段所有目标，它是众多的、多元化的，对孩子的铸造是全方位的。

3. 勤分散，重引航。山河小学"爱人达已，爱已达人"的学校宗旨，以班级为单元，班主任、科任老师及年级组，教务乃至学校的领导层，无不用深切的关怀和积极的"检阅"来促进学生阶梯计划的培养。班主任一线的观察指导、点评互动、家校联系、互勉互帮为孩子直接输送着"好习惯"的种子，及时的引导起到直接的导学引领作用。此外，学校领导层的带新矫正，查验对照考核，宗旨意识的启航，无不支持着一线老师辛勤的工作，同时也使"提炼着阶梯理论"再成熟，再发展。

总之，学校六年来的阶梯培养，在很大程度上帮助和教育了学生，促使习惯的养成和发展，使学校领导层、一线老师的辛勤努力得到了回报，为孩子们将来的发展打下了坚实的基础，开辟了人生正确的航向，希望此项工作愈成熟，愈磅礴，引航学校、成就孩子。

阶梯式习惯培养的心得体会及评价

燕晨宇家长 薛静静

播种行为，收获习惯，播种习惯，收获性格，播种性格，收获命运。俄国教育家乌申斯基说，"良好习惯乃是人生神经系统中存放的道德资本，这个资本不断地增值，而人在其整个一生中就享受着它的利息。"这就是告诉我们，只有养成好的习惯，才能使我们终身受益，而小学阶段就是培养好习惯的重要阶段之一，为了使每个孩子都成为习惯的主人，从孩子刚入学，学校便根据不同年龄段、不同年级制定了切实可行且完全符合孩子们身心健康成长的阶梯习惯培养计划，经过六年的不间断跟进和完善，我们的孩子成长得更加乐观、开朗，性格更加完善，在学会做好分内事情的同时更加懂得如何做人。

俗话说得好，无规矩不成方圆。无论在哪里都会有一些不管是成人还是孩子都必须遵守的规则，也正因为有了这些规则，我们的社会才更加和谐美好。也正因为有了学校制定的这些规则，才使我看到了一个潜力无穷、不断成长变化的好孩子，特别是在行为习惯方面，有了老师的爱和不失时机的表扬，孩子们才能随时随地感受到什么该做什么不该做。

最后，衷心地感谢学校和为了孩子付出辛勤努力的每一位老师，因为有了你们，我们的孩子才更棒、更出色！谢谢你们！

第三章 小学生综合习惯阶梯式培养课题的研究

第一节 课题研究的背景

一、社会背景

我国著名教育家叶圣陶先生曾指出："什么是教育？简单一句话，就是要养成良好的习惯。"良好的行为习惯是决定一个学生未来成功的基础和保障。从小养成良好的习惯，是孩子们日后获得成功和幸福的基础。当前，德育工作已被提升到学校教育的核心地位，但由于社会各种因素的影响，德育工作的实效性却往往令人困惑和无奈。究其原因，主要在于德育工作严重存在空洞讲解、空洞说教、言之无物、教之无策的尴尬处境，德育工作的实践操作违背道德形成和发展的基本规律，没有找到德育工作的实践抓手，没有真正重视德育的实质内容，即针对小学生而言，具体要培养什么习惯和怎样培养习惯的问题。部分家长在教育子女方面，对习惯培养的途径和方法感到模糊。

二、校内背景

目前，几乎所有的学校都知道习惯培养的重要性，也会从大的类别上列出习惯培养的种类，但是到底具体培养什么习惯、怎样培养，对大多数学校来说，却是空白。就我校而言，地处县城，学生来源以城镇家庭为主，附近农村家庭学生占少数。近年来，随着独生子女的增多，留守儿童现象的出现，家庭生活条件的不断优越，大多数孩子出现娇气、吃苦性差、意志不坚强、抗挫能力差、竞争意识弱、上进心不强、各种习惯差、叛逆心理强等严重问题，增加了德育工作难度，直接影响到学校和班级的日常管理，制约着学校教育教学质量的进一步提高，同时也影响着学校的声誉。

如何加强培养学生良好的行为习惯，如何加强未成年人思想道德建设，已成为我们面临的最大课题和任务。对此，我们进行了深入的调查研究活动，并在前期探索、实践基础上申报课题，以课题研究为契机，发动全校师生对我校学生习惯培养问题进行了讨论、梳理，在加强习惯培养的迫切性、必要性、可行性等方面达成共识。

我们的目标和决心是：要使学校德育工作卓有成效，必须找到一个真正的抓手，那就是按照学生的身心特点和认知规律，实践、总结出适合培养学生良好行为习惯的具体内容和有效途径及方法。

第二节　课题研究的意义

一、理论意义

实践总结新的教育环境下，学生习惯培养具体的内容、运行的模式与方法，德育目标实现的有效途径和方法，全面提升学生、教师和家长对习惯重要作用的认识，把习惯培养纳入校园文化建设范畴，进一步提升办学质量。

二、实践意义

通过本课题的研究，面向所有学生培养学生综合习惯，促使学生养成良好习惯，并能自觉坚持，巩固良好习惯，有养成好习惯的意识和方法，为学生良好品质的形成奠定基础，让好习惯受用终生。

通过本课题的研究，矫正、改变部分学生行为习惯差的现状，引导、培养学生形成良好习惯，进而提高学习效率。

通过本课题的研究，纠正少部分教师德育方法简单，只注重教书，不注重育人，忽视或不重视行为习惯培养的不良倾向。

通过本课题的研究，力求使本课题的研究经验与成果，能够给兄弟学校提供借鉴，实现资源共享。

第三节 课题研究的理论依据

一、叶圣陶教育思想的启发

叶圣陶先生谈到教育问题，他这样认为，"什么是教育？简单一句话，就是要养成良好的习惯。"好习惯的形成，需要从小培养，需要长期培养。各项教育教学活动，必须重视习惯培养。

二、行为心理学论断

根据行为心理学的有关研究成果，一种行为重复出现21次，可以成为初步习惯，90天就可以成为成熟习惯。因此，我们通过家长、老师、学校的共同作用，运用一学期培养6条习惯的方式，绝对可以实现90天重复训练得到的结果。

三、小学生年龄和身心发展的特点和规律

小学阶段是习惯培养的重要时期，而各个阶段学生的心理特点对其行为习惯的养成有着决定性的作用。要想研究学生行为习惯的培养措施，必须了解各年级段学生的心理特点，经过课题组老师的研究探讨和搜集，梳理出了各年级段学生的心理发展特点。总的来说，学生的心理特点与他们的行为习惯也呈阶梯式发展、螺旋式上升的特点，具体表现在：

一年级学生年龄小、好动、自制力较差,生活自理能力有限,天真、模仿能力强。但注意力还不能稳定持久,思维非常具体,坚持性和自觉性都比较差,容易受外界影响。

二年级学生对一切事情充满好奇,敢于尝试、主动发现去实践。大脑功能发育处于"飞跃"发展的阶段,他们的大脑神经活动的兴奋性水平提高,表现为既爱说又爱动。相对来说他们的注意力也不持久,形象思维仍占主导,逻辑思维很不发达,很难理解抽象的概念。

三年级学生是形成自信心的关键期。独立性、自主意识逐步增强,表现欲极强,伙伴意识很强,开始形成小团体。容易被新颖的事物所吸引,兴趣十分广泛。他们的动手能力有了一定的提高,基本能帮家长做一些力所能及的体力活。但情绪不稳定,自控力不强。思维正处于由形象思维过渡的时期,模仿性强,是非观念淡薄。

四年级学生无论是在生理还是心理上都比初入学时的儿童稳定,是培养学习能力、情绪能力、意志能力和学习习惯的最佳时期。同时,四年级孩子开始从被动的学习主体向主动的学习主体转变,心理发生了明显的转变。思维能力的发展处于转折时期,抽象概括、分类、比较和推理能力开始形成;思维开始从模仿向半独立和独立转变,培养思维的独立性和发散性在四年级尤其关键,同时他们注意力的目的性增强,注意力保持的时间更持久。

五年级学生感知事物的目的性比童年阶段明确,感知事物的精确性也有所改善,集中注意能力有所发展,集中注意力、专心致志的时间可达25分钟左右。已从具体形象思维向抽象逻辑思维过渡,但仍然是同直接与感性经验相联系,仍然具有很大成分的具体形象性,仍习惯于模仿实际动作。

六年级学生的视觉和听觉的感受性已发展到一定水平,感知事物的目的性比童年阶段明确,感知事物的精确性也有所改善,集中注意能力有所发展,集中注意力、专心致志的时间可达30分钟左右。

抓习惯培养,是解决未成年人思想道德问题的有效途径和方法。

这个过程要遵循少年儿童的身心发展规律，要有科学、合理的培养措施和方法。

四、巴甫洛夫的经典条件反射理论

此理论的基本含义是指一个刺激和另一个带有奖赏或惩罚的无条件刺激多次联结，可使个体学会在单独呈现该一刺激时，也能引发类似无条件反应的条件反应。经典性条件反射在人类学习中具有重要的作用，它的建立与巩固的过程就是学习的过程。因此，教育实践中可以有意识地通过训练来建立条件反射，以改变身体的反应，从而养成良好的习惯，矫正或消除不良的行为习惯。

五、人本主义理论

罗杰斯等人提出的人本主义理论认为，每个人生来就有学习的动力，并能确定自己的学习需求，学习应该对人产生有利影响。学习过程中不仅要让学生获得知识，而且要重视对学生情感、价值、态度等健全人格的培养和塑造，促进学生全面发展。这种理论注重人的个性发展，重视理性和感性的统一，它与新课改倡导的"以人为本，以学生的发展为本"的理念相统一，在习惯培养方面具有指导意义。

第四节　课题研究的目标

《小学生综合习惯阶梯式培养的实践与研究》课题，是从优化学生习惯入手，探讨、研究习惯养成的核心问题，从学校管理、班级管理、学科教学、少先队活动、家庭教育等渠道，研究挖掘学生的主体因素，探讨促进小学生良好习惯的全面养成的有效教育途径和方法，从而使我校习惯阶梯式培养研究成果成为小学生习惯培养的有效模式和行动指南。

通过研究，更好地使我校学生习惯培养既有客观有效的实践操作，又有科学有力的理论支撑，总结深化研究成果，争取使我校致力于在习惯培养操作层面的阶梯式培养行动研究，走在全省、全国前列，为学校有效德育工作贡献一点绵薄之力。

本课题的主要研究目标确定为以下几个方面：

一、通过综合习惯阶梯式培养，大部分学生能够养成更多良好习惯

学生良好行为习惯的培养和形成，关键时段在小学。我校学生习惯阶梯式培养，面对全体学生，从细节入手，抓习惯教育，有力促进德育工作，为培养学生优秀品质营造氛围，打造基础，通过6年12学期的坚持，绝大多数学生的综合习惯会培养成功，综合素养能够得到全面提升。

二、通过研究，开发《小学生综合习惯阶梯式培养》系列校本教材，使习惯培养正规化、课程化、科学化、常态化

为了进一步巩固研究成果，发挥其实用高效特点，进一步使课题研究走向深入，组织教师对已经开展的实践活动，进行总结、完善，编写《小学生综合习惯阶梯式培养》校本教材6册，每个年级1本，内含12课，供广大师生和家长免费使用。让习惯培养不但是日常需要坚持的工作，更是成为进入课堂的课程。

三、通过研究，提高教师德育水平和能力，为教师专业发展搭建平台

实施习惯教育，开展系列研究活动，发挥骨干教师的模范带头作用，帮助广大教师确立现代教育思想，转变育人观念，掌握科学的、符合学生身心和认知特点规律的育人方法，触类旁通，全面提高育人的实效性，并在研究实践中促使教师自身的专业化发展有质的飞跃。

四、通过本课题的实践与研究，进一步促进我校体验式细节德育工作上台阶上水平，增强养成教育的针对性、实效性

综合习惯是德育的重要内容，抓好习惯培养，就是为细节德育的发展、深化确定抓手。我校德育工作以社会主义核心价值观为基础，结合学校实际，分年级确立"六爱、六要、六会、六达"的层级育人目标，努力使德育工作落实落细落小，实现活动育人、行动育心育人目标，从而为未成年人思想道德建设核心价值目标的达成确立途径和方法。

五、通过本课题的研究，进一步凸显我校的办学特色，提升办学品位

通过小学生习惯阶梯式培养研究，探索培养学生良好习惯的内容、形式和方法，从而培养少年儿童良好的校园习惯、家庭习惯、社会习惯等，促进少年儿童健康人格发展，进而为学生的终生发展奠定基础。习惯培养的过程，也是老师、家长对孩子高度负责、奉献爱心的过程，可以实现培养者与被培养者，共同促进、共同提升的目的，这也是我校"爱人达美，爱美达人"思想的集中体现，习惯培养可以达到牵一发而动全身的教育效果，促进学校各方面的工作，凸显办学特色。

六、通过本课题研究，探索家庭与学校多元联动的途径和方式，争取家长支持，开创德育、习惯培养工作的新思路新方法

在习惯培养的过程中，怎样让家长理解、支持对学生进行习惯培养工作的作用和意义，这就需要学校培训家长，家校互相学习、互相交流，形成一致的目标、方法和措施，构建习惯培养共同体，有的放矢，精准发力，坚持不懈，促进养成教育发展。

第五节　课题研究的主要内容

关于小学生综合习惯的培养，早在2012年，我校就对学生习惯培养展开了探索、研究活动。但研究内容比较单一，活动开展缺乏机制保障。成立课题组以后，各项研究工作有了新的发展。

经过深入学习，反复论证，在学校的大力支持下，课题组牵头启动了《"培养小习惯　成就大人生"学生习惯培养阶梯计划》项目，依据学生身心发展特点，将学生在生活、学习和品质等方面需要培养的基本内容进行了科学筛选、实践。同时，探索、实践的途径与方法，涉及课内、课外、家庭等环境。

研究的主要内容概括如下：

一、分析筛选符合小学生身心特点、认知规律及核心习惯目标要求的具体培养内容

为了避免习惯培养内容因为过于宽泛、空洞，而造成习惯培养"喊得起劲，实则无功"的尴尬境地。在研究过程中，我们进行了充分调查和讨论，依据《小学生守则》《小学生日常行为规范》、小学德育目标、社会主义核心价值观等要求，结合学生年龄身心特点和认知规律，在培养内容上进行了充分筛选，努力使培养内容、培养对象和培养方向，保持高度一致性。比如：一年级学生刚从幼儿园毕业，如何适应小学生活就是习惯培养的重点；同一习惯，可能会因年龄、认知而不同，我们在培养的时候，分层分布在不同年级进行培养。

关于学生习惯的巩固、矫正，以及留守儿童习惯的培养问题，也进行了探究、总结。总之，力求全面、准确定位习惯培养的基本内容和目标，充分、有效培养学生养成良好行为习惯。

二、有侧重点地探索研究学生综合习惯阶梯式培养的有效途径和方法

研究过程中，根据习惯培养内容，分解为三个子课题：

1. 以"培养学生良好的生活习惯及生活能力为目的的实践与研究"。从最简单的习惯入手，从小习惯开始，实施包括学生个人卫生、文明礼仪、生活起居等方面的习惯培养计划，以小学一、二年级学生为重点研究对象，采取阶梯式培养模式，开展观察、培养、评估、反思等系列活动。

2. 以"培养学生良好的学习习惯及学习能力为目的的实践与研究"。内容包括学生正确的坐姿、握笔姿势，良好的书写习惯、回答问题的体态、倾听、评价等习惯，进行阶梯式培养，阶段性总结、深化。

3. 以"培养学生良好品质、陶冶美好心灵为目的的实践与研究"。良好品质是综合良好习惯的集中表现，通过培养学生多种生活学习方面的良好习惯，促使这些良好习惯的正能量从量变到质变的转移，注重发展、培养过程，保持、巩固良好习惯，在此基础上形成良好品质。

三、以习惯培养为抓手和突破口，创建习惯培养文化教育氛围，提高办学质量，彰显办学特色

因循守旧的办学特点是重智育而轻德育，不利于全面培养健全人格，不利于培养优秀品质，不利于培养良好的行为习惯。我们的思路是，习惯教育是德育的重要组成部分，行为习惯好了，提高智育才有了前提和基础。

办人民满意的教育是时代要求。如何落实，要有具体行动。全面启动习惯培养计划，改变重智育、轻德育的现状，有利于学校的长远发展，有利于培养品学兼优的学生，有利于办学质量的提高。达到了这些目标，学校特色的彰显，人民群众满意度的提高，才会真正落到实处。

四、研究实践学生习惯培养的有效课堂，探索有效的习惯培养实践活动

课堂是教育教学的主阵地。习惯培养也有课堂，探索利用班会课、活动课、实践课等课堂形式，学习习惯教育培养内容，完成培养目标和任务。利用同课异构、结对帮扶、观摩、说讲评等形式，研究习惯培养课堂的授课内容、方法，总结课堂教学经验，形成形式多样而高效的课堂教学风格。

基于体验式细节德育和习惯培养生活性、体验性、实践性的要求，为了让学生通过实践培养良好习惯，一是将品德课与六年经历24件事进行有机整合，开展主题德育综合实践活动，以培养学生综合习惯；二是积极开辟社会综合实践基地，让更多的学生走出学校、走出课堂，到社会中去、到教育基地去、到社会实践中去，通过实践，培养学生综合实践的能力。

五、研究、编写适合校情、学情的习惯培养校本教材

开发课程资源是实施素质教育的一项重要举措。开发、编写习惯培养校本教材，尽可能地利用好各种习惯培养资源，能够保障综合习惯阶梯式培养计划顺利开展，能够推动校园文化建设。

学校依据学生身心发展特点及多年学生行为习惯养成教育的实践经验，把学生在日常生活、学习和个人品质等方面需要重点培养的良好行为习惯，筛选、梳理、总结为72条基本习惯，编写6册校本教材，分6年12学期完成。编写过程中，要求遵循的原则是：科学性原则、主体性原则、统一性原则、可操作性原则和创新性原则等。

六、研究制定习惯培养评价标准、评价方案、激励机制等，形成学生习惯培养的长效机制

习惯培养系列活动开展过程中，学生及其家长、教师都参与其中，

对培养效果的评价，要有评价指标和体系。确定实施评价标准、方案的主要目的：首先，为了解、观察学生的日常行为习惯动态变化提供依据，以便巩固教育效果，及时发现存在问题。其次，为班级德育考核提供依据，通过评估，促使班集体重视习惯培养，促使教师关注培养效果。再次，考评班主任及科任教师业绩，激励后进，促进学校德育工作迈上新台阶。

通过实践，学生及其家长的评估方案、班级评估方案、习惯矫正方案、学校验收方案等，都有评价要素，有较强的可操作性。反复实践、总结，让这些方案发挥应有的激励作用，贯穿于实践培养的全过程。

七、探索关于学生习惯培养的家校联动、合力培养的途径和方式，以及培训家长的有效形式

传统的家校联系，是以学习成绩为话题，召开次数有限的家长会。本课题是以行为习惯培养为主题，开展培训交流活动、家访活动，利用网络资源，充分发挥校讯通、微信群功能，采取多渠道，零距离接触、沟通，提高家长认识，促使家长提高家庭管理能力，提高家长培养孩子习惯的科学性、主动性、迫切性和责任感，提高家长与学校合作培养学生良好行为习惯的能力。

八、对少数学生不良习惯矫正策略和措施的研究

小学教育阶段，学生普遍都有一些不良的学习行为，这是小学生的共性，而且很难避免，新课标的实施重点要求解决小学生的一些不良行为，其次再进行教学。如果学生的不良行为不能得以纠正，这将严重影响学生的健康生活以及学生未来的发展，更谈不上对学生进行教学。因此如何矫正培养少数学生不良行为习惯，是本课题的又一个研究内容。

第六节　课题研究的方法

本课题在研究的各个阶段，采用的研究方法主要有文献资料法、行动研究法、观察法、个案分析法、经验总结法、问卷调查法等。

一、行动研究法

行动研究法指在教育情境中，研究人员和实际工作者结合起来解决某一实际问题，以形成学生固定的行为习惯，实现某一研究目标的一种方法。本课题在研究过程中，通过对学生行为习惯的观察，分析、诊断其中存在的问题，制定、实施相关子课题计划和小专题计划，收集有关资料，检验研究措施，不断改进方法、修正策略，在教育教学和生活实践中，培养学生的良好行为习惯。

二、文献资料法

研究和学习国内外教育专家有关习惯培养、养成教育、品质培养等方面的文献资料，为本课题的实施奠定扎实的理论根据和丰富的实践经验。

三、个案分析法

调查各类学生在实验前后的情感、态度及价值观的变化，查找得失，以便更好对照研究，掌握科学方法，形成研究依据。

四、问卷调查法

课题研究之初，为全面了解习惯培养现状，开展了调查问卷活动，分小学低段、小学中高段、家长问卷、教师问卷，了解教师在行为习惯培养方面的意见。同时，以全体学生为调查对象，采用各年级随机选取一个班级，发放问卷，全班调查，力求从整体上了解学生良好习惯养成的现状。对家长也进行了问卷活动，通过问卷调查分析，全面掌握了家庭、学校在习惯培养方面的基本情况，为制定应对策略、开展相关教育培养活动收集了可靠、真实而宝贵的资料。

五、经验总结法

总结推广先进经验是人类历史上长期运用的较为行之有效的领导方法之一。通过对实践活动中的具体情况，进行归纳与分析，使之系统化、理论化，上升为经验的一种方法。

六、观察法

对学生在校内外行为习惯表现情况予以观察研究，记录有关现象数据，教师、学生、家长、学校等都参与此项活动。校内以课堂和校园为主，校外以家庭环境为主。

七、其他方法

主要有数据分析法、访谈法等。

第七节 课题研究的步骤

本课研究周期原计划为2年，但在实施过程中，因任务量大，重要数据、信息的反馈周期较长等原因，对原计划做了适当调整，申请延期结题，按照4年时间，实施了研究计划。

研究步骤总体上分为五个阶段：

第一阶段：前期准备（2012.9—2014.3）

主要是对我校学生的卫生、学习、行为习惯进行调查了解、分析，探索新时期我校德育工作的抓手，着手归纳梳理小学生习惯培养的具体内容，制订小学生习惯培养计划，召开项目启动会，为立项研究做好了准备。

第二阶段：启动阶段（2014.4—2015.7）

主要工作包括前期准备、对研究课题的论证、研究内容的拟定、研究组的成立、有关资料的搜集和整理、研究方案的制定、子课题的设计、有关人员的培训、问卷调查活动的开展等。

第三阶段：实施阶段（2015.8—2016.7）

主要工作是全面开展子课题的具体研究，选择合适的集体和个体研究对象，通过实际培养、理论研讨与反思、形成良好习惯等过程，不断收集资料，并积极稳妥地推进《小学生综合习惯阶梯式培养系列教材》的编写工作，形成阶段性经验总结报告等。

第四阶段：攻坚阶段（2016.8—2017.7）

对课题实施过程中，遇到的一些重难点问题、数据不全问题、体系不完整问题等进行集体攻关，主要内容是各种评价方案的修订完善，校本教材修订，习惯培养课堂的实施效果。

采取独立研究和合作研究方式，外出参观考察，请教专家、学者答疑释惑等形式，对重难点问题进行了细致、深入的研究，确保了研究计划的落实，也提升了研究质量。

第五阶段：结题阶段（2017.8—2018.5）

主要工作是进一步深化和细化各子课题的研究，验收子课题，收集整理研究资料，总结和评定研究成果；撰写课题研究报告，整理结题资料，申请专家组对本课题进行验收与鉴定。

第八节 课题研究的过程

本课题属于甘肃省教育科学规划"十二五"规划课题项目，课题最初完成时间计划为两年。因研究内容丰富，数据采集、观察实践周期长等原因，研究实施过程中申请了延长期限要求，研究周期确定为2014年4月—2018年5月。在四年实践研究过程中，课题组成员在负责人的带领下，深入学习理论，认真确定研究计划，完善研究方案，整个研究过程严谨、科学、务实，各项研究工作取得了一定成效，完成了预期研究任务。

现将研究主要过程所做的主要工作总结如下：

一、总结了探索时期的实践经验，成立了课题研究小组，制定研究方案，确定实验班级

本课题组开展的综合习惯阶梯式培养研究活动，早在2012年就有了雏形。当时在习惯培养内容的确定方面，呈现出"全面撒网"的特点，有一定收获，但也面临许多亟待解决的问题和困惑。经过参观考察、深入学习、深刻反思，总结了探索时期的实践经验，任有运等课题组成员决定以课题研究的形式，继续深化研究工作。至此，"小学生综合习惯阶梯式培养的实践与研究"课题申报成功，各项研究工作有条不紊地开始了。

一是成立了山河小学习惯培养课题研究小组。任有运全面主持课题的研究工作，乔海平、朱丽辉、徐燕、王小芳、党冰心、仵鹏真等骨干教师为实验教师。

二是确定了研究计划，制定了切实可行的研究方案，准备了充分的阅读文献资料，要求实验教师自觉学习理论，积极开展实践研究活动。

三是明确分工，要求课题组成员发挥专业优势，全身心投入研究

工作。根据课题计划开展工作，分别确定实验教师所带班级为实验班级。给实验班级分别特别命名，有"梦之约班""爱达星梦班""嘉禾班""自强班"等。对这些班级的习惯培养提出了明确要求。

二、加强实验教师业务培训，开展了目的性调查及访谈活动，培训了家长

课题组成立以后，在前期加强了实验教师业务培训工作。课题组每周四下午召开例会，组织教师学习理论，安排研究工作。以学生及其家长为重点调查研究对象，就习惯培养问题开展了调查问卷活动、访谈活动，积累了真实的数据资料。习惯培养离不开家长的大力支持和积极配合，为了确保实验效果，课题组分期分批对在校学生家长进行了培训，使家长充分认识了习惯培养的重要作用和意义。

外出观摩学习，交流经验，取长补短。课题负责人任有运于2014年、2015年先后赴陕西师范大学、北京师范大学参加养成教育培训活动，乔海平、朱丽辉等赴庆阳市第五中学、镇原城关小学等学校参观交流，学校两次派实验教师参加甘肃省教科所组织的课题培训。培训归来的老师对课题组成员做专题报告，交流培训心得，达到了资源共享的目的。

三、深入课堂，研究课堂现状，实践构建有效习惯课堂培养模式

课堂是实施习惯培养的主要场所之一，习惯培养课堂在我校史无前例，如何构建高效习惯课堂，课题组从说课、备课、课堂观摩、课后反思等诸多关键环节，对课堂进行了全方位、深层次的调研活动。

课题组把实验课题分成3个子课题，要求承担子课题研究的实验老师围绕个人研究的内容在实验班认真进行教学研究和实践，积累研究资料，做好案例分析，写好课后反思，总结研究成果，分阶段写出实验成果报告。每学期每人进行两节示范课教学或同课异构，力求达到示范引领、辐射带动的目的，调动全校老师参与课题研究的积极性。

在这个阶段，乔海平、朱丽辉、徐燕三位老师工作扎实，多次为全校老师上习惯培养示范课。

四、逐步修订完善了各种评价方案、验收方案，形成有效的激励机制

第一，坚持用好《习惯培养验收单》，落实习惯平时培养与阶段验收相结合的运行模式。

按照学生习惯培养评价方案内容，课题组制定了《山河小学学生习惯培养阶梯计划验收单》。具体操作办法是：学期初，班主任负责把验收单发到家长手中，并告知家长，让其明确本学期的培养内容及目标。期中后，班主任负责征询科任教师意见，对学生的在校行为表现进行前半期初验。同时，利用家长会等形式，让家长对学生行为表现进行初验。期末时，老师、家长共同参与，根据学生全学期的习惯表现进行终验，落实了家校互评、共培共育的培养方案。

第二，运用《学生习惯培养七色柱评价图》，让学生体验好习惯的激励效应。

课题组给每个班制作了一面"学生习惯培养七色柱评价图"，每名学生占用一根柱子的一纵列作为个人评价空间。班级星级评价有三种方式，即学生自我评价、同学互评、小组互评等。星级评价用放大镜的方法，多角度、多层面地发现学生的特长及亮点，哪怕是一点点的进步，也要及时肯定与鼓励。每个学科的老师都可以根据学生的表现进行评价。强调多元化的价值取向和多元标准，评价的结果将通过在七色评价表上贴小星星、笑脸、小花等形式来展示。班级星级综合评价办法，大大提高了学生参与各方面活动的兴趣与质量，增强了学生的表现欲与自信心。多层次发现学生习惯养成的亮点，让学生在点滴进步中感受成长的快乐，在良好的习惯培养氛围中自觉接受熏陶。

第三，坚持运用"月度小明星评选"办法，让行为习惯优秀的学生受到奖励，让好习惯内化为学生的优秀品质。

班级评选"月度小明星"，时间安排在月末，利用升旗仪式活动，颁发课题组设计的"小明星喜报"，如"最有礼貌""最有感恩心""最会思考""最爱劳动"的小明星等称号。每个月学校奖励120多名小明星，每学期奖励500多名学生，自课题实施以来，共有2000多名学生受到表彰奖励，一张张"月度小明星"喜报让每个孩子都有了一个属于自己的明星称号，学生收获的是喜悦与自信，在这些细小的肯定与进步中，学生良好的学习习惯、行为习惯逐渐养成。

第四，坚持用活《成长记录册》，见证习惯培养的足迹与进步。

每学期的《习惯培养结题计划验收单》都被收集在学生的《成长记录册》之中，六年12份验收单，言行举止、习惯养成的过程有迹可循。这是一个学生习惯养成方面普通而珍贵的档案。让学生及其家长明白，其中的好习惯要继续保持发扬，不良习惯要继续改正。

第五，及时肯定教师和家长对学生习惯培养的付出。

依据学校对学生习惯培养的验收方案，及时发现在学生习惯培养中涌现出的好老师、好家长，以及他们的好做法，适时给予表彰奖励，四年累计表彰老师230多人次、家长1800多人次。

五、总结深化各阶段的研究成果，积极交流经验促进提高，开展送教下乡推广经验

本课题在习惯培养探索、实践方面，在市、县范围乃至全国来说，起步早，实践效果突出，课题组及时总结了各个阶段的实践研究成果，得到了各方面的积极评价。

课题负责人在庆阳市、甘肃省、北京师范大学培训班等层次的会议上，就学生习惯培养的思考、做法、效果、意义等情况，共进行5次经验交流，推广了经验，在一定范围内引起关注。正宁县教体局安排全县所有学校、庆阳市教育局号召部分名校到我校就学生习惯培养工作进行学习交流。

受市、县教体局指派，课题组成员党冰心、徐燕老师于2016年9

月参加了送教下乡活动，先后赴宫河镇、永和镇、山河镇学区送教，培训教师1000多人。2016年10月，受宁县教体局邀请，课题组成员党冰心、朱丽辉、王小芳赴宁县春荣学区、宁县米桥学区、宁县瓦斜学区开展送教活动，培训教师500多人。通过此项活动，锻炼、提升了课题组成员的科研能力，提高了理论水平，为课题深入研究开辟了新领域。

六、探索习惯培养与体验式细节德育、社会主义核心价值观教育的有机结合点，完善、充实学校德育体系，彰显德育特色

"培养小习惯 成就大人生"是课题研究过程中坚持的一个基本理念。在研究的中期，课题组实施了"体验式细节德育"计划，形成了《山河小学"六爱六要六会六达"育人目标与社会主义核心价值观培养方案》（见下表）。

"六爱六要六会六达"育人目标与社会主义核心价值观培养

年级	六爱	六要	六会	六达	总原则	总目标	社会主义核心价值观目标
一年级	爱伙伴	要合群	会健体	规范小达人			友善、平等
二年级	爱运动	要习惯	会生存	健美小达人			文明、和谐
三年级	爱知识	要关爱	会发现	进取小达人	德育要落实落细落小	实践要育行育心育人	自由、民主
四年级	爱集体	要梦想	会欣赏	自信小达人			爱国、富强
五年级	爱劳动	要自信	会表达	智慧小达人			诚信、公正
六年级	爱母校	要感恩	会合作	感恩小达人			敬业、法治

简单地说，就是一年一种"爱"、一个"要"、一种"会"、一种"达"，比如一年级对学生的德育目标要求是"爱伙伴""要合群""会健体"，实现会遵守纪律、懂得学校要求的"规范小达人"，其实最主要的是

落实了社会主义核心价值观中"友善""平等"教育；六年级对学生的德育目标要求是"爱母校""要感恩""会合作"，达到"感恩小达人"的培养目标，其实最主要的是落实了社会主义核心价值观中"敬业""法治"教育。各年级都有具体内容和基本要求，在具体内容和要求中渗透、融入社会主义核心价值观内容。实施的总原则是德育要落实落细落小，总目标是实践要育行育心育人。一句话，通过体验式细节德育，让每个年级的学生有爱的主题、意识主题、本领主题，从而成为具有社会主义核心价值观的多元小达人。

七、将备写优秀教学设计、上好示范课、撰写优质研究论文，贯穿于实践研究的全过程

实践出真知，接地气的教科研活动为课题向深层次发展注入了活力。习惯培养优秀课堂教学设计从课题组开始，上升到学校层面，为引领、发展全校德育高效课堂做出了贡献。

课题负责人及课题组成员自此课题实践研究以来，坚持理论联系实际的原则，结合各阶段的研究重点，及时总结、反思，写出了数十篇优质论文。《实施习惯培养计划促使孩子幸福成长》《抓好学生习惯培养就是抓好教育》《小学生综合习惯培养中存在的问题及解决策略》《小学生不良习惯成因浅析》《浅谈小学三年级英语习惯的养成》等系列论文分别见诸《课程教育研究》《素质教育》《长江丛刊》等省级刊物。另外，在市、县优秀论文评选中，《让培养学生良好习惯成为每位师者的习惯》《如何做好三年级的习作起步教学》《让成绩成为习惯的排头兵》等深受好评。

第九节　课题研究取得的成果

一、研究的基本观点和主要结论

学生良好行为习惯的培养是一项系统工程，需要学校、家庭和社

会的密切配合，需要一个坚持不懈的培养过程，需要采取科学合理的途径、恰当的方式、得力的措施进行阶梯式培养，才会收到预期的教育效果。

研究过程中坚持的基本观点是：1. 教育就是培养良好习惯。2. 习惯培养是做好德育工作的有力抓手。3. 习惯培养要从细节开始，习惯培养的内容和方法要符合学生身心和认知特点。4. 阶梯式培养模式是综合习惯形成的最科学的有效途径。5. 多元参与，合力培养，不断坚持是学生习惯培养的基本方法。

教育就是培养良好习惯。叶圣陶先生的这句话内涵丰富，意义深远。联合国教科文组织提出21世纪教育的四大支柱，"学会认知，学会做事，学会合作，学会生存"的思想理念，高瞻远瞩，顺应时代潮流，为教育的发展指明了方向。这些都为我校开展习惯培养课题提供了理论依据。在此基础上，我们在习惯培养研究实践中，形成的基本共识是：

"培养小习惯，成就大人生"，这是我校学生习惯阶梯式培养实践的基本理念。一个人良好习惯的形成是有规律的，要经过培养、积累、自觉、巩固等过程。小学阶段，学生处于成长、发育的关键时期，可塑性强，但自觉性差，需要家长、学校给予大力引导、培养。从小习惯入手，从小细节开始抓，坚持不懈，关注一点一滴、一言一行，循序渐进，久而久之，良好行为习惯才会养成。好习惯不是一天养成的，这是规律。一蹴而就、大而全等是不切实际的做法。培养小习惯，才能形成综合习惯，具备基本习惯，进而形成好品质，学生会终身受益。

采用阶梯式培养模式，按照由易到难、由浅到深、循序渐进的发展规律和特点，每个年级每学期重点培养6条习惯，习惯培养总体呈阶梯式培养、螺旋式上升、累积式发展态势。

多元参与，相互沟通，合力培养。教师、学生和家长积极参与，家庭、学校、社会三者通力合作，以大德育、大人生为目标，以小习惯、小目标培养为具体抓手，强化细节德育，营造习惯培养文化氛围，建立保障机制，使习惯培养与育人目标、教学质量紧密联系、高度统一，在实践中走出了一条特色发展之路。

通过实践研究，我们得出的主要结论是：

1. 从培养学生的小习惯入手，可以全面提升学校德育水平，促进老师、学校共同发展。

叶圣陶先生的"教育，就是要养成良好的习惯。"这句话启发我们，习惯培养在小学阶段举足轻重。良好的开端是成功的一半。小学阶段，是学生人生奠基的初始阶段。学生天真活泼，性格单纯，可塑性强，这是良好行为习惯形成的黄金期。所以习惯培养，应在小学阶段得到高度重视，付诸实践。我们认为，抓习惯培养教育，就是抓体验式细节德育。学校教育，德育为首，也就是说，抓好了学生综合习惯的培养，就是抓住了学校发展的牛鼻子，使学校管理形成体系，德育工作思路更加明晰，德育管理框架更为科学。

2. 综合习惯培养是做好细节德育的前提和基础。

行为心理学的研究告诉我们，一种行为重复出现21次，可以形成初步习惯，重复出现90次，可以成为成熟习惯。俗语"习以为常""习惯成自然"也给了我们有益的启示。习惯与品质密切关联，好习惯是形成好品质的前提和基础，好习惯能够有力地促进好品质的形成。基于这种认识，课题组始终把抓习惯培养作为抓德育工作的前提和基础来实施研究计划。

3. "学生习惯阶梯式培养"是培养综合习惯科学有效的模式。

小学阶段应该重点培养哪些好习惯？应该采取哪种途径和方式最有效？这是课题组研究实践的核心内容、关键问题。依据我校学生日常行为习惯现状，经过多次调查研究、反复论证，课题组梳理归纳出了正宁县山河小学学生综合习惯培养方面"六条核心习惯"内容。概括如下：

核心习惯：文明礼仪、学习能力、生活自理、环境保护、诚实守信、知恩感恩。依据"6条核心习惯"内容，结合各年级学生特点，把"六条核心习惯"内容细化、分解为72条基本习惯，按照从易到难的规律，分阶段，按6年12学期实施培养计划。

"学生习惯阶梯式培养"重点内容各要素与德育工作的关系，如下图所示：

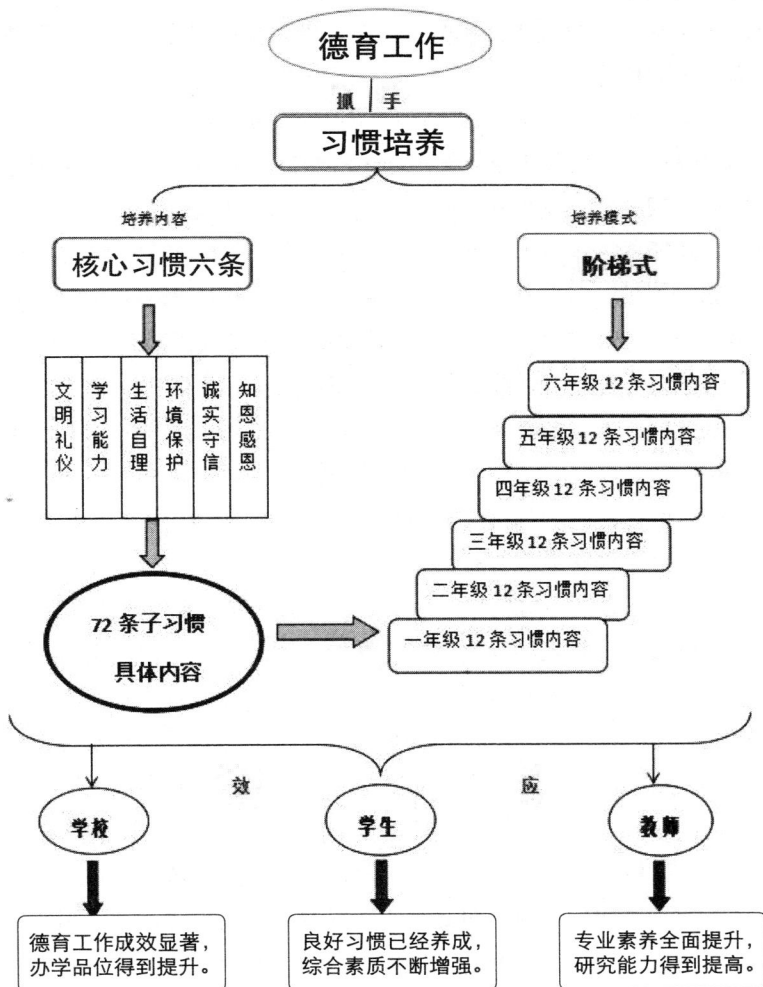

山河小学德育工作与学生习惯培养关系示意图

综合习惯阶梯式培养模式，以6条核心习惯为基础，分解为72条基本习惯，从易到难，循序渐进，每级学生每年侧重养成12条基本习惯。符合认知规律，适合校情学情，效果突出。如果不分层培养、不按照阶梯式培养，学生的习惯培养工作就会贪大求全，结果事与愿违；就会漫无目标，收效甚微；就会说得多，做得少；就会不符合教育规律，内行干成外行。

4. 综合习惯培养要从小事开始抓起，三方联动效果更佳。

小习惯培养就要从小事开始抓起。培养目标明确，培养内容具体，培养措施合理科学，学生为主体，学校唱主角，家庭、学校、社会三方联动，发挥主导作用，好习惯才会养成，育人目标才会实现。

5. 培养习惯，激励与帮扶一样重要。

学生方面：优秀者评为习惯"月度小明星"，掉队者继续矫正培养。关注每一位学生，成就每一位学生，决不放弃任何一个学生。

家庭方面：家长要用发展的眼光关注孩子的习惯养成，对孩子的进步表现要予以肯定、鼓励，并且执着坚持。

学校方面：科任教师配合班主任，齐抓共管，利用班级文化，在集体氛围中，培养学生良好行为习惯。对习惯培养不达标的学生，要采取帮扶措施，做到因材施教，逐步改进，不可求全责备。学校层面，及时评价班级，及时表彰行为习惯优秀的学生。对班级习惯培养情况全面考评，表彰优秀教师和家长。

社会方面：班级、学校要善于听取学校周边及兄弟学校对习惯培养、本课题实施的系列活动的意见建议，及时改进工作。

6. 习惯培养形式要多样化、艺术化，空洞说教达不到预期目标。

让学生记住《中小学生守则》，背诵《小学生日常行为规范》，不见得行为习惯就合乎规范和要求。靠强迫和灌输方式，靠空洞的说教，达不到预期目标，教育培养效果并不能使人满意。要重视实践，采取多种仪式和形式，使习惯培养艺术化，要渗透于日常生活，要在一点一滴、一举一动、一言一行中去观察、去培养。

7. 阶梯式培养模式，提升了德育质量，学生精神面貌为之改变。

逐步培养，逐级提高，学生静心感悟是习惯培养的基础，努力实践，是习惯培养的关键。习惯培养的最高境界是好习惯与良好品质融为一体。"主题德育与实践"是达成目标的基本思路。阶梯式培养模式是德育工作向更高层次发展的助推器。学生讲文明了、守纪律了、讲卫生了、会学习了、会交往了、会生活了、会感恩了、有责任感了、有良好习惯了、有良好品质了，学生精神面貌焕然一新，学风积极向上，一切都会向好的方面转变。

8. 抓好习惯培养，能带动学校工作整体协调发展，彰显了办学特色。

基础教育阶段，许多学校的办学特色不明显，办学质量一般化。本课题的研究实践经验与成果，整体实施效果，为山河小学的发展赢得了一张习惯培养的名片，在省内外产生了广泛影响，赢得了各方肯定和赞誉，使其办学特色更加突出，办学品位不断提升。

二、课题研究取得的主要成果

1. 实践总结出小学生综合习惯阶梯式培养的有效模式。

"综合习惯阶梯式培养"简言之，"综合习惯"是内容方向，"阶梯式培养"是模式，是培养思路，是实施途径。具体特点是：

①习惯培养内容具体：以6条核心习惯为圆心，分解为72条基本习惯，每条习惯都有具体而简洁的表达。内容覆盖小学学习生活、日常生活的各个方面。

②培养目标明确：良好习惯成就一个人。小习惯成就大人生。小学阶段要综合培养学生的良好行为习惯，为学生良好品质、人生幸福奠基。

③实施方案切实可行：先后制定了习惯培养阶梯计划、实施方案、矫正方案、验收方案等，不仅保证了课题研究活动的开展，而且还是学校今后继续实施习惯培养的宝贵资源。

④实践过程科学合理：学科教学渗透习惯培养，日常行为习惯引导监督，家校共培共育，评选优秀，激励后进，帮扶后进。

⑤评价方案科学，"五评机制"健全。实践过程中，先后总结制定了《学校考核教师培养学生情况验收方案》《学校考核教师培养学生情况分析表》《学生习惯培养阶梯计划验收单》《山河小学不良习惯矫正方案》。各种方案的出台，确保了培养计划的落实。初步形成"五评机制"，具体特征：

评价学生方面——评价主体多元化，初步形成"六评机制"，即学生自评、同学互评、家长判评、教师主评、学校考评、各方点评。

学校考评方面——围绕一个主题：根据习惯培养方式、途径和效果，评价学生、评价课堂、评价班级、评价教师、评价家长。

2. 确定了核心习惯内容和目标，筛选梳理出综合习惯培养的72条具体内容。

小学阶段要培养学生良好行为习惯，究竟确定哪些内容恰到好处？如何确定？如何有效培养？这是贯穿课题组研究过程中的几个关键问题。

经过反复实践、反思、总结，课题组梳理出了小学阶段习惯培养的核心内容，即"文明礼仪、学习能力、生活自理、环境保护、诚实守信、知恩感恩"，以此为出发点，分解为72条基本习惯，分年级、分阶段实施。习惯培养的最终目标是培养优秀品质，塑造健全人格，为学生的幸福人生奠基。

3. 群策群力，学校编写了一套6册适合校情、学情的习惯培养校本教材。

开展调查，吸纳来自学生、家庭和社会、来自教师等各方面的意见建议。充分发挥骨干教师的聪明才智，采取在实践中总结，总结中完善的基本思路，从谋划到构思、从编写到形成系列、从编辑到修改，我们花费大量心血和汗水，利用三年多的时间，编写了一套适合山河小学校情、学情的《小学生综合习惯阶梯式培养》校本教材6册。

这套校本教材把小学阶段要重点培养的72条基本习惯，科学分类，从易到难，编排为72课，各年级每学期完成6课。主要环节涉及"培养内容""培养目标""教学步骤与方法""活动实践""评价方案""课外延伸""相关链接"等。坚持理论与实践结合，顾及学生身心发展特点与接受能力，实用性、可操作性强。文字简洁、生动、优美，图文并茂。

这套校本教材，是全校教师实施习惯培养的蓝本，是学生接受习惯培养的读物，也是广大家长朋友开展家庭教育活动的参谋。这套教材从封面设计到内容编写安排，别具风格，深受师生、家长、社会好评，充分发挥了育人功能，为我校德育工作开辟了新天地。

4. 班会课活动课增加了习惯培养内容、学科教学渗透习惯培养的要义。

以往班会课的内容，体现的关键词是"表扬"和"批评"，少数受表扬，少数受批评，大多数无动于衷，学生不感兴趣，老师常生气，教育效果不佳。引入习惯培养内容，课堂气氛大为改观。学生是主人，习惯教材受欢迎。批评、说教的现象不见了。师生在快乐的气氛中讨论某种习惯，交流自己的成长过程。

5. 培养效果显著，家长教师满意度提升，学校赢得荣誉称号。

实践培养效果突出，学生的良好行为习惯初步形成。随机抽取六个年级的六个班级，根据验收单，统计有关信息，"大部分养成"人数占96.4%、"未养成"人数占3.6%。

通过观察、问卷和系列考评，就学生综合习惯阶梯式培养实施效果的"满意度"问题，家长方面：72%以上的家长表示"非常满意"、16%左右的家长表示"基本满意"、5%的家长表示"不满意"。教师方面：65%以上表示"非常满意"、25%以上表示"基本满意"，总体看，培养效果良好。

学校层面，综合习惯阶梯式培养项目实施成为学校发展的一大亮点、一大品牌，办学质量赢得了多方嘉奖和好评。从2014年到2017年，山河小学先后获得的各种荣誉如下：

①国家级："全国第四届未成年人思想道德建设先进单位""全国明德之星""全国校园足球特色基地学校"。

②省级："第二轮甘肃省德育示范学校""甘肃省快乐校园示范学校""甘肃省科技创新实验示范学校""甘肃省乡村教师影子研训基地""甘肃省语言文字规范化示范学校""甘肃省乡村学校少年宫"等。

③市级："庆阳市教育教学先进单位""庆阳市德育工作先进单位""庆阳市新教育实验基地"等。

④县级：连续多年被县委、县政府评为"正宁县教育教学先进集体""思想政治先进集体"等。

6. 创新了家校联系的形式，丰富了家校配合互动的内容。

家校联系、家校互动是一个常谈常新的话题。课题组在这方面也进行了新的探索实践。家校联动方面创新了形式：

①调查问卷与访谈相结合，准确了解家庭养成教育现状，增强研究内容的针对性。针对问题学生，家访活动经常化。

②培训家长，提高家长教育水平。家长是孩子的第一任老师，他们在教育培养孩子方面，水平参差不齐，为了共同的目标，需要培训家长，提升其教育水平和能力。

③家长参与评价活动，征求家长意见建议，及时采取对策。

④利用网络资源、微信平台、校讯通等形式，拓宽沟通渠道。

7. 改变了传统教育观念，实现了"两个转变、一个同步"。

①从关注学习成绩向关注行为习惯培养转变。

学习成绩当然要抓，但没有好习惯，学习成绩的提高是空中楼阁。既要抓习惯，又要注重综合素质培养和提高。好的行为习惯是实现综合素质提高的基础，好习惯能让学生终身受益。

②从培养综合习惯向培养良好品质发展转变。

学生良好行为习惯培养，最终是为形成良好品质打基础。培养、巩固好习惯，良好品质形成才有了保障。所以每个家长都是站在为孩子终生考虑，重视习惯培养，抓好习惯培养。

③培养好习惯与培养兴趣爱好同步进行。

培养好习惯，有利于培养广泛的兴趣爱好。二者相辅相成，相得益彰。

8. 探索实践了"家校联动—学校主抓—社会监督"的习惯培养途径，营造了培养良好行为习惯的教育氛围和成长环境。

一是全校教职员工，为人师表，注重自身形象，时时处处做学生的榜样。不论是生活中、课堂上、活动中，随时随地、每时每刻，老师都会抓住一切教育机会，突出对学生的习惯培养。

二是家校联动，目标明确，行动一致。每学期的六条习惯，学校在开学初都会告知家长，习惯培养就会贯穿与学生的整个空间，实现了无缝隙培养。

三是通过突出习惯培养，丰富了校园文化建设内涵。从楼道到教室，从活动室到校园，在宣传标语、情景图画、教室布置、楼道布置等方面，都有习惯教育的内容，或渗透着习惯培养的思想意识。校园文化建设方面，习惯培养内容无处不在。要让学生在潜移默化中接受熏陶，自觉形成良好行为习惯。"蓬生麻中，不扶自直；白沙在涅，与之俱黑。"蕴含的教育思想在实践中得到验证。

四是接受社会监督，争取了各方支持与配合。人是一切社会关系的总和。同样，学生的行为习惯、精神面貌等，都受社会的关注。

家长、教育主管部门的理解与支持，教师、学生的积极配合，兄弟学校的肯定，这一切都大力助推了课题研究工作。

9. 通过研究，课题组成员在专业发展方面取得了喜人成绩。

①实验教师理论水平得到提高，业务能力增强，发挥了示范带动作用。

参与课题研究，不是简单的申报和结题。研究过程中面临着许多挑战，研究的过程就是一个学习提高的过程。

徐燕老师说："首次参加课题研究，受到了锻炼，感到自己进步了，也感到自己还要继续赶路。"

乔海平老师说："课题研究，促使我思考许多问题。当老师，还是要多思考多研究多交流。"

课题负责人全面指导，锻炼和培养了一支优秀的教师队伍。各成员在课题研究中成长成熟，习惯培养能力逐步提高。任有运多次参加交流研讨会，乔海平、党冰心、朱丽辉老师多次为全校教师上示范课，多次送教下乡，培训效果突出，反响良好。

②发表课题研究论文，评选优质课，优秀论文评选等方面成绩喜人。

本课题立项以来，研究论文、获奖论文、教学案例、个案分析等方面成绩突出。

一是课题组成员先后在省级刊物发表专业论文8篇。

任有运：《实施习惯培养阶梯计划　促使孩子幸福成长》发表于《课程教育研究》2013年第23期。

乔海平：《成也习惯，败也习惯》发表于《读写算》2015年第31期。

朱丽辉：《抓好学生的习惯培养就是抓好教育》发表于《课程教育研究》2017年第22期。

徐燕：《浅谈小学低段学生良好写字习惯的培养》发表于《课程教育研究》2017年第22期。

王小芳：《小学生综合习惯培养中存在的问题及解决策略》发表于《课程教育研究》2017年第22期。

党冰心：《浅谈小学三年级学习英语习惯的养成》发表于《长江丛刊》2017年第4期。《激发小学生英语学习兴趣之我见》发表于《甘肃教育》2016年第11期。

乔海平：《小学生不良习惯成因浅析》发表于《素质教育》2018年第4期。

二是县级以上获奖优秀论文6篇。

三是撰写经验交流论文、总结论文6篇。

四是总结经验，成熟优秀教学案例及反思6例。

乔海平：三年级第8课《学做家务活》教学设计及反思

王小芳：四年级第3课《我是孝顺的好孩子》教学案例及反思

四年级第8课《我的感恩之心》教学案例及反思

仵鹏真：六年级第4课《保护文物和名胜古迹》教学设计及反思

徐燕：五年级第9课《爱护公物　节约水电》教学设计及反思

朱丽辉：一年级第1课《物品分类好整洁》教学设计及反思

五是根据实践研究情况，形成有参考价值的学生成长个案分析6例。（姓名为化名）

《刘小丽同学习惯培养案例分析》

《秦小强同学习惯培养案例分析》

《谢慧芳同学习惯培养案例分析》

《徐文文同学习惯培养案例分析》

《周文杰同学习惯培养案例分析》

《张亚亚同学习惯培养案例分析》

③课题组成员在近四年时间内，获得了许多荣誉称号。

任有运：2014年9月，被评为正宁县模范校长。同年12月，被评为甘肃省中小学骨干教师。2015年3月，被评为全县思想政治先进工作者。2015年11月，在全县第八届教育论坛中获一等奖。2016年5月，被评为正宁县劳模先进工作者。2017年11月，被市教育局、陕西小哥白尼杂志社评为"阅读校长"。同月，被评为全市乡村少年宫优秀校长。2018年3月，被评为庆阳市劳模先进工作者。

乔海平：2014年11月，获得庆阳市德育工作先进个人称号。2016年，获正宁县师德标兵称号。

朱丽辉：2015年，获正宁县"十大杰出青年"奖。

仵鹏真：2014年9月，被正宁县委、县政府评为模范班主任。

徐燕：2014年6月，被评为"庆阳市优秀少先队辅导员"。2015

年9月，被评为山河小学首届学科带头人、先进工作者。

党冰心：2015年，在庆阳市、甘肃省教学技能大赛中获一、二等奖。

10. 通过课题实践与研究，学生综合习惯已经基本养成，外在表现突出，学业水平提高，道德品质优秀。

经过培养和实践，我校学生的日常行为习惯有了明显转变。我们的学生变得文雅上进、彬彬有礼，衣着干净整洁，见到客人能主动问好；上下楼能按顺序走，站队集合安静而迅速；随地乱扔垃圾的学生少了，同学们互帮互助的多了，懂得感恩了，有责任感了；养成了爱读书的好习惯，课前能主动预习，提前准备学习用品，上课积极动脑动口，会自主学习，能合作学习，善探究学习，能倾听别人的发言，有自己的见解和评价。

学生的综合素质和能力提高了，良好的行为习惯初步养成。近四年来，在三好学生、优秀少先队员评选，环保、科技、艺术竞赛、征文活动等方面，学生获得省、市级奖励达1200多人次。

11. 以培养良好习惯为主体方案，以阶梯式培养为基本模式，以具体措施为思路抓手，培养了学生，成就了教师，促进了学校各项工作的发展。

本课题起步早，思路新颖，计划周密，方法措施得当，取得了令人满意的实践研究效果。学生综合行为习惯的培养，取得了明显进步，得到了家长、教师、学校、社会各界的认可。

课题研究中，参与实验的老师综合业务水平得到大幅度提升，其成绩得到课题组及学校的肯定和表扬。老师的杰出表现，也赢得了教育主管部门的赞誉，许多老师荣获县级以上的先进工作者、模范班主任、县级劳模、省级骨干教师等称号，可以说，通过课题研究，发展了教师，成就了优秀教师。

学校的发展，在班子成员的引领下，在先进教育教学理念的指导下，教师、学生共同努力，家长积极配合，学校整体办学质量的提高才有了可靠的保证。学生综合习惯阶梯式培养课题的研究与实践，为山河小学打造了一张精致的教育名片，学校多次被市、县评为"教育教学先进集体""全省德育示范学校"等，这些成绩的取得实属不易。课题研究成果在县内外产生了深远影响，参观学习、交流借鉴的单位在进一步增多。总之，通过本课题研究，培养了学生、成就了教师，促进了学校发展。

第十节　课题研究成果的社会影响

一、新闻媒体做了相关报道

1. 2014年10月，《甘肃日报》记者尚德琪在《让教育回归本真——庆阳市涵养教育生态记事》一文中报道了山河小学习惯培养等方面的做法和亮点。

2. 2016年6月，中国甘肃网以《让"爱达教育"成为教育路上不灭的灯塔》为题，报道了我校学生习惯阶梯式培养等方面的工作及进展。

摘录部分内容如下："山河小学梳理归纳出了学生在文明礼仪、学习能力、生活自理、环境保护、诚实守信、知恩感恩等方面需要养成的六个核心习惯，并根据各年级学生的身心特点和认知规律，将这六个核心习惯细化、分解为72条子习惯，按照由易到难、由浅到深的规律，分学期培养，每期六条，呈螺旋式上升，阶梯式培养，累积式发展的态势。通过几年的培养，山河小学学生日常行为表现发生了巨大变化。坐姿正确，作业及时，行走有序，讲究卫生，语言文明，彬彬有礼，恪守公德，为人助人，容人让人，爱达的种子在近2000颗幼小的心灵中悄悄发芽、开花。省市教育部门充分肯定山河小学的细节德育工作实效，将其分别树立为全省德育工作示范校、全市德育工作先进集体。"

3. 2016年9月，《甘肃法制报》以《用真爱做教育》为题，报道了我校学生习惯阶梯式培养和其他工作情况。

摘录部分内容如下："特色教育，细节教育和全面育人高度融合——山河小学领导在德育方面的共识是，一个人良好品德的形成重在良好习惯的养成，重在通过对生活的体验和感悟……通过体验式细节德育和学生习惯阶梯式培养，促使学生养成良好品德……从小养成的良好的习惯，这是孩子们日后获得成功和幸福的基础。"

二、省内外部分学校及县内所有学校前来我校进行观摩学习学生习惯培养工作

2014年6月，新教育开放周观摩活动在我校进行，正宁县所有学校校长、副校长、政教主任，全市30多个兄弟学校校长、骨干教师到我校观摩交流。2015年9月，庆阳市东方红小学、团结小学部分领导和教师，西峰区教育局、宁县教育局分别带领全县所有校长、主任，前来我校学习交流学生习惯培养工作。据统计，就我校学生习惯阶梯式培养工作，前来观摩学习的共计2800多人次。

三、有关成果与经验在全国、全省、全市会议上交流推广

1.2014年12月，课题负责人任有运在庆阳市德育工作交流大会上以《培养小习惯　成就大人生——做好细节德育的探索与实践》为题，做专题发言，深受好评。

2.2016年6月，课题负责人任有运在北师大全国小学骨干校长高级研修班经验交流会议上，以《创新载体加强道德建设　多措并举铸就精神高地——学生习惯阶梯式培养》为题进行了交流，得到与会专家、名校校长的高度评价。

3.2017年7月，课题负责人任有运以《全人理念引领发展　以生为本构图未来》为题，在甘肃全省文明校园建设推进会上发言交流，得到积极肯定。学校在习惯培养、文明建设方面成绩突出，被推荐为第四届未成年人思想道德建设先进单位。

四、教育部门充分肯定，发文推广

2017年6月，正宁县教学研究室，以正教研发〔2017〕09号《关于在全县学习推广山河小学学生习惯阶梯式培养工作的通知》，要求全县小学、初级中学借鉴运用"学生综合习惯阶梯式培养"课题的研究成果，着手开展了学生习惯培养活动。

五、市内部分名校予以借鉴推广

西峰区向阳小学、西峰区团结小学、宁县宁江小学、宁县早胜小学、宁县城关小学等学校，对本课题给予高度关注和评价，并借鉴推广了本课题，反响良好。

六、省外部分名校积极借鉴推广

一是北京市石景山外语实验学校的校领导这样说——"我们积极借鉴该校做法，对我校的养成教育进行了积极改革，收效甚好。我们认为：（1）甘肃省正宁县山河小学的学生习惯阶梯培养，符合学生的身心特点和认知规律，是很科学的教育方法。（2）他们梳理的六个核心习惯，和新时期学生核心素养的培养是一致的。（3）他们将习惯细化分解成72条小习惯，每期六条，由易到难，循序渐进，既符合儿童成长规律，又符合认知心理学研究成果，更便于学校老师操作。"

二是陕西省潼关县实验小学给予高度评价——"甘肃省正宁县山河小学的学生习惯阶梯培养，以行为心理学研究结果为理论依据，培养办法和内容符合学生的身心特点和认知规律。梳理的六个核心习惯，和新时期学生核心素养的培养是基本一致的。学生习惯阶梯培养方面，将习惯细化分解成72条小习惯，每期六条，由易到难，循序渐进，学生记得住，老师便于操作，教育效果好，值得推广。"

三是天津市河北区宁园小学对本课题研究给了这样的评价——"甘肃省正宁县山河小学的学生习惯阶梯培养至少有以下优点：（1）

该校把习惯培养细化具体化，改变了许多学校在习惯培养方面贪大求全、找不到抓手的问题。（2）该校学生习惯培养由易到难，符合规律，非常便于操作。（3）该校的学生习惯阶梯培养既有生活方面的习惯，也有学习方面的习惯，二者结合，效果更好。（4）该校的学生习惯培养内容和方法，都非常接地气。"

四是江西省宜春市实验小学对我校学生习惯阶梯培养工作的评价——"2016年，北师大培训结束后，我校将甘肃省正宁县山河小学的《学生习惯阶梯培养计划》在我校进行了推广，实施一年多来，效果很好，收到家长一致好评。最主要的是老师易于操作，找到了学生养成教育和德育工作的抓手。"

五是广西百色市隆林县民族实验小学的评价与借鉴反馈——"2016年，参加北师大全国小学骨干校长高级研修班时，有幸聆听了甘肃省正宁县山河小学任有运校长交流的学生习惯阶梯培养工作，我非常感兴趣，返校之后把该校的习惯培养在我校所有班级进行了推广，实施一年来，效果很好，我们一致认为，正宁县山河小学的习惯阶梯培养，思路清晰，抓手得当，起到了'牵一发而动全身'的系统教育效果，值得推广。"

七、送教下乡过程中，通过上示范课、做专题报告、经验分享交流等形式，在受训教师中得到了积极评价，产生了强烈反响

课题负责人任有运作为甘肃省金钥匙导师组首席导师，先后多次组织人员前往永和学区、湫头学区进行送教送培，给乡镇学区1000多名教师进行习惯培养方面的专题讲座，受训教师深受启发。课题组的乔海平、朱丽辉、徐燕先后在县局组织的送教下乡活动中，为基层老师上习惯培养示范课，并进行课后的深入研讨交流活动，为兄弟学校学生习惯培养方面做出了示范，提供了很好的学习范本，解决了习惯培养过程中的诸多困惑。

第十一节　课题研究的特色与创新

第一，学生综合习惯"阶梯式培养"是一种习惯培养模式的创新，思路新颖别致，实施途径方法切实可行。

学生习惯培养是一个传统问题、重要问题，但采取何种思路、途径和方法，却值得认真思考、细致深入地研究。"阶梯式培养"核心概念的提出，使此项工作和研究具有了前瞻性、新颖性、创新性。

第二，培养内容筛选得当，描述精准，简单易记，目标明确，便于落实。

反复实践研究，精心筛选了适合小学阶段教育教学要求，需要精心、重点培养的6个方面的核心习惯和72条基本习惯。重点内容具体，培养目标明确，适合学情教情，符合学生认知特点、心理特点，科学合理。

第三，习惯培养校本教材，编撰规范，别具一格，整合性、实用性强。

编写了习惯培养教材，该教材内容丰富，图文并茂。首次进入全校课堂，进入家庭，被兄弟学校借鉴，扩大了使用范围，巩固、推广了研究成果。教材使用对象不限于校内教师、学生及其家长，其他学校也可借鉴使用。

第四，科学研究，勇于实践，善于运用科学的方法论、完备的措施方案指导整个研究活动。

习惯培养实施方案、评价方案，产生于实践，是集体智慧的结晶。学生、家长、教师、专家参与其中，发挥了群策群力效应，使各种方案呈现出科学性、指导性、操作性强的特点。

第五，一视同仁，关注全体，制定了矫正方案，不让一个学生掉队。

针对后进生的习惯培养，制定了矫正方案并付诸实践，体现了"一切为了学生，决不放弃一个学生"的教育理念。

第六，注重合作，多元培养，立体施策，重视了家长和家庭教育。

动员家长，争取支持配合，培训家长，提高了家庭教育水平。家长参与评价，为教育教学活动注入了活力。

第七，以人为本，重视过程，坚持运用灵活多样的方法，巩固习惯培养成果。

培养过程中，班级、学校及时表扬鼓励学生，设置了《成长记录袋》，评选"月度小明星""习惯模范"等，巩固了习惯培养成果。

第八，积极推广，共享资源，交流活动有声有色，成效显著。

开展了充分的交流活动，发挥了辐射、带动作用。交流范围从县内到省外，提升了教师素养，提高了学校知名度。

第十二节　课题研究存在的问题及今后的设想

本课题在实践研究中取得了一定实质性进展和初步成绩，但也存在一些问题和困惑。

一、存在的问题

1. 如何继续巩固已经养成的好习惯的问题。

部分学生在校行为习惯表现良好，但在家庭、升学到初中以及其他环境中，行为习惯较差，比如家务劳动、爱护环境方面、礼貌意识方面等，如何看待和解决这类问题，还需要深入研究，做好坚持。

2. 独生子女、留守儿童习惯培养方面难度较大。

部分独生子女或留守儿童，在行为习惯养成方面问题较多，培养、矫正效果不够突出。

3. 如何提高学生习惯养成自觉性的问题，亟待研究工作的进一步深化。

好习惯让人受益，坏习惯贻害无穷。如何让绝大多数学生在认识习惯养成的重要性之后，自觉保持良好习惯，巩固、发展良好习惯，抵制、摒弃不良习惯。这一问题令人困惑，还需要深入研究。

4. 个别评价方案中的评价指标不够全面、合理，需要修订完善。

5. 校本教材所选的个别故事，内容陈旧，时代感不强。

二、今后的设想和努力方向

一是要强化理论学习，加强对实验教师及全体教师的业务培训，增强解决问题的能力。

二是要继续做好调查问卷、访谈活动，巩固已有的培养效果，征求各方意见，及时发现、纠正习惯培养过程中的不足。

三是继续开展校际交流活动，取长补短。

四是继续修订完善习惯培养校本教材，增强其实用性、科学性、艺术性。

五是拓宽习惯培养渠道，从校内延伸到校外，在实践活动中增强培养效果。

第四章 小学生综合习惯阶梯式培养的理论探索与实践研究

第一节 实施习惯培养阶梯计划 促使孩子幸福成长

摘　要：目前学生习惯差，不爱学习已经成为一种社会现象。根据学生身心特点和规律，在"爱达"教育理念的引领下，积极实施习惯培养阶梯计划和"童本·需要·活力"高效课堂，多元评价学生，多角度鼓励学生，从而实现教育回归本真，孩子幸福成长。

关键词："爱达"教育　习惯阶梯培养　鼓励　幸福成长

随着社会的发展和进步，我国教育真可谓异彩纷呈，流派众多，但是不管诸多专家如何努力，如今却总是在实践层面面临同样一个问题——学生不爱读书，习惯差。到底是哪里出了问题？是老师的教育方法和策略有问题，还是受社会影响，学生变得"孺子不可教"了？

通过多年的实践和探索，我们认为，小学教育应该至少给孩子们提供这样一种最简单质朴的教育：那就是在平凡而伟大爱心的指引下，一手抓习惯培养，走好德育与养成教育这盘棋；一手抓高效课堂建设，提高"双基"水平，提升综合素质。

一、爱是教育的基础，爱是最好的教育

爱是奉献，平凡而伟大。要教育好孩子，就要真爱孩子，要把每个学生都当成自己的孩子，要真正为学生的健康、成长、未来着想，要用孩子眼中的爱、孩子需要的爱、孩子喜欢的方式去爱，而不是老师"恨铁不成钢"的理想化、成人式的爱，要尽职尽责，学术上有成，教学水平高，做最好的服务者，给孩子最优质的教育。为此，我校实施了以"爱人达己，爱己达人，心中有爱，幸福成功"为基本内涵的"爱达教育"，目的就是让我们的每一名老师、每一名学生心中都充满爱的情愫，都有爱人爱己的行为和能力，让老师、学生在爱的海洋里快乐、健康、幸福地成长。

二、习惯成就人生，做大培养习惯的教育

我国著名的教育家叶圣陶先生曾指出："什么是教育？简单一句话，就是要养成良好的习惯。"美国心理学家威廉·詹姆斯有一段对习惯的经典注释："种下一个行动，收获一种行为；种下一种行为，收获一种习惯；种下一种习惯，收获一种性格；种下一种性格，收获一种命运。"在小学阶段，让学生养成一个好习惯，比学生考100分都重要，行为心理学研究表明，一种行为重复出现21次，可以成为初步习惯，90天就可以成为成熟习惯。我们根据新课程对小学生全面发展、健康发展、持续发展的基本要求，经过深入研究，精心梳理，结合小学生身心发展的特点和规律，启动实施了《山河小学"培养小习惯　成就大人生"学生习惯培养阶梯计划》项目，将学生在生活、个性、学习、安全等方面的72条良好习惯，每学期把6条容易形成和应该形成的习惯作为计划，分六个年级十二个学期分步实施。为了使这一教育行为深入持久的进行，我们每学期开学给每一名学生发放一份《山河小学"培养小习惯　成就大人生"学生习惯培养阶梯计划验收单》，

通知给家长，分中期、期末进行验收。让习惯培养更有针对性、层次性、阶梯性和累加性，让习惯在螺旋上升的过程中得到培养，人格得到塑造。

三、构建高效课堂，实施修筑知识堡垒的教育

我们根据低中高年级学生的不同特点，积极构建具有我校特色的"童本·需要·活力"高效课堂。"童本"就是以低年级学生好动、天真、模仿能力强的特点，构建童本有序课堂，注重老师的教，要求学生跟着老师学，做到课堂规范有序，教学规范正确；"需要"就是中年级学生有了一定的求知欲望和能力，他们对外界和自身的需要倾向更明确，构建需要型习惯课堂，积极地根据学生的需要，实现从跟着学到扶着学的转变，结合习惯培养，进一步提高学生会学习的适应性，提高合作能力，交流能力；"活力"主要针对高年级学生，随着年龄和见识的增长，他们已不再完全依靠教师的评价来估计自己，而是能够把自己与别人的行为加以对照，独立地做出评价，或许他们还会顾及同伴对他们的看法而不大胆地表达，这就需要老师的激励，让他们迸射出生命的活力，进而提高学生的自学能力、展示能力、探究能力。

四、实施鼓励教育，自信成就阳光幸福人生

有人说："努力发现孩子的长处，激发的是孩子的自信；而专门注视孩子的短处，激发的是孩子的自卑。"是啊，小学生是天真无邪的，因而也是脆弱的，他经不起我们成人，尤其是老师的"数落和摧残"，只有无数次的鼓励，才会树立他们的自信，才会激发和保护他们的兴趣。一是积极实施了"1346"育人工程，即追求一个目标：让师生在学校的培养下群星灿烂、健康快乐；实施三种文化：爱达教育、星光教育和七色光教育；坚持四维育人：习惯立人、课程育人、特色达人、素质强人；开展六项活动：阶梯习惯、广深阅读、适学课堂、社团活动、激情广场、成长足迹。二是积极开展"月度小明星"评选活动，

对学生实施多角度评价和鼓励，每班每月评选的3个"月度小明星"，每月全校就会命名奖励93名小明星。不论学生在哪一方面有亮点和闪光点，老师都会送他一个好听的明星名字，尽管他们可能还不是那么优秀，可能还达不到"明星"的标准，但每当他们站在领奖台上，双手捧着"明星喜报"的时候，那脸上洋溢着的不只是自信和快乐，更是成功和幸福，还有那一颗被激活的积极向上的心。

教育，是一种真爱行为的坚持。只要老师和家长紧密配合，每学期六条习惯会在不知不觉中形成，伟大人格会在六年的教育中自然形成，让学生过一种幸福完整的教育生活，让学生在这种教育理念中幸福成长。

（本文2013年发表于《课程教育研究》第23期，作者：任有运）

第二节 成也习惯，败也习惯

有道是，身教重于言教。父母的所作所为，直接影响着孩子。于是，许多时候，当我们仰视那些中外名人的成就时，心里不禁要问：他们成才的奥秘是什么？当我们翻阅那些成功父母家教个案时，心里不禁要想：他们的父母是怎样培养孩子的好习惯的？任何一个人在成长过程中都离不开教育，家庭是教育的最好教室，父母是孩子最重要的老师。叶圣陶说："什么是教育？简单一句话，就是要养成良好的习惯。"父母的第一责任是教育孩子，而教育孩子的第一位就是培养孩子的好习惯。

父母，是孩子的第一任老师，也是孩子的朋友。每一个孩子从生下来到长大成人，其间要遇到无数个第一次：第一次啼哭、第一次说话、第一次自己吃饭、第一次穿衣服、第一次坐汽车、第一次上学……在这无数个第一次中，孩子逐渐走进人生的世界。这些第一次摆在他们面前的各式各样事物，使他们觉得陌生而好奇，同时所遇到的各种困惑和疑虑，都需要父母来帮助、诱导与解答，而这些第一次灌输的观念和认识，会给他们留下极其深刻乃至终生的印象与影响。如果你为孩子培养了一种好习惯，那么，它就会处处让你看到未来生活里的希望，在通往成功和梦想的道路上，它就会成为你灵感的源泉，成为开启你智慧之门的金钥匙。我们做父母的，也许不能给孩子万贯家财，也不能给孩子金山银山，但如果给孩子一个美好的童年，使孩子从小养成一个良好的习惯，就会使孩子多一份自信，就会使孩子多一份享受生活的能力，就会使孩子有一个积极的人生，就会使孩子多一份成功的机会。

我们共同拥有一个称呼："爸爸"和"妈妈"。"爸爸"和"妈妈"是一本书，书中的每一页都记载着父母对孩子爱的深沉与无私，记录着父母对孩子爱的过失与遗憾。透过纸背，书中呈现出这样的经验：做人难，做父母更难，做一个好父母更是难上加难。家庭，是人生的第一课堂，是孩子生长的摇篮。孩子，在这里生活、成长；习惯，在这里养育；教育，从这里开始；情感、是非、好坏、善恶和信念，在这里奠定。家庭最初及持续灌输的是非观念、善恶标准、为人原则和习惯养成等将影响他的一生。那么家长帮助孩子养成好习惯的重要性有哪些呢？

（1）帮助孩子树立良好的品质。通过父母的言传身教，孩子对"诚实""礼貌""守纪""爱""善良"等概念会有较为深刻的理解，对于孩子良好品质的形成有促进作用。

（2）帮助孩子树立正确的是非观。孩子对"是"与"非"尚无明确的判断标准。这时，需要父母对其进行教育和引导，让孩子明白哪些行为是对的，哪些是错的。

（3）有利于孩子的成长和发展。好习惯的形成对孩子日后的学习、工作都会有很好的促进作用。其中父母的角色就是养成好习惯的"助推器"。

（4）有利于亲子沟通和交流。父母帮助孩子养成好习惯，有利于父母更全面地了解子女的思想和行为，同时也为亲子之间的沟通和交流创造了条件。

习惯就像雏鹰的一双翅膀，能让孩子在高高的蓝天上翱翔！习惯就是孩子成长过程中最亲密的伙伴，能让小苗在阳光下茁壮成长！苏联发射第一艘载人宇宙飞船的时候，曾经发生过一件既细小却又重要的事情。20世纪60年代，苏联发射了第一艘载人宇宙飞船，宇航员叫加加林。当时挑选第一个上太空的人选时，有这么一个插曲，几十个宇航员去参观他们要乘坐的飞船，进舱门的时候，只有加加林一个人把鞋脱下来了。他觉得：这么贵重的一个舱，怎么能穿着鞋进去呢？就加加林的这一个动作，让主设计师非常感动。他想：只有把这飞船交给一个如此爱惜它的人，我才放心。在他的推荐下，加加林就成了人类第一个飞上太空的宇航员。所以有人开玩笑说，成功从脱鞋开始。原来得到赏识很简单，养成好习惯就可以了。

这个故事既是一个好的启示，又是一个大的警示：好习惯成就大未来，坏习惯错失好机会。精美源于细节，细节造就成功，不愿做平凡的小事，就做不出大事！

如果说生命是一座五彩缤纷的百花园，那么，好习惯就是这座花园中盛开的一朵美丽的小花，它的果实对生命的成长往往影响深远，就像鸟儿偶尔衔落到一个荒岛上的一粒树种，这不起眼的种子往往就是覆盖荒岛的森林的孕育者，是改变荒岛的"荒之命运"的制造者！

如果说生命是一片充满生机的原野，那么，好习惯就是这片原野上悄然踏出的一条心灵之路，有了这条路，就不会再因误入荆棘之丛而被伤害，就不会在漫漫的岁月里迷失自我；有了这条路，就能去漫游我们的理想之国，就能一天比一天地更走近我们渴望中的新生活。

如果说生命是一部激越高亢的乐章，那么，好习惯就是这部乐章中用不断地拾取愿望的音符独自创作的一首迷人的歌。唱着这首歌，就能享受到生活的节奏之美；唱着这首歌，内心深处就会涌动着一种催促着自己奋发向上的力量。

每一个孩子都有不同的习惯，养成好习惯使孩子终身受益。反之，一旦养成坏习惯，改变起来就比较困难，不仅会影响孩子的学习、生活、性格、行为等，而且会影响孩子的将来，甚至会耽误孩子一生。

坏习惯就像是行驶在岁月之海上理想之轮里的老鼠，早晚有一天会把船底啃穿，使其在不知不觉中沉没。而好习惯则是高挂在这理想之轮上的风帆，有了这风帆，不管是哪个方向的来风都能让它成为推动我们前进的动力，从而把我们送到自己渴望到达的港湾。

一个人的反复的行为会形成习惯，而习惯又反过来塑造了独特的自我。因此，好读书和思索的人，收获知识和智慧；处处总是习惯为他人打算的人，收获的是快乐和幸福；遇事总是抱着积极的心态、习惯往好处想的人，收获的一定是成功和人生的辉煌……

有位教育家说："习惯就仿佛是一条缆绳，我们每日为它缠上一股新索，不要多久就会变得牢不可破。"其实，习惯既可以养成，也可以打破，只是绝非一蹴而就，而是需要长期的养成。习惯左右了成败，习惯改变人的一生。一句话，成也习惯，败也习惯。

（本文发表于2015年8月《读写算》，作者：乔海平）

第三节　激发小学生英语学习兴趣之我见

摘　要： 英语是当今世界最为广泛流行的语言，它的作用也很突出。但是在英语教学中，教师会发现许多学生对学习英语根本不感兴趣。激发他们学习英语的兴趣是解决这个问题的方法之一。在此，作者着重采用以下几种方法：1.深挖教材，找出学生的兴趣点。2.通过表演和肢体语言，激发学生学习英语的兴趣。3.通过竞赛和表扬，激发学生学习的主动性。

关键词： 小学生　英语教学　激发兴趣

儿童天生富有好奇心，善于模仿，对新事物的接触有浓厚的兴趣。因此在我们的教学中，以儿童的兴趣为出发点，认真钻研，让学生在快乐中学习，快乐中成长至关重要。

从心理学的角度来说，儿童对新事物的学习往往会产生浓厚的兴趣。因此，在英语教学中以儿童的兴趣为出发点，深挖教材，找出学生的兴趣点，让学生真正做到乐学、爱学、会学，而不是逼着学生学，要使学生做到这点，我认为：

一、深挖教材，找出学生的兴趣点

英语教材设计新颖，生动有趣，全书配有彩色卡通式插图。

我会根据教材的优势，找出适合本班学生的教学内容，有针对性地设计科学、高效的课堂教学活动。

进行教学时，我会让学生先根据课文中的插图自学，猜一猜课文中的意思，再播放录音，然后分成小组讨论学习，最后上台表演。对于课堂中出现的问题及时给予指导，慢慢地，学生学习英语的兴趣增强了，学习英语的氛围浓厚了。

二、通过表演和肢体语言，激发学生学习英语的兴趣

在教学中，我经常会利用和我们的生活密切相关的事物，以及肢体语言，让实物和肢体语言直接刺激学生学习的欲望。比如我在教学水果这一课时，我会提前准备好所要学习的相关实物，这样学生就会很容易地理解水果的英文名称，并自然地引出所要掌握的句型"What would you like? I would like..."为了进一步加深印象，我会创设情境，让学生表演买卖水果，这样不仅有助于学生对内容的掌握与记忆，还使所学的知识得以巩固、应用。

再如，教学有关动物单词时，我就和学生做相关动物的动作、模仿相关动物的叫声，让其他学生来猜、来模仿，此时的课堂充满了源头活水，课堂气氛活跃，学习兴趣浓厚。

这样的实例还有很多，只要我们用心，每天都会发现很多新鲜、实用的教学实例；只要我们用心，就一定会有更多的收获与精彩；只要我们用心，学生的学习兴趣就会得到极大地激发。

三、通过竞赛和表扬，激发学生学习的主动性

任教英语以来，我一直运用竞赛式教学。我把全班同学分为7个小组，对作业优秀、上课回答问题积极、表现优秀的同学除表扬外，还给所在小组加一颗星；上课不注意听讲、不交作业、学习不积极主动的，给所在小组降一颗星，每天在下课前2分钟进行总结。班级的七色柱评价图上，优胜组的成员每人会得到一个小红旗，后进组的成员每人记五个单词，第二天检查。这样每天坚持，发现学生学习的积极性越来越高、作业越来越认真。同学们很在乎他们组小星星颗数的多少，如果哪个同学的表现影响了小组的得星，其他组员会自觉地督促其改正，这样一来，学生的自主学习意识、自我管理能力不断增强，课堂效率不断提高。

在激励学生方面，我坚持利用校讯通平台和家长进行互动交流。比如：今天听写了单词，我会及时把得100分的学生名字发送给家长；对于学习有进步的、有困难的，我会及时发现他们的点滴进步，也会通过校讯通告知家长，并建议家长对孩子进行表扬和鼓励，这样家校共育，形成合力，孩子记单词有了动力，学习英语有了兴趣、有了自信，成绩自然会提高。同时，在班级的墙壁上，我还张贴了英语听写统计表，每一次听写的成绩都写上去，并及时进行分类点评，成绩优秀的、有进步的及时表扬，后进生会教给他们一些学习英语的方法，并告诉他们，"你们一定行。"学生也很重视表格的变化，他们经常去对比。通过对比，他们也有了相应的变化与提高，学习的主动性不断增强，教学效率不断提高，教学效果越来越显著。

兴趣是最好的老师、兴趣是学习的动力。在教学中，只要我们创设良好的学习氛围，采用主动的、适合学生心理发展水平的教学方式，积极激发学生的学习兴趣，让学生在唱中学、玩中学、在游戏中应用掌握，寓教于乐，就能使英语课堂成为最有生命力、最有吸引力的课堂。

（本文发表于2016年《甘肃教育》第11期，作者：党冰心）

第四节　浅谈小学三年级学生英语学习习惯的养成

摘　要：小学三年级初学英语，必须努力从听、说、读、写四个方面养成良好的学习习惯，让学生掌握方法、步骤和技巧，进而为适应以后的英语学习打下坚实的基础。

关键词：初学英语　学习习惯　培养

从小培养好的学习习惯，是学习中必不可少的前提。从三年级开始，培养学习英语的兴趣、养成良好的英语学习习惯，对英语初学者起着举足轻重的作用。大多数孩子在步入三年级之后，对英语这门课感到了好奇、迷茫，不知道如何学习，更体会不到学习英语的乐趣，久而久之，就会产生厌学的情绪。人常说，万事开头难。如何帮助小学生喜欢上英语课，正确认识学习英语的重要性，激发对英语学习的兴趣？我认为，要从听、说、读、写四个方面，从小培养学生良好的学习习惯。

一、良好的听的习惯

课前预习中，要求学生在家里试听课本录音，标记出自己不会的读音，等到课堂上向老师、向同学讨教，进一步学习，加深记忆。在课堂教学时，一是利用畅言教学系统教授单词、句型，让学生高清模仿。二是静听老师的示范发音，让学生在心里模仿发音，从而纠正学生错误发音。对于新的内容，学生先听畅言系统的示范音，然后老师再反复重复，根据语音语境读出合适的语调。课后练习中，主要采取听录音巩固所学的知识。

由于这个年龄段的孩子注意力集中的时间不会太长，自控能力相对也比较弱。因此老师和家长应该循循善诱，运用上述办法，让孩子把习惯养成。功夫应该用在平时，真正突出语言的基础性和工具性。要求学生利用晚上睡觉前20分钟，把今天所学的单词和句型巩固练习，坚持一周下来，孩子就能很好掌握所学知识，觉得学习很有趣，既培养了学生的英语学习兴趣，又养成了良好英语学习习惯。

二、良好的说的习惯

在课堂上中，尽量创设语言情境、采用一些和课程相关的游戏、竞赛、分小组的学习方式，让学生在愉悦的环境中学习英语。要求师生间、同学间用英语问候、把所学英语知识用到日常生活中。比如每节课前提醒孩子该上课了，我会说："one two three"，然后学生会回应我："three two one"。这时候孩子们明白上课时间到了，省去了以前喊的起立。课堂上，采用分小组竞赛活动的办法，对优胜组的学生给予"小红花""小红星"奖励，既增强学生集体荣誉感，又培养了学生的英语学习兴趣。

为了营造说英语的氛围，就要激励学生多开口说英语，提供更多的机会让学生多说，老师要善于观察学生，积极地鼓励学生大胆说，不怕说错，大声模仿，在多说中学习英语。在学生讲英语时，有时发音错误，老师这时候最好不要打断，等学生说完以后，教师再指出问题并纠正。这样做，既不干扰学生说话的思路，也不挫伤其说英语的积极性，又能帮助其提高言语水平。

借助生活，让学生大声地说出来，比如学习动物单词，我会让学生边模仿动物的动作以及叫声，然后再让学生读出这个单词，此刻学生学习的热情特别高，注意力比较集中，学生学习效果比较好。即使哪个单词读错了，在这种氛围的影响下，学生丝毫没有胆怯，在老师的纠正下，继续读出正确的读音。

因为简单，所以大胆；因为大胆，必须大声。三年级始学英语，要求学生大声讲英语，对于一些回答问题不积极、不主动的同学，老师要善于发现他们的闪光点，多表扬、多鼓励。对于回答问题有难度、停顿过长的孩子，老师这时候注意多留一些思考的时间，也可以稍微给同学提醒一下，一旦他们回答正确，就用我们激励同学的口号："good good very good"来表扬学生，三年级同学特别喜欢这个夸奖。

把英语用到家里，在实际生活中说。根据学生已经学习的英语知识，鼓励孩子多动脑筋思考，在生活中用英语代替汉语，敢于创新。加强口语的实际应用，让更多的家长参与到学习英语的活动中，实现老师带着学生说，家长学生一起说，营造浓厚的英语语言氛围，这样既能激起学习的热情，也能让孩子体会到其中的乐趣。

三、良好的读的习惯

对小学生来说，"朗读"主要是指正确拼读单词，大声地、流利地朗读课文，语音、语调等基本正确。拼读单词有利于学生对单词的掌握，积累词汇。朗读英语有利于培养学生语音、语调、节奏、语感等。在平时的教学中，我严格要求孩子的认读，让学生一个一个字母去拼读，起初孩子可能会认为比较难，但是坚持下来，学习会越来越轻松，孩子的自学能力也会逐步提高。当孩子体会到成功时，兴趣也会更加地浓厚，认读会变成一种习惯，学习成绩自然也不会落下。每天晚上利用班级微信群，让每位孩子把每天所学的内容发到群中，老师及时听后，给予肯定或纠正。同时要求孩子之间、家长之间进行互听，互相学习和借鉴，形成了一个热热闹闹、大家齐参与的英语读音交流会，孩子们读英语的水平在不知不觉中得到了很大的提高。

四、良好的写的习惯

写作是学习英语一个重要环节。对于三年级学生来说，每节课所学的字母、单词、句型老师都应该在黑板上示范，课后让学生加以练习。对于作业批改更要详细认真，对于优秀的作业及时表扬，对于写得不好的同学，要严厉地指出，让他们重复练习，努力把英语写得工整、美观。总之，让学生从一开始养成一个良好的习惯，为日后的英语学习打下基础。所以从小培养正确的书写格式，尤为重要。

爱因斯坦曾经说过："兴趣是最好的教师。"当学生对某一学科感兴趣时、喜欢某一位老师时，他们总是爱学习，并且主动学习，而且以最短的时间、最有效的方法去获得所需的知识。养成一个良好的学习习惯，让孩子体会到成功，体会到快乐，才能更有效地激发孩子学习的主动性，让英语的学习成为一种乐趣。

（本文发表于2017年《长江丛刊》第4期，作者：党冰心）

第五节 小学生综合习惯培养中存在的问题及解决策略

摘　要：本文针对小学生综合习惯培养中重口头轻实践、重结果轻过程、重要求轻感受、重说教轻示范等突出问题，结合教育实践，提出解决策略。

关键词：小学生　综合习惯　培养　问题　解决策略

叶圣陶先生曾说过："什么是教育？简单一句话，就是养成习惯。"的确，小学是形成良好习惯的最佳时期，重视培养良好的习惯，不仅直接影响学生的学习效果，还影响其能力、性格的发展。目前，在小学生习惯培养中，因为方法不正确、落实不到位等问题而导致老师、家长下功夫很多，收效却不尽如人意。现在就小学生综合习惯培养中存在的问题及解决策略，笔者结合教育实践谈谈自己的看法：

一、改变传统的观念，重新认识习惯

所谓"习惯"，是指积久养成的生活方式，一个人在后天养成的一种自动化的动作行为倾向。有调查表明，人们日常活动的90%源自习惯。习惯不是与生俱来的，它是在生活中形成并逐渐稳固下来的。可当人们一提到习惯，最先想到的就是学习习惯，学习习惯固然重要，可我们不应忽略综合习惯中还包括了生活习惯、行为习惯、安全习惯

等。

英国著名哲学家培根就曾说过："习惯真是一种顽强而巨大的力量，它可以主宰人生。"由此可见，好习惯将伴随我们的一生，决定我们的命运，小学则是培养习惯的最佳时期，小学生综合习惯培养刻不容缓。

二、培养内容不系统，目标不明确

在综合习惯培养过程中，有些学校对小学生的习惯培养要求大而空，太过笼统，导致老师不知该从哪里抓起，该如何去实施；还有一些学校制定的习惯培养目标零散、混乱、重复，没有形成科学、系统的培养体系，不能根据学生身心特点和认识规律开展良好的习惯培养。

解决策略：行为心理学研究表明，一种行为重复出现21次，可以成为初步习惯，90天就可以成为成熟习惯。为了培养小学生在生活、个性、学习、安全等方面的良好习惯，我们学校启动了《山河小学"培养小习惯　成就大人生"学生习惯培养阶梯计划》项目。习惯内容具体明了，坚持"总体目标一以贯之，学段目标各有侧重，年级目标具体明确"的原则，制定了切合学生年龄特点的习惯培养目标。对于同一个习惯内容，各年龄段有层次分明的培养目标。比如，在升旗礼仪中，对于刚入学的一年级学生要他们养成"升国旗时应该庄严肃穆，行注目礼的习惯"；二年级学生要养成"升国旗时，能够跟唱国歌，行少先队队礼的习惯"；三、四年级学生要养成"能够认真执行升旗礼仪，并能声音响亮地唱国歌的习惯"；五、六年级学生要养成"认真倾听国旗下讲话，乐于做护旗手，认真做好升旗和护旗工作的习惯"。学校制定了适合本校学生的培养目标，每学期培养6个好习惯，每学年培养12个好习惯，小学阶段总共培养72个好习惯，对于学生综合习惯要由易到难、由浅及深，循序渐进，形成阶梯式培养，逐一落实。

三、培养方法简单枯燥，缺少实践

小学生综合习惯的培养仅靠老师喋喋不休的提醒和苦口婆心的要求是不够的，还要通过各种有效的方法促进学生习惯的养成。

解决策略：小学生综合习惯的培养方法很多，包括语言说理、榜样示范、实践锻炼、行为训练等。

（一）语言说理。语言说理包括讲解、谈话、讨论等方法，在运用这些方法的时候要以理服人，不能讽刺挖苦，语言要简练深刻，不能太唠叨。

（二）榜样示范。在运用榜样示范的教育方法时，老师不但要以领袖、伟人、科学家、英雄模范等卓越人物的事迹为教育内容对学生进行典范教育，也要率先垂范，对学生进行潜移默化的人格示范。同时还要善于挖掘班级里和学校里的优秀典范，为学生树立学习的榜样，用身边榜样的力量来带动和激励学生。

（三）实践锻炼。实践锻炼主要包括以自我服务性劳动、家务劳动、公益劳动为主要内容的劳动实践。让学生深入家庭、街道、社区去进行社会实践，让学生在实践中增长才干，养成习惯。

（四）行为训练。行为训练是解决知行脱节的重要措施。训练学生的行为方式不单局限于训练，还包含具体指导、规范制约、反复训练、督促检查、评价激励等一系列的方式方法。

习惯的培养方法有很多，需要教师根据学生的具体情况予以实施，使学生在踏雪无痕、润物无声的教育中形成良好的综合习惯。

四、培养过程不能持之以恒，缺少实效

很多学校和老师在培养过程中，盲目设定目标，过于追求速成，往往在开始的时候，大张旗鼓地提出要求、制定规则、布置任务，之后便放松要求，甚至放任自流，最后导致培养失败。

解决策略：学生综合习惯的养成过程，是一个艰巨的、长期的、

细致的过程，必须持之以恒，不断强化。在习惯的培养过程中，老师要采取多种多样的培养方法，增强学生的情感体验，形成良好的习惯。老师要善于及时运用各种评价方法对学生的行为进行激励，善于及时将学生的发展变化记录下来，进行综合评价。同时加强学生干部的巡查、同学间的互相监督，通过检查反馈，督促学生综合习惯的养成。此外，学校还应形成适合自己学校实际的切实可行的评价体系、奖励体系，促进学生综合习惯的培养。

五、家庭配合跟不上，习惯培养流于形式

家庭是孩子成长的摇篮，是孩子成长的第一所学校，家庭教育直接影响孩子能否养成良好的习惯。心理学家讲：如果孩子生活在批评中，他就学会了谴责；如果孩子生活在敌意中，他就学会了争斗；如果孩子生活在鼓励中，他就学会了自信；如果孩子生活在表扬中，他就学会了感激；如果孩子生活在友谊中，他会觉得生活多么美好！有的家长往往认为习惯培养是学校的事，不配合，致使我们好多的习惯培养流于形式。

解决策略：家庭教育，实际上就是家长和孩子共同演奏的生命二重奏。父母也是孩子的老师，父母的信念、情绪、行为对孩子会产生潜移默化的影响。只要我们父母善于抓住每一个细小的教育契机，坚持"目标一致，要求统一，持久恒定"的原则，使学生亲身体验，独立自主地学习探索，从而形成良好的综合习惯。

综合习惯的养成会为孩子一生的健康成长打下坚实的基础，因此我们要静心研究，及时发现问题，找到解决策略，才能让每一个小学生养成良好的综合习惯。

（本文发表于2017年《课程教育研究》第22期，作者：王小芳）

第六节　浅谈小学低段学生良好写字习惯的培养

写字不仅是小学低年级段语文教学中相当重要的一个组成部分，也是对低年级学生的一项极其重要的基本功训练。它不单单是培养学生良好学习习惯的基础，更是我们终生受用的技能。在写字教学中，教师应注意充分调动学生的积极因素，教给学生写字的方法和技巧，让他们把字写得正确、端正、整洁、漂亮。那么，作为低年级语文教师，如何采取恰当的教学方法使学生逐步养成良好的书写习惯呢？下面，我谈自己的几点体会：

一、丰富教学方法，激发书写兴趣

托尔斯泰指出："成功的教学所需要的不是强制，而是激发兴趣。"写字教学比较枯燥、乏味，小学生年龄小、自控能力差，指导学生练字，如果只是一味地向学生讲解偏旁部首、结构造型，只是机械重复点、画、钩、挑等写字技巧，久而久之，学生就会感到乏味。因此，在写字教学中，我们特别注重学生写字兴趣的激发。

首先，注意写前激趣。为使学生一上课就产生浓厚的写字兴趣，我们要求教师一定要注重写前的导入，采取不同的方式激起学生的写字欲望。有的老师根据学生崇拜名人，喜欢模仿名人的心理，收集古今书法大师少年时代练字的传说故事，讲给学生听，从而激发学生热爱写字的感情。比如，欧阳询在碑旁露宿三天三夜，仔细分析碑文的故事；王羲之因频繁练习书法而使清水池变成"墨池"的故事；岳飞在沙土上面练习写字、怀素频繁在木板上写字最终写透木板等励志故事。有的老师根据小学生天性好胜的特点，通过采取展览习字本，表扬上次作业写得好的学生，展示取得进步的作业本等形式，激发学生的写字兴趣，促使全班出现你追我赶的生动局面。

其次，创设写作情境。借助书法佳作调动学生的写作热情。因此，我充分利用教室的空间，在公告栏、楼道以及四周墙壁上张贴一些书法大家、教师或者学生的优秀书法作品。为学生创设一个富有书法气息的学习氛围，从而使学生明确写字就好比做人，持之以恒，方可得到进步，激发了他们写出好书法的兴趣。

最后，采用评价激励。小学低年级的学生大都具有很强的表现欲和好胜心。因此，在平时的书写作业中，我详细地批改每个学生的作业，不是简单地画"√"，可以用圆圈标示出学生写得美观的字体，用其他符号标示出存在笔画错误的字体，并配以文字说明，借助这种全方位的点评全面激发学生书写的兴趣。

二、加强教学指导，传授书写技巧

小学低年级的学生自主学习能力比较差，学习意识不强，所以必须充分地发挥教师在书写教学和训练中的指导作用，尤其要注意将科学的书写方法传授给学生，使他们可以严格按照规范的书写方式开展训练，不断提升书写能力。

首先，加强示范指导。小学低年级学生具有很强的模仿力和想象力，所以教师要引导学生从两个方面展开书写训练。一方面，要指导学生根据教材中的写字任务展开训练，对各单元生字的笔画顺序和间架结构等进行仔细分析，合理确定各部件的大小比例，然后进行临摹仿写；另一方面，在写字课开展过程中进行写作指导，引导学生认真书写，可以少写，但是必须确保书写的质量。

其次，引导学生自行思考书写的注意事项。在经过一段时间的规范书写训练之后，学生大都了解和掌握各个字的笔画结构。然后教师可以将所有的生字写在黑板上，并引导学生思考如何将这些生字写好，书写过程中的注意事项。通过学生的思考，学生会逐渐意识到这些生字书写的重难点笔画，从而可以显著减少错别字。

再次，要加强对学生的作业指导，让学生通过课堂作业和家庭作业中的书写训练逐步提升书写能力，必要的时候可以开展"书写之星"的周活动，借助活动激发学生书写的兴趣，提升他们书写的能力。

最后，要加强书写方法指导。对小学低年级学生而言，他们对于汉字笔画和结构还不是非常了解，此时授课教师需要引导学生分析汉字的结构，使他们可以详细地了解文字笔画之间的联系。比如，"横"字要写得瘦长一些，"瘦"字要写得高宽一点，从而确保学生所写文字结构的合理。

三、开展书写训练，提升书写技能

俗话说："熟能生巧。"为了使学生养成良好的书写习惯，就必须加强书写训练，从而使学生通过反复的训练提升书写技能，这就要求教师多为学生组织一些书写训练活动。比如，在写字课上，授课教师可以引导学生多描多练多写，多参照字帖或者书法作品中的字体进行临摹训练，从而使学生逐步养成规范的写字习惯。此外，在教学过程中，教师需要以身作则，不断提升书写技能，具体表现在黑板上的板书书写以及作业点评所用评语的字体都要保持规范、得体，使学生向老师看齐，从而可以提升书写技能。

总之，小学低年级是培养学生良好书写习惯的黄金时期，教师需要充分抓住这个书写习惯养成机遇，丰富书写教学方法、加强书写教学指导、积极开展书写训练，充分激发学生书写的兴趣，使他们可以掌握规范的书写方法。为了确保书写习惯培养的顺利进行，教师也必须考虑学生的个体差异，尽量选择分层指导和训练的方式，从而不断提升他们的书写技能，使他们养成良好的书写习惯。

（本文发表于2017年《课程教育研究》第22期，作者：徐燕）

第七节　　抓好学生的习惯培养就是抓好教育

摘　要：培养学生良好的学习习惯和日常生活习惯，意义深远。小学阶段是学生良好行为习惯形成和巩固的关键阶段。以核心习惯为基础，把小学阶段要养成的良好习惯科学分类、梳理为72条，依照学生年龄特点，采用阶梯式培养思路，分阶段重点培养、发展、巩固，及时评价反馈，教师和家长共同发挥示范引领作用，学生良好习惯的培养目标就能有效达成。

关键词：小学生行为习惯　阶梯式培养

我国著名的教育家叶圣陶先生说过："什么是教育？简单一句话，就是要养成良好的习惯。"行为心理学研究也表明：一种行为重复出现21次，可以成为初步习惯，重复出现90次就可以成为成熟习惯。这是我们山河小学学生习惯培养验收单上的一段话。迄今为止，"培养小习惯　成就大人生"学生习惯阶梯培养计划从当初的提出，问卷、研讨、探究、梳理、启动、开展、实践，到省级课题的立项，已走了近5个年头。这5年中，师生之间，许多的思想碰撞，许多的感动，许多的努力都在不停发生，并且持续发生着。

一、大爱无边，蕴出学生习惯培养新智慧

任有运校长给我们讲了他心中酝酿多年的关于学生习惯培养的一个想法，这个想法来源于他多年在基层当校长期间所亲历的学生习惯培养方方面面问题的思索。任校长细微的教育观，真诚育人的大爱情怀深深地感染了我们，他关于学生习惯阶梯培养的想法在我们的内心在引起了很大的共鸣。经过一番思索，我们觉得有必要将这一想法与老师进行交流，听听他们的意见和想法。于是，在老师间开展了关于

学生习惯培养的问卷调查，后来又在学生和家长中间进行了广泛的问卷调查，许多老师和家长给了我们真诚的建议和想法，这对我们后来的习惯阶梯培养的实施及课题的实践探究有着举足轻重的作用。尤其是在执行方案实施前，老师们自下而上地积极参与，提供思路和建议，搜集资料，询问家长等。全校进入了紧锣密鼓的学生习惯阶梯培养的思索与探究中，经过半年的梳理和归纳，以《小学生各个阶段的心理特点》为支撑的山河小学《"培养小习惯　成就大人生"学生习惯培养阶梯计划方案》初步形成。

二、群力群智，探索出学生习惯培养新路径

我们将学生在小学阶段需要养成的良好习惯进行归纳梳理，整理出了6条核心习惯，分别是：文明礼仪、学习能力、生活自理、环境保护、诚实守信、知恩感恩。根据各年级学生的身心特点和认知规律，将这六个核心习惯细化、分解为72条子习惯，按照由易到难、由浅到深的规律，分学期培养，每期6条。这72条习惯呈螺旋式上升，阶梯式培养，累积式发展的态势。对于习惯养成而言，有些在一定阶段就会养成，而有些到中高年级不再列出来，但培养良好习惯的做法却一直不会间断，可能会延伸到初中、高中乃至终生，比如读书、写字、感恩心的培养等。这些习惯培养，贯穿于学生生活学习的每一个环节，关注学生的一言一行，一个微笑、一个动作，所以我们也叫细节德育。同时我们制定了《"培养小习惯　成就大人生"学生习惯培养验收单》，通过家长的审查对照，再次确定验收内容。在实践之初，我校《"培养小习惯　成就大人生"学生习惯培养阶梯计划》全面启动，并得到县局等上级有关部门及领导的关注和支持。

此后不久，我们又申请立项了《小学生综合习惯阶梯式培养的实践与研究》省级课题，2013年9月完善修订了《山河小学学生习惯阶梯培养方案》和《山河小学学生习惯阶梯培养验收方案》。至此，《"培养小习惯　成就大人生"学生习惯阶梯培养计划》成为指导教师及家

长培养学生良好行为习惯的有力抓手。

三、矢志不移，采撷学生习惯培养新果实

经过近五年的培养和实践，放眼观察我校的学生，他们的日常行为习惯有了明显转变。他们变得文雅上进了，彬彬有礼了，衣着干净整洁了，见到客人能主动问好了，上下楼能按顺序走了，站队集合安静而迅速了，随地乱扔垃圾的学生少了，同学们互帮互助的多了，懂得感恩了，学生的综合素质和能力提高了。

再放眼我们的老师，无论是班主任还是科任老师，他们不再像以前那样，对于学生的习惯培养不知从何下手、如何落实、如何监督了，相反，每个老师都显得胸有成竹，淡定代替了以前的忙乱。每学期的习惯培养验收，总能有一些令人惊喜的成果，老师的智慧是惊人的，方法也是新颖的，在习惯阶梯培养的过程中，实践带来了意想不到的收获，这也为我们的课题研究提供了真实的素材。尤其是个别老师，又将每学期的6条习惯再根据自己本班的实情进行分解、细化，甚至还制定出了因人而异的方法和措施，令人耳目一新。

四、亲力亲为，悟出学生习惯培养新体会

"培养小习惯 成就大人生"学生习惯培养从实施到现在已经走了近五年的路程，回首这五年的征程，有以下感悟与各位同人共享：

1. 要养成学生的良好习惯，必须要及时确定小学生习惯培养的指导思想，明确培养方向及目标。

思想是行动的先导，目标是奋进的方向，有了正确的指导思想和明确的目标，小学生习惯培养才能有的放矢，落到实处。在学生习惯培养上，学校、老师及家长作为习惯培养的引领者和执行者，我们首先要制定切实可行的学生习惯培养方案，确定符合学生身心特点及发育规律的培养内容。

2. 要养成学生的良好习惯，必须要明确学生习惯培养的要点及规

则。

　　小学生良好行为习惯养成必须从实处、细微处入手，做好细微教育、细微培养，同时也要持之以恒抓好小学生的习惯培养及养成，坚持不懈，通过实践和体会让良好的行为成为习惯。约·凯恩思说："有什么样的习惯就有什么样的态度，有什么样的行为，就有什么样的结果。"习惯培养的内容丰富而广泛，不仅包括良好的生活习惯，也包括做人及追求，所以说一种好习惯一旦形成，将会让一个人受益终生，许多成功人士之所以能收获人生的成果，多是好习惯成就了他们。把写作当作是一种乐趣，长期坚持不懈。一条漫长的路，如果有爱相伴，会让人踏实、幸福、感动，并相随永远，一个良好的习惯如果能够终生坚持，必将成就人生。

　　3. 要养成学生的良好习惯，必须随时监督，及时发现、及时调整学生习惯培养中的偶有偏离现象。

　　小学生多数自制力比较差，在好习惯形成过程中，或者在坏习惯克服过程中，容易出现反复、拖拉、敷衍、放任等现象，容易出现跟着感觉走的现象。这就要求老师和家长要紧密联系，随时发现和调整，帮孩子掌好舵，例如：发现某个孩子的字写得不规整了，上课时注意力不集中了，或者作业没按时完成了……要立即作出调整。培养学生的习惯，就像引领他们走路一样，发现走他们走偏了，及时调整到对的轨道上去，久而久之，一条小路便踩出来了。

　　4. 要养成学生的良好习惯，必须在进入轨道后，手握线轴，试着放手让孩子自由飞行，但切不可完全撒手，从而实现阶梯式培养的目标。

　　按照良好习惯的要求去努力，先是慢慢启动，继而逐渐加速，在行进中不断调整，最后进入轨道。小学生的习惯培养，和卫星的运行完全不一样，却和放风筝的原理有点像。小学生的习惯培养一旦进入轨道，也会走走停停，这时老师和家长既要让他们沿着正确路线飞行，给他们一定的自由，不必着意约束学生，在顺其自然的过程中，又要时刻高度关注，以便及时鸣钟、拽线。这个度的把握很敏感、很细微。

5. 要养成学生的良好习惯，老师必须是时刻的掌控人。

由于小学生特殊的年龄原因，他们的良好习惯的形成，必须由他律来约束、监督。老师和家长在学生的一生习惯培养中有着举足轻重的作用。老师要时刻关注学生良好习惯的发展培养问题，只有老师把培养学生良好的习惯当作是自己的习惯，学生才能养成良好的行为习惯，在此真诚希望，每一位老师、每一位家长都能把学生的良好习惯培养当作培养自己的习惯，为人师表，学生良好习惯的形成就有了良好的氛围。

（本文发表于2017年《课程教育研究》第22期，作者：朱丽辉）

第八节　小学生不良习惯成因浅析

摘　要： 学生的不良习惯，根源在家庭、表现在学校、危害在社会。所以，学校、家庭、社会必须共同参与、相互配合、形成合力，才能真正完成培养学生良好习惯。

关键词： 家庭教育　学校教育　社会影响　不良习惯

在现实生活中，常常让我们老师和家长头疼的，就是孩子们的诸多不良习惯。例如：乱丢垃圾，随地吐痰，课间活动追追打打，走起路来东倒西歪，学习用品丢三落四，上课不能认真听讲，课前不预习、课后不复习、作业不能按时完成或者马马虎虎……

那么这些不良的习惯是怎样形成的呢？

一、缺乏理性的家庭环境是学生不良习惯的始发地

苏联著名教育家苏霍姆林斯基认为：要把孩子塑造成人，需要六位雕塑家：依次是家庭、学校、儿童所在的集体、儿童本人、书籍、偶然出现的因素。家庭对孩子的影响是排在第一位的，因为家庭是孩

子的第一所学校，家长是孩子的第一任老师，家长是孩子的首席雕塑师。

在美国的历史上，曾经有两个"声名远播"的家族：

一个是爱德华家族，始祖是一位治学严谨、成就卓著的哲学家。在爱德华家族的8代子孙中，培养出了13位大学校长、100多位教授、60多位医生、80多位文学家、20多位议员、1位副总统。

另一个是克瑟克家族，始祖珠克是一位缺乏教养的赌徒和酒鬼，家族8代子孙中出现了300多个乞丐，7个杀人犯，60多个诈骗犯、盗窃犯，还有40多人死于酗酒械斗。

古语云："孔子家儿不知骂，曾子家儿不知怒。所以然者，生而善教也。"家族后代巨大差异的形成，除了遗传上的差异外，更多的原因在于他们完全不同的家庭教育环境。培养孩子，首先要培养孩子的良好习惯。现在家庭教育中的突出问题：

一是家长缺少从小培养孩子良好习惯的意识，认为树大自然直，未能抓住教育的最有利时机。许多不良习惯表现在孩子身上，根源却往往是在家长身上。父母帮助孩子健康成长最重要的事就是保持家庭的完整。社会学家的研究表明：没有什么比家庭的完整对孩子的健康成长更重要的了。单亲家庭的孩子很少上光荣榜，更敏感，更容易受伤，更容易触犯法律，他们长大以后也不容易与人建立起稳固的关系。

二是家长对孩子过度地保护，剥夺了孩子锻炼的机会。孩子穿衣慢，大人干脆利落地帮他穿好；孩子吃饭脏兮兮的，大人干干净净地喂他塞饱肚子；孩子玩完玩具走了，大人无怨无悔地帮他收拾……这些情景在多数家庭发生。表面上是在帮孩子，实际上却阻碍了孩子生活能力的培养。

三是有的家长虽然想培养孩子良好习惯，但是缺乏有效的方法。于是，在我们的生活中，下列现象经常出现：已经会走路的孩子仍然时刻被家长抱在怀中、背在背上；要玩的玩具家长取，满地的玩具家长收；能够自己吃饭的孩子，还要家长追着喂；早上起不来，晚上不

愿睡；吃东西挑三拣四，偏食严重；沉迷电视、网络游戏不能自拔等
等。

如果孩子从小养成了这些坏习惯，就像一棵树苗长弯了，长大后
是很难纠正过来的，孔子的"少年若成天性，习惯成自然"说的就是
这个道理。

此外，有的父母行为不良、举止不雅，言传身教影响差，为孩子
树起了坏榜样；有的父母教育方法简单粗暴，缺乏沟通和指导；有的
家庭结构缺损，造成孩子心灵的严重创伤，或者家庭成员经常闹矛盾，
孩子长期生活在一个不和谐的环境中；有的家庭对孩子过分溺爱、娇
生惯养，把子女培养成为所欲为的"小皇帝"。正是因为有这样一些
成长的不利因素，学生的不良行为习惯由家庭开始"发源"，生根发芽。

二、存在缺陷的学校教育是学生不良习惯的生长区

很多孩子带着不良习惯走进了学校，给学校教育带来了困难，加
大了学校教育的难度。但由于一些学校教育缺乏为学生终身发展的教
育理念，学校和老师没有积极思考对策，寻找解决问题的办法。相反，
纵容和默许了学生不良习惯的"生长发育"。主要有以下几方面：

一是个别教师不重视师德修养，不能为人师表，言谈举止不文明，
给学生起了不良"示范"作用。

二是教师对学生学习习惯的认知和培养重视不够。课程标准虽然
要求以人为本，但教师平时由于教学任务紧、琐事多，加上教育主管
部门仅以考试结果评价老师，家长也以分数衡量老师，导致了教师对
不可量化为具体指标的软考察或不考察项目——学习习惯不够重视。
而学生良好学习习惯的养成不是一蹴而就的，它需要老师对学生进行
坚持不懈的训练，在长期的学习过程中耐心辅导。

三是教学方法简单粗暴陈旧，不关心、尊重学生，对学生进行打骂、
体罚，不让上课等。不恰当的教育方法，一成不变，没有充分了解现
代小学生的心理、生理发展特点，仍然采用封闭式、程式化的方法去

管理和教育学生，有的简单偏激，有的冷漠放任，造成师生关系紧张，学生感到困惑。使学生心灵受到严重伤害，对学生的行为缺乏有效的指导和培养，过分的惩罚或放任强化了学生的不良习惯。在这样的教育环境下，学生的不良习惯开始"茁壮成长"。

教师教育方式不当，甚至体罚学生。孩子是看着成人的背影长大的，一般来说，学生都具有"向师性"，而且年龄越小，这种倾向就越明显。小学生常常将老师的话奉为"圣旨"，动不动就是"我们老师说"。某刊物上一篇小文章里提到：

张老师在板书时习惯将粉笔顶端坚硬部分折断，然后随手扔在地上，动作十分麻利，自认为颇有风度。有一次，他请几个学生在黑板上验算了习题，同学们都不约而同地将粉笔头折断扔在地上，动作是那么整齐、那么熟练，令张老师十分惊讶。当他询问为什么如此统一地做出这个动作时，大家齐声回答："我们是从您那儿学来的，全班同学都学会了！"张老师万万没想到自己毫不在意的一个小动作，竟然在同学们中产生了这么大的影响。

作为"重要他人"，老师在学生心目中的分量是很重要的，学生常常会不自觉地模仿老师的言行举止，因此，老师应当处处严格要求自己，为学生树立好榜样。

三、不尽如人意的社会影响是学生不良习惯的助推器

青少年由于受其心理行为发展水平的限制，往往缺乏适当的独立思考和辨别是非的能力，不良的社会风气、生活环境、文化氛围等外界条件腐蚀、毒害着孩子们的健康成长。

一是社会环境的恶杂，特别是校园周边环境的混乱、社会诱因的侵蚀。如校园周边开设电子游戏室、网吧、KTV音乐吧厅等，部分业主唯利是图，吸引青少年出入其中，以致染上不良习气。社会上不良

群体的吸引和束缚，使部分青少年不能自拔。

二是不良书刊和影视、网络文化的影响。网络聊天、电子游戏和色情网站正侵蚀着孩子们的身心健康。

学生的不良习惯，根源在家庭、表现在学校、危害在社会。所以，学校、家庭、社会必须共同参与、相互配合、形成合力，才能真正完成培养学生良好习惯的任务。

（本文发表于2018年《素质教育》第4期，作者：乔海平）

第九节　用爱燃烧教育这方热土

有位诗人说过：如果你种下的是葵花，秋天收获的会是一片金黄；如果你种下的是甘蔗，秋天收获的定是甜蜜；如果你种下的是自己的一颗爱心，收获的一定是教育灿烂的明天。

给予一份关爱，唤醒每个心灵

爱，是教师职业道德的核心。"感人心者，莫先乎情。"刚毕业那年，面对着有70多名孩子的一年级，我有些惶恐。如何让这些懵懂的孩子尽快成长起来，如何让他们能懂事多一点、文明多一点，为此我苦苦思索。在一年级孩子们幼小的心里，他们只知道妈妈最疼爱他们，妈妈的话是对的，我想我应该做一名像妈妈一样的老师！要像妈妈一样爱他们！于是纯真的我，用自己温润的少女情怀去"哄"他们、"骗"他们。和他们一起跳绳，一起做游戏，帮他们梳头、剪指甲、系鞋带；天冷了，会将自己的衣物送给他们；夜深了，会送他们回家。就这样，孩子们跟我越来越亲密，总围着我说这说那。

2010年秋季，我接任的新班分来了一个男孩，由于长期吃药、治疗，致使脸部肌肉抽搐，眼睛突显，再加上先天性手脚无力，走路困难，全班同学都不愿接触他，甚至没人和他做同桌。只要有空闲，我就同他聊天，有意识地锻炼他的语言能力，教他正确地咬字、发音。

并引导全班同学多关心他、亲近他、多和他说话、陪他到操场上玩耍、锻炼身体等。渐渐地，他那原本笨拙的身体变得轻盈了许多，走起路来也稳当了一些，上课也能安心听讲了，教的生字也能读出来了。有一件事，我至今记忆犹新。去年春季，一直对我疼爱有加的爷爷不幸去世了，当办完爷爷的丧事，带着满脸悲伤的我走进教室时，这个平时不善言辞的孩子跌跌撞撞地奔向我，竟含混地说了一句："老师，我想你，你不要太伤心了。"此时，我的心灵受到了莫大的震撼，泪水在我的眼眶里打转，对爷爷的思念因这一句不易的问候变成了无限的欣慰，我不住地点头说："老师也想你！"

爱，是一种传递，是一种感召，是一种力量，当教师真诚地付出爱时，唤醒的将是一个纯真的心灵。

注重一些示范，养成一些能力

雷夫在《第56号教室的奇迹》中指出："一间教室的容量可以是无限的，而决定教室尺度的是教师，特别是小学教师。他们的面貌，决定了教室的内容，他们的气度，决定了教室的容量。"雷夫独特的班级管理，如醍醐灌顶，让我这个刚参加工作、手忙脚乱的新班主任茅塞顿开。为此，我常常先蹲下来，以孩子的视角观察事物，用孩子能听懂的话和他们交流，注重细节教育，把该做的事示范到位。比如洗抹布，我通过观察发现，小孩子洗抹布的方法是，把抹布扔到水里，涮一下，一捏就行了，抹布根本没洗干净。因此，用这样的抹布擦过的地方还是那么脏。为什么会这样呢？是因为孩子小，什么也不懂吗？是孩子有意糊弄吗？我认为都不是。这只是儿童心理发展特点使然。因为他们很想按照老师的要求去做，很想把事情做好，但是，不知道怎样才能做好。针对这种情况，我专门找一个时间，教他们洗抹布。我先打来一盆水，然后教他们怎样搓、怎么拧，告诉他们只有拧出的水清了才算干净。这样的身教非常成功。现在再看看他们洗抹布，一个个可认真了，都洗得特别干净。同样的道理，打扫卫生、物品摆放等工作，只要把要求的细节说到位，小孩子就能听得懂、做得到。再来说说我怎样使学生学会收作业的吧，我让他们同桌两人把作业摞到一起，从后往前传，自己的作业放在下面。每组的传上来后，教他们怎样摆放，一组正，一组反，组组分明，便于批改，便于发放。学生通过观察、模仿，很快就领悟了要领，这样，哪一个孩子还能做错呢？

冰心先生说："成功之花，人们往往惊羡它出现时的美艳。然而当初，它的芽儿却浸透了奋斗的泪泉，洒满了牺牲的血雨。我们的教育，更需要真挚的牺牲与付出。"

巧用一些鼓励，激活一些亮点

德国美学家黑格尔说："不应该使孩子们的注意力长久地集中在一些过失上，对此，尽可能委婉地提醒一下就够了。最重要的是要在学生身上激发出对自身力量和自身荣誉的信念。"教过低年级的老师都知道：孩子小，事儿多，一上课就"告状"。如果当堂处理，肯定影响部分学生的上课情绪和注意力，难以实现高效课堂。针对这一情况，我的处理是：

方法一：延迟告状，也就是要求学生下课"告状"，课上带着好的情绪听课。这样，课前的小矛盾、小问题没有谁会记到40分钟以后，"告状"的概率就低了，课堂的利用率提高了。

方法二：延迟批评。这既不影响学生愉快的情绪体验，又给予其改正机会。我把批评留在每一天快要放学的时候，这时学生往往已经在负疚的情绪中反思了自己的行为，老师只要加以指导，就能很好的解决问题。说到表扬，那就要及时、准确。因为"好孩子是夸出来的"。例如，学生值日时，当我看到一个表现特别好的例子，就会当众说："某某同学真能干。"还摸摸头、拍拍背，用肢体语言表示鼓励。这样表扬后，班里课间擦黑板、倒垃圾等活大家都抢着干，谁也不袖手旁观。渐渐地，班里越来越整洁，孩子们也越来越懂事理了。

方法三：多方鼓励。朱永新老师说过："理想的智育是把知识转化为智慧，只有在智慧引导下，才可能有真正意义上的心智活动。"现在我带的班上有个孩子性格内向，学习吃力，语数外三门功课成绩都不好，特别是他纪律性差，总爱捣乱。但我总是耐心地指导、鼓励。当他按时完成作业时，我会像对待其他孩子一样和他一起惊喜、一起高兴，奖给他笑脸和星星，并且单独给他留家庭作业，降低数量和要求，让他在有限的能力内完成老师布置的任务，初步感受到自己的进步，享受到老师表扬的乐趣，然后在此基础上循序渐进。至此，我深刻地体会到：越是调皮捣蛋、学习吃力的孩子，老师正确的引导、及时的鼓励越能给他们学习的信心和动力。

"过一种幸福完整的教育生活"是每个耕耘在教育热土上人的最高理想。为了这份理想，我宁愿燃烧。唯有燃烧，才会让花儿更艳，叶儿更绿，星儿更亮！如果无数个在座的我们一起燃烧，那么，教育的沃土上必定是姹紫嫣红、晴空万里！我们的教育生活会因燃烧而幸福完整！

第十节　让感恩之花在小学生中绽放

摘　要： 感恩教育是德育的一个重要组成部分，要从认知层面、情感层面、实践层面，通过行之有效的措施对小学生进行识恩、知恩、感恩的教育，使小学生知恩于心，报恩于行。学会感恩就等于架起了做人的支点，懂得了人生的真谛，让感恩之花在小学生中绽放！

关键词： 感恩教育　必要性　实施策略

当今感恩意识的缺失已是普遍现象，现在的一些小学生根本不懂得珍惜幸福生活，他们对父母之恩，熟视无睹、麻木不仁、贪得无厌、甚至以怨报德，唯独知恩图报的人少之又少，他们普遍患有"情感冷漠症"，感恩意识薄弱。感恩教育是德育的一个重要组成部分，要从认知层面、情感层面、实践层面，通过行之有效的措施对小学生进行识恩、知恩、感恩的教育，使小学生知恩于心，报恩于行。

一、认识感恩教育的必要性

1.小学感恩教育的实施是德育新课程改革的必然要求

当前，感恩教育已经成为小学德育课程的基本内容之一，在新的德育课程设置中，如热爱生命、自尊自信、乐观向上、意志坚强；亲近自然、爱护环境、勤俭节约、珍惜资源；孝敬父母、尊重他人、乐于助人、诚实守信等，都蕴含了丰富的感恩教育内容——要求学生拥有对父母、对他人、对自然、对一切生命的感恩情怀，这就必须对学生进行有效的感恩教育。

2.感恩教育是弘扬我国传统美德的重要手段

中华民族是一个非常重视感恩与报恩的民族，但在中国走向现代化的过程中，感恩文化受到了严重的冲击，甚至出现了巨大的文化断层。面对蜂拥而至的现代文明，人们对物质欲望无限追求，更显露出我们在传统道德传承上的缺失。感恩教育是弥合传统文化与现代文化裂痕的工具，是弘扬我国传统美德的重要途径。

3.感恩教育是构建和谐社会的重要基础

对小学生感恩教育的实施是构建和谐社会的根本，感恩情怀是现代社会公民的起码素质，只有每个人从小就接受感恩教育，为感恩情感的养成、感恩价值观和世界观的形成打下坚实的基础，才能使个人成为和谐的个人，进而构建和谐家庭、和谐社会。

4.感恩教育是促使学生形成健康心理的重要途径

感恩教育能充实小学生心灵世界、提升小学生人格修养、促进小学生心理健康发展。

二、明确感恩教育的内容

什么是感恩教育？陶志琼博士提出："感恩教育是教育者运用一定的教育方法与手段、通过一定的感恩教育内容对受教育者实施的识恩、知恩、感恩、报恩和施恩的人文教育。"我认为，感恩教育就是教育者遵循德育规律，通过有效的方法与手段引导受教育者培养感恩意识，在个人和社会许可的范围内报恩于行的系统活动过程。

感恩教育有"感激父母的养育，感激老师的教诲，感激同学（他人）的帮助，感激自然（环境）的给予，感激祖国（社会）的关爱"五个方面内容，辅之以"感恩生命，学会珍爱；感恩未来，学会憧憬；感恩挫折，学会坚强；感恩机遇，学会把握。"针对以上内容对学生进行行之有效的感恩教育。

三、实施感恩教育的策略

感恩教育应以活动为载体，让小学生从活动中体验感恩，并回归现实生活，从点滴做起，在生活中实践感恩。它要求教师在教育过程中，应做到"以理服人，以情感人，情理交融，感人心灵"，让学生在不知不觉中受到教育，使其知、情、意、行在情理交融中实现自我完善，最终回报生活。

（一）采编感恩教育故事，认识感恩教育

组织学生开展"感恩父母、感恩老师、感恩他人、感恩自然、感恩祖国"等以感恩为主题的采编感恩教育故事活动，以此创设学生抒发情感的舞台，让学生在采编实践活动中接受感恩文化的教育，体悟感恩文化的精髓。通过主题教育活动，帮助孩子们用善感的双眼去发现身边的拥有，并勇敢地用语言将自己的情感表达出来。感恩故事采编这一活动的开展，不仅使学生亲身体验了感恩文化的魅力，也为我们进一步开展感恩教育积累了丰富、翔实的素材。

（二）读感恩故事，造感恩教育之势

通过采编感恩教育故事活动，我们学生的手中虽然积累了大量的感恩资料，但这只是个人的探索成果，只是个人有限的体悟。我们要实施感恩教育，就必须将学生手中已有的分散的感恩教育资源汇聚在一起，大张旗鼓地进行宣传，从而有效地营造一种有利于感恩教育开展的氛围，提升感恩教育的效益。让学生分享资源，利用班会、队会、课外、校外一切可以利用的时间读感恩故事。学生通过读这类文章，从一个个主人公的事迹里得到了心灵的震撼，他们开始反思，他们开始学习，他们开始行动。

（三）感恩在行动，提感恩教育之效

实施感恩教育的最终目的不仅仅是为了知人之恩，而是为了报人之恩，即在引导学生明白家长、教师、社会、自然等有恩于我的道理的基础上，树立良好的"感恩"意识，养成感恩的习惯，具备感恩之心，自觉学会"感恩"方式，促进良好个性品质的养成与发展。因此，我们必须将感恩意识转化为感恩行动，使学生在感恩实践中养成感恩习惯，学会感恩方式。

1. 利用班会、队会、"国旗下讲话"渲染感恩教育。

组织感恩主题班会、队会，通过聆听"国旗下讲话"，让学生受到一次又一次的感恩教育，使同学们感受到感恩教育不是一个人、一个班的事，也不是一个学校的事，而是全社会的事。

2. 结合传统节假日组织开展报恩实践活动。

国庆节、清明节、中秋节、重阳节等传统节日积淀了丰厚的中国传统美德，如尊老敬老、勤劳节俭等。我们利用这些孩子们喜闻乐见的节日活动，结合新时代发展特点、小学生实际需要及发展水平，进一步开发节日教育资源，组织开展报恩实践体验活动，可以有效地让学生在自主实践中强化感恩意识，学会报恩方式，养成感恩习惯。

3. 在日常生活中渗透感恩教育，实施感恩行动。

①常说感恩的话。爱需要表达，就让学生从说做起。当长辈下班回家或干完家务要说"您辛苦了"，当长辈为自己辅导功课，做饭或做其他的事要说"谢谢"。子女向父母长辈常问好，讲礼貌，做父母长辈的看在眼里，就会喜在心里。

②指导孩子做感恩的事。利用有特定意义的节日，如重阳节、教师节、母亲节等，创设各种情境，鼓励学生完成感恩作业，如给父母

端一杯热茶、洗一次脚、做一次家务，给老师亲手制作一份贺卡，给别人一个微笑，随手捡起一片纸屑。让孩子在施恩、报恩中体会给予的快乐，让学生从感恩作业中学会关心父母、老师，体验生活，学会感恩，懂得报恩。

③鼓励孩子做推广感恩的小使者。每位学生在家中实践感恩的同时，要积极广泛地宣传美德。从孝敬自己的长辈进而推广到孝敬其他老人。每人在每学期至少走访慰问一次身边的老人，为老人们做一些力所能及的事，干些家务、聊聊天等，并能积极参加社会公益活动。

④感恩作文人人写。围绕"感恩"主题，要求学生常写感恩作文。经常收集传统美德故事，再结合自己所做的事写下心得体会或记事的作文。从这些作文中，我们看到了孩子们内心多彩的世界，感受到了一片片感恩之心。

（四）做好感恩教育的延伸和拓展

家校联同开展感恩实践活动。家庭是孩子生命的孕育之地，是孩子成长的第一空间；社会是孩子发展的自由空间，是孩子道德品质的熏陶之地。而家庭和社会，则都是孩子良好道德品质和行为习惯养成的实践基地。因此我们的感恩教育要从家庭社会入手，孩子的感恩行动要从家庭社会做起，建联动制度促家庭感恩教育。创造性地开展感恩活动，让学生从身边人、身边事、身边物、身边情中认识和发现身边的真善美、敬重美、升华美、创造美，进而感受实实在在的美德。将感恩教育层层深入，不断扩大其外延和内涵。

情感激发情感，行为孕育行为，你对我感恩，我对你也感恩；你对我友善，我对你也友善。有一颗感恩的心，会使我们的社会多一些宽容与理解，多一些和谐与温暖，多一些真情与团结，让感恩之花在小学生中绽放。让学生从身边人、身边事、身边物、身边情中认识和发现身边的真善美、敬重美、升华美、创造美，进而形成实实在在的感恩美德。

参考文献：

[1]林杰，《感恩教育之我见》，时代教育（教育教学版），2007。

[2]刘斌，《如何开展感恩教育》，2008。

[3]《小学各科教学设计荟萃》，温州市教育教学研究院，2005。

第十一节　如何做好三年级的习作起步教学

步入三年级，学生便面临着"习作"这个既熟悉又陌生的事物。说它熟悉，因为学生们听中高年级的孩子常常提起。说它陌生，是孩子还没真正面对接触它。由于陌生，好多学生对习作有畏惧心理，过渡得不好，学生会对作文丧失兴趣。

如何让学生的作文有个好的起步呢？我认为要做到以下几点融合：

一、口语交际与习作的融合

在低年级，口语交际就是"说"的小习作。而到了三年级习作是要落实到"写"上的，所以如何让"说"变为"写"是很重要的。口语交际其实就是一种情景再现。我在练写小作《王阿姨来访》时，就让学生模拟当时情景，让学生进行表演，在学生切身表演中，事件也变得直观形象，学生写起来就会比较容易，再将这个情景写下来就顺手多了。

二、小故事与作文的融合

孩子都爱听故事，三年级初始作文就是将听到的、看到的、想到的有层次、有条理、通顺连贯地写下来，在编写童话类小作文时，老师可以讲小故事，学生听得专心，笑得开心，讲完后让学生复述，或者续写，学生都会有激情地去做。在习作《找蛾》中，我要求每位同学带来自己心爱的动物玩具，与其他同学组合，让他们聚在一起发挥想象，玩一玩、编一编童话故事。之后讲给其他同学听、老师听。这样，不但学生表演欲得到了满足，而且写作文的兴趣也高涨了起来，最后作文也水到渠成了。

三、课件运用与作文的融合

课件不只是用在语、数、外的教学，作文教学也不能少它。学生作文时要创设一定的情境，让学生发挥想象，从而激发学生表达的欲望。因而在作文前运用电教手段为学生提供形、声、色的感官刺激，使之直观形象化，引导学生看、说、议、想、写，激发学生的写作兴趣。有一次，教学生写观后感，我结合课文《哪吒闹海》，学完后，我请学生观看了上海美术制片厂的老版动画片《哪吒闹海》，请孩子们观看写一写对此片的感受。动画片很精彩、感人，孩子们看得聚精会神，都随着小哪吒同喜同悲。影片结束了，孩子们还久久不能平静，都想说上几句，不吐不快。我就请孩子们畅所欲言，他们有话可说，那作文还愁无话可写吗？写出的作文也不会空洞、记流水账了。

四、各类活动与作文的融合

孩子们都有强烈的好奇心，精力也旺盛。我为了让孩子们乐于写作，就针对他们这一特点，选一些大家都能做的小制作、小实验、游戏，或课外活动，让大家参与进去，动手做起来，然后让学生结合自己的实践经验，再互相讨论，最后有重点地写下来。这样，学生不但玩得开心了，而且作文有内容写了，对写作文也不会那么惧怕了。

五、课外阅读与作文的融合

语文教学很注重词汇的积累，其实作文更需要积累，要鼓励学生去阅读各类适合他们的书籍，如儿童方面的各类故事、名家小说、小学生作文集、作文报。这些可以弥补他们一些不能亲历的不足。如果学生注意摘记、记忆，那他会在作文中有意无意地运用进去，那作文不就更精彩吗？

六、用心观察与习作的融合

习作教学中，要鼓励学生做生活的有心人，用心观察实践，多渠道、多方面接触新鲜事物，拓宽自己的视野，丰富自己的感性认识，解决"习作"源头的问题。教学工作中曾见到这样一个有趣的现象。在课文《石榴》中有一个小练笔：仿照石榴写一种水果。学生很开心，心想：水果谁没吃过，肯定好写。结果好多同学不是外形描绘有问题，就是水果味道变了。让我看了哭笑不得。最后，我请同学们带来自己要写的水果，大家来讲讲外形，看看颜色，品品味道，说说特点。之后再让他们重写，这才取得较好的结果。事实证明，丰富的感性认识对习作将产生很大的影响，不能让学生没有根据地去想象。

七、肯定激励与作文的融合

我国著名的童话大王郑渊洁曾说过：要把孩子往死里夸。老师不要吝啬自己的表扬。小学生的内心对获得成功并得到别人的肯定与表扬是很渴望的。如果得到了，内心就会产生动力，对所做的事就会更加关心，想继续做下去，希望提高自己。因此我们的习作讲评要尽可能利用一切机会激励学生，抓住闪光点，肯定学生的点滴进步，从而给予他们更多的成功体验。所以我在平时注意在班中宣读好作文，开展优秀作文展，鼓励学生积极去投稿，展示才华。用一切可能去激发学生的写作兴趣。让学生觉得写作没有什么困难与神秘，而是一件快乐的事。

八、多写多练与作文的融合

俗话说："曲不离口，拳不离手。"任何一种技巧、能力的形成，都必须经过大量的练习，学生要熟练掌握语言文字这个工具，形成读写能力，也必须经过训练。我班有位小女孩每一次习作都写得生动有趣、有滋有味，大部分同学都不如她。后来我了解到，她除了爱看书外，还坚持写日记、小作。我要求班中其他同学与她展开竞赛，记日记，如果不能坚持下去，也可将身边有趣的、印象深刻的事和物记下来。为了让孩子们有兴趣写，我对写的同学的作品及时批改，及时鼓励与奖励，如：奖励一些学习用品、给予"习作小能手"的称号……让学生由被动变为主动。

小学习作教学既对学生进行语言文字表达能力的训练，又为全面提高学生素质打好基础。切实提高小学习作教学的质量，对培养和造就一代新人，提高中华民族素质，具有十分重大的意义。由此可见，习作教学在教学工作中是至关重要的一个环节，而如何进行习作指导就显得尤为关键。如何指导学生，使他们心中有话可说，笔下写得出话，是每位教师习作教学中应该把握的重点。只有在充分体现学生主体地位，放弃教师单纯地讲与授的情况下，才能达到习作目的，提高习作质量。

第十二节　让培养学生习惯成为每位师者的习惯

一个星期六的早晨，一阵急促的电话铃把我惊醒："老师，有件事要麻烦您，您能不能和你们班的刘梦阳同学商量商量，把那本《地球探秘》的下部借我家王力读一天呢？就一天。"原来，我班藏书300多册的图书柜中有一套《地球探秘》，王力只读了上部，下部让刘梦阳借去了，书没读完，王力电视也看不进去，也不出去玩，家长给我打电话协调。我笑了，对王力的家长说："孩子爱读书不错，刘梦阳只是周末借去读，星期一我一定留给王力，他借的《奔跑的青春》也不错，让他先读吧，说不定有意外收获呢。"我的话让家长放了心，他再三叮咛，让我星期一一定要把那本书留给王力。挂了电话，我的心情久久不能平静。这三年多来，和孩子们一起走过的路、读过的书、发生过的事，如晨曦中晶莹的露珠闪着透亮的光泽，让我的心情在这个明媚芳香的清晨也格外安谧幸福。

其实，这三年多来，我和孩子们之间印象最深、话题最多的事情还是那些与书相伴的日子。每天早晨，迎着朝阳，我和孩子们手捧经典古诗文，或独诵，或群读，或对吟，朗朗有声，开始时孩子们懵懂生涩，到后来能融会贯通、运用自如，他们身上也渐渐流露出越来越多儒雅上进的气质。孩子们在变，我在喜，尤其是课堂交流讨论，他们引经据典、侃侃而谈时，我总喜欢静静地注视他们，不忍心打断他们思想的激流，那时，我觉得自己真像一个花匠，河两岸都是春，那种静待花开的甜蜜与幸福唯有陪伴与经历方可体验；每天中午，安静清爽的教室里，我和孩子们共同手捧美文，祥和而安谧，津津有味，偶尔抬头，目光相遇，彼此心有灵犀，继而又沉浸在各自的心灵世界，这一刻，你会觉得时光仿佛定格，唯有看到文字拨动心弦时泛起的细小涟漪；每周五下午的师生读书沙龙上，孩子们个个口若悬河，为一个观点争论不休，我常常欲言无从开口，纵使有再多的高深见解也抢不到机会，只能在关键时刻充当他们的裁判……日子就在这样的平淡中悄悄溜走，就在这样的与书相伴中溜走，正是这些层层绵绵的书卷让我的孩子们日益耀眼而光华。苏霍姆林斯基说过："无限相信书的力量，是我的教育信仰的真谛之一。"如果说，一位好老师，只需将一门特长真传给学生，那么，我想，我只毫无保留地教会了他们阅读！

其实，相比于孔子"韦编三绝"的勤奋努力、周恩来"为中华之崛起而读书"的伟大志向、高尔基火中救书的感人故事，我和我的孩子们的读书故事是那么平淡无奇，但我们深深地喜欢这书香弥漫的平淡。因为，只有在这种平淡中，我们才有心境聆听世间诸多的天籁之音，花开、蝉鸣、鸟语、风声、鹤唳……以及世间一切的呐喊、哭泣、欢呼……我们的听觉、嗅觉、味觉、知觉，才得以灵敏而生动，继而生命也勃发多彩，不是吗？

继而我又陷入了深深的思考，教育者最根本的使命是培养学生终身的好习惯，因而，让培养学生好习惯成为每位师者终身的习惯，我们每一位师者都应该践行遵守。

第十三节　交互式电子白板的全新教学体验

摘　要：随着科技的发展，课堂教学也逐渐地在多媒体技术的辅助下从局限的课内教学资源中真正解脱出来，使学生坐在学校内就能领略知识的神秘性，真正实现在丰富多彩的知识世界中徜徉的梦想。而交互式电子白板又为课堂教学注入了新鲜的血液，使得教师也经历着从黑板到交互白板的历史演进。本文主要介绍在课堂教学过程中运用交互白板这一新技术的全新体验。

关键词：电子白板交互式　课堂教学　师生互动

近年来，信息技术在小学教学中的运用已经非常普遍，各种电化教学手段走进课堂，确实辅助了我们的教学，代替了原始的一支粉笔进课堂的状况，使得我们的教学课堂变得有声有色。但是随着人们对效果的要求越来越高，好多效果利用原来的手段已经无法解决，课堂也因此又显得呆板。

我们的新教学楼建成后，教室里安装了交互式电子白板，作为一种功能强大的高科技教学工具，电子白板技术将传统的黑板、投影仪、电脑整合在一起，为信息技术与各学科的整合搭建了良好的平台。解决了传统黑板和投影演示功能难以相互结合的矛盾，丰富了课堂教学，提高了课堂教学效率。

一、巧用聚光灯，聚焦学生注意力

生字教学是语文教学中比较乏味、比较枯燥难以掌握的环节。"黑板＋粉笔"很难调动起学生的学习积极性，电子白板较好地解决了让学生乐于认识生字、乐于书写生字的问题。我在认读生字环节中结合了电子白板的幕布和聚光灯功能，将电子白板连接到PC，并利用投影机将PC上的内容投影到电子白板屏幕上。同时，用手指就可操作电子白板，在电子白板上书写的内容在PC上同步显示，构造成一个大屏幕、交互式的教学环境。在授课过程中不但可以书写勾画，还可以对书写内容执行拖拽、放大、旋转、擦除、遮罩等动作。随机出示词语，较好地吸引了学生的注意力，学生争着起来读生字，争着做老师。这样游戏式的教学不仅具有趣味性，还能在最短的时间内把学生的注意力带回课堂。

二、巧用资源链接，让课堂变得生动活泼

利用交互电子白板，可以灵活地把自己上课需要用到的各种教学资源（包括文字、图片、动画或课件等）保存到交互电子白板的资源库或放在计算机上随机调用。调用时，教师只需"点击"或"拖动"，摆脱了使用PowerPoint和课件的结构化束缚，使课堂教学恢复了"黑板+粉笔"时代的灵活。此外，教师可以根据课堂来灵活调用自己存在电子白板上的资源，不需要受PPT或课件程序的牵制。如在教学《鸟岛》一文时，孩子们对鸟岛的特点：鸟多、鸟蛋多、鸟窝多这"三多"很感兴趣，我把课文连接到视频，并且可对学生感兴趣的画面进行随时定格。当学生看到群鸟齐飞的壮观景象时发出惊叹，我立即定格画面，捕捉瞬间精彩，让学生说说眼前的所见所感，加深了学生的感性认识，也为学生理解课文打下了基础。在理解"筑巢安家，养育后代"时，我没有过多讲解、花费口舌，直接利用白板播放视频，学生一看就明白，这也符合低年级学生直观形象这个思维特点。

三、巧用批注功能，彰显教学重难点

交互式电子白板提供的多种性能的书写笔方便了教师教学时对关键词句进行圈、点、画和一些简单的书写。这样既能对学生进行重点词句的教学指导，又能示范如何进行边读边圈画或批注，引导学生掌握一些读书的方法。如教学《葡萄沟》一文时，让学生将课文中写葡

萄颜色多的词用"____"画出来，然后随机反馈。教师只要事先把段落输入电脑，然后课上让学生用书写笔直接在白板上画出。学生交流答案时，教师可用书写笔直接在白板上显示的段落中以各种颜色的笔画出正确答案供学生学习，这样的教学更具有可操作性和实效性，促进了学生主动学习，使学生也产生一种渴望学习的冲动。

四、巧用情景随机设置，可很好地吸引学生

运用随机设置功能可使语文教学过程呈现出情景交融、形声并茂、生动活泼的美景，不仅为学生提供认知的感知材料，而且可以在学习中的疑难之处，再现情境，启发学生对表象进行分析、综合、概括，使其思维向深层发展，给课堂注入了新的活力，把学生的兴趣激发出来。如学习《大海之夜》一文时，我借助多媒体让学生感受潮来时浪涌岸滩的声音，让学生感受月夜潮水浩浩荡荡的壮丽之美。通过创设视听情境，调动了学生的视听感官，激发学生的学习兴趣和求知欲望，代替枯燥乏味的口授，营造了学生主动学习的良好氛围，使师生仿佛身临其境，效果自然事半功倍。

情景教学也可以促进学生的探究性学习，充分发挥学生的自主性。比如《富饶的西沙群岛》一文介绍了海底世界的奇异景色和丰富物产，学生对"海底世界"非常感兴趣，很想了解书中所描写的海底动物——靠肌肉伸缩爬行的海参，一小时能游几十公里的梭子鱼等，可是书本上只有一小部分图片，老师也没有条件带孩子到海洋水族馆去上现场课，我便在课堂上利用视频资料展示海底世界的奇异景象，大大提高孩子学习的积极性。

五、巧用储存功能，再现关键环节

在语文字词教学课上，教师经常要对学生的书写笔顺进行检查和纠正，由于学生在黑板上写字，身体往往挡住了书写的字，其他的学生无法判断其书写笔顺正确与否，经常是由教师纠正他错在了哪里。

有了交互电子白板，可以使用"回放"功能，让师生清楚地知道其书写笔顺的正确与否。在语文阅读教学中，教师经常要指导学生有感情地朗读，这时，只要我们运用交互电子白板的"录制"功能，就可以把学生的朗读录下来，然后由学生自己从中发现问题，矫正读音，并进行情感的处理。

总之，在语文教学中，电子白板课魅力毕现、活力四射，令师生精神亢奋、喜形于色，感受到与传统课堂迥然不同的境界。电子白板教学以其"万物于眼前，观古今于须臾"的特质，为师生提供了一个优秀的教育平台，使丰富的主题资源在课堂教学中充分地发挥其应有的效能，让课堂教学更加生动精彩。同时也让学生积极地参与到教学当中，提高了他们学习的自主性和积极性，使教学达到最优化，取得理想的教学效果，达到了事半功倍的效果，开辟了语文学科有效教学的新天地。

参考文献：

[1] 皮连生，《教育心理学》。

[2] 交互白板在小学语文教学中的实践与思考。

[3] 语文课程标准解读：实验稿。

第十四节　让习惯成为成绩的排头兵

有人认为教师要教授的是知识，也有人认为是教会学生学会学习的方法。知识的海洋是无边无际的，我认为教给学生有限的知识，不如教给学生如何获取知识的"点金术"。那就是要教会学生学会学习，培养学生的学习习惯，为学生终生的发展奠基，使学生终生也不会出现知识"干涸的境地"，这才是学生终身受益的"知识"。良好的学习习惯对于学生的成长来说，是十分重要的。如何培养和养成良好的学习习惯呢？在几年的教学实践中，经过不断地反思，我认识到，培养学生良好的习惯，是一项长期的、细致的工作。经过一系列的摸索，我也总结出一些经验和方法。

学生在学校，不仅要学习科学文化知识，更要进行能力的培养、良好行为习惯的养成。素质教育体现了学生以人为本，注重情感教育的思想。但我们现行的教育思想却忽视了这一点，以至我们的学生仍旧是拼命读书，听从老师教诲，其他都不重要。因此，我们的学生在学校里，听老师话；在家里，听父母话。不管什么事，只有老师说了才肯做，只有老师讲了才肯听，没有主动性，没有自觉性。

许多学生在学校里常常犯错，违反纪律，还有些同学没有卫生习惯，随地乱扔垃圾，如此种种现象，每个学校都有。而只有当老师提出来了，批评了，教育了，他们才会意识到，才会改正。然而一转身，他们又会照旧。我们不能只怪学生，不能等到学生违反了，才去教育。但老师也不可能每天对着学生苦口婆心地教育，或者采用惩罚的手段，毕竟这是治标不治本的。如何能让学生能够意识到，能够养成良好的行为习惯，能够不需要老师教育，就能自律呢？

在几年的教育工作中，我发现小学生主动性、自觉性较差。一开始，我常采用惩罚措施，如罚抄书、罚扫地、罚跑步等。但效果总是不好，违反纪律的同学还是照样违反纪律，乱扔垃圾的同学还是乱扔垃圾。怎么办呢？难道我们教育就是靠老师来看管，靠班干部监督吗？我想到素质教育，要以人为本，应该多采用鼓励、肯定的方式来教育学生，培养学生自觉、主动的行为习惯和行为能力。

根据每个学龄阶段小学生的特点，我尝试着用不同的方式去培养学生良好的自觉行为习惯。

一、低年级学生，通过各种竞赛活动，进行初步培养

低年级的学生，最缺乏自觉性，很多事情能不能做，都没有意识。作业时常不做或忘记带回家；废纸到处乱扔，自己的课桌下面就像垃圾堆，不管什么，没用就扔；教室里追逐打闹，今天你头出血，明天他手擦破皮。当班主任的最头痛，不管怎么说都没用，上课讲了，下

课就又在教室里跑了。但他们也有自身的特点，就是有好胜心理，也爱挑别人的毛病。我们正好可以利用这些让他们形成自律。

有一次，我买来一包小红星，又在墙上最显眼的地方布置了一块"比比谁最棒"的荣誉角。课堂上，我把要求告诉学生们："小朋友们，你们都很棒！但老师不知道，哪个小朋友是最棒的。不如我们来比比看，究竟是谁最棒。老师这里有一些小红星，你们想要吗？但不是每个人都可以得到，只有达到老师要求的小朋友，才能得到小红星。"

这样就充分调动了学生的积极性，然后你可以布置任务和要求。但刚开始，要求不能过高，从浅入深，逐步提高。同时要让学生之间进行相互督促，既可以帮助别人改正，也可以提醒自己。

每次利用班会课，总结学生们一周来的表现情况，指出缺点，对表现好的同学进行表扬，同时分发小红星。老师不要吝啬自己的赞语，也不要吝啬小红星，只要有肯定之处，都可以得到，这样更能提高他们的参与积极性。小红星可以让学生自己贴到荣誉角上去，这样更能增强学生的荣誉感和自豪感。

经过一段时间的尝试，发现学生的行为都有明显提高，很多事情无需老师督促，学生之间便会相互指出，然后加以改正。

二、中年级学生，利用"天天行为规范"，培养自觉自律的品质

中段年级小学生渐渐地有了自我意识，开始会主动思考，判断是非对错。哪些事能做，哪些事不能做，在他们的大脑里会开始比较，但出发点大多考虑到老师的批评、同学的指责。他们所想到的还比较片面，有时还不够成熟，自律能力还不够强。此时应当加强他们的行为规范。根据学生行为习惯养成的需要，利用班会课通过学生提议、老师完善，共同制订了二十条"天天行为规范"，同时开展"给自己打分"活动。每个学生都有一张，要求每个同学每天看一边，每天督促自己按"天天行为规范"要求努力做到。教室的门上贴着"给自己

打分"表，每个同学每天放学时根据"天天行为规范"，给自己打分（违反一条行为扣5分，做了一件好事可以另加10分）。每周班会课反馈，算出一周得分情况，进行评价。打分表同时也是期末评三好生和各项积极分子的重要依据。这样，学生每天都有了行为准则，学生的自觉性、主动性便提高了。经过几个月的实践，许多学生每天都能达到100分，而且经常超过100分。每位学生都能自觉地遵守学校的规章制度，养成了良好的行为习惯。看到水龙头没拧紧，他们便会主动上前拧紧；看到地面上有纸屑，他们能主动拾起来；看到小同学摔倒了，他们会主动上前将他扶起。习惯成自然，好的习惯能使学生受用一生，也能使老师教育管理更加轻松。

三、高年级学生，利用荣誉，增强自身使命感

高年级小学生，已基本上由他律转为自律。此时，老师会发现他们越来越难管，也越来越难沟通。他们似乎已经习惯于学校的条条框框，习惯于老师的唠叨不休。对于行为习惯，他们很少违反，但也不会主动，看到不好的现象也常常事不关己，高高挂起。

对于高段学生，一味说教不行，采用比赛也无法调动他们的积极性。怎么办呢？我采用多种方法结合。学校的四项竞赛，积极争先，拿出榜样作用。同时班级里开展"班级荣誉，我的责任"活动，以加强每个学生的班级荣誉感，同时把所有责任让每个学生承担。

有了责任，才有动力，才会严格要求自己，才能养成自我良好的行为习惯。在教学中，学生行为习惯的好坏，对于教育任务的完成、对于学生的发展都有重大的影响。因此，对于每位教育工作者来说，我们不能只重学生的学业成绩，而忽视学生良好行为习惯的养成。

有人说：习惯的力量是巨大的，人一旦养成一个习惯，就会不自觉地在这个轨道上运行。如果是好习惯，则会终身受益；反之，就会误人终生。良好学习习惯的养成不是一蹴而就的事情，必须经过长期的强化训练逐步形成，需要长期坚持并且不懈地努力，才能把心目中

的梦想变为现实。

第十五节　低年级学生倾听习惯培养之我见

我们平时课堂教学中经常会有这种情景，当老师提出一个问题时，孩子们就焦急地说："老师，我……老师，我……"这种看似活跃的课堂，其实效果如何呢？我想各位同仁心中一清二楚。他们只顾自己表达，而没有人倾听别人的发言，还有的学生，老师在上面讲，他在下面做自己的事情，沉浸在自己的幻想中，其实这就是学生倾听习惯差的表现。

课堂上轻松愉悦的氛围，虽然能让孩子们大胆发表自己的见解，展现自我，符合新课程的理念，但在活跃的课堂里，学生光有表达是远远不够的，如何倾听别人的意见也是一种重要的学习技能。学生在课堂上认真倾听老师的讲话、倾听同学的发言，才能保证课堂活动有效地进行，做到活跃而不失有序。那么，对低年级的学生该如何培养和指导他们学会倾听呢？

一、激发学生的学习兴趣，提高学生学会倾听的意识

刚入学的孩子随意性强，往往只对自己感兴趣的事物能集中注意力听，因此，我们在课堂上要多创设一些有效的学习情境，多根据教学内容设计一些游戏或把教学内容穿插在情境中，把每节课都上得生动活泼，孩子们又怎么会跑神呢？这应是培养学生倾听的第一步，也是前提条件，否则，在无趣的课堂上学生是不会做到主动倾听的。所以，在具体教学中，我注意教学形式的多样化与直观性，尽量利用课件、多媒体等现代化设备和教具、学具以吸引学生的注意力，这样学生在课上就不容易"走神"，而把精力全部投入学习中去。久而久之，就容易形成上课认真听讲的良好习惯。比如：在教学《认识角》时，我出示了一个充满儿童情趣的卡通猫样的图片，上面写着"角娃娃"三

个艺术字，其中"角"字特别大，而且用抢眼的红色，"娃娃"两个字相对较小，而且飘着淡淡的绿色。图片是美的，学生的呼喊是惊奇的，在他们的呼喊中课题就自然揭示了。一个卡通的"角娃娃"图片的引入，吸引了学生的注意，激发了学生的学习兴趣，使课堂立刻显得生动活泼，为后面的教学打下了基础。只有学生的学习兴趣被激发了，学生才能兴趣盎然地投入学习中，才能主动倾听教师的讲解。

二、积极引导培养学生认真倾听同学发言的习惯

刚开学时，我在课堂上提一个问题后，有的小朋友一心想表现自己，边举手边不停地喊："老师，我……老师，我……"有些小朋友左顾右盼，好像人家发言和他没有什么关系，还有的甚至跟同学交头接耳。针对这一情况，我要求孩子们听同学发言时，眼睛一定要看着对方，以此帮助学生集中注意力，认真倾听。要让学生明白听别人讲话，不是只听"热闹"，而是带着问题去听。听清别人的想法与自己的相同或不同之处，然后让学生以"我对他的发言做出补充……""我不同意他的意见，我是这样想的……"等句式开始发表自己的意见。另外，在课堂上，每次有同学发言时，我就请其他小朋友做小评委，对同学的发言进行评价。可是毕竟是低年级学生，难免会有同学不认真听，每当这种情况出现时，我就示意发言的同学停一下，并说："××同学听得最认真了！我们再比比谁听得最认真！""仔细听，他的说法跟你是不是一样。"或者请不认真听的小朋友来复述一下同学的发言。通过多次及时的提醒与交流评价，学生逐渐养成了认真倾听同学发言的好习惯。

三、在课堂上要多使用激励性语言，培养学生认真倾听教师讲课的习惯

低年级的小朋友都比较好强，都想使自己成为老师心目中的好孩子。因此，在课堂上，身为老师的我从来不吝啬对学生的表扬，对于

能做到认真倾听的学生给予及时的鼓励，对于不能做到认真倾听的孩子给予恰当的引导，让学生能够品尝到成功的喜悦，获得成功的满足感。如"你听得最认真，这可是尊重别人的表现呀！""你把他的优点学来了，说明你很会听啊！""你帮同学改正了错误，真了不起！""你听出了他的不足，可真帮了他的大忙！""你看这位同学的眼睛一直看着老师，他听讲多认真啊。""这位小朋友的发言真是精彩极了，比老师的想法还要多，还要好！"当学生克服了学习上的困难时，老师及时评价："你勇于向困难挑战，是个勇敢的孩子。"针对合作学习老师随机评价："你们小组可真棒，想的办法最多。"这些富有感染力的语言拉近了师生之间的距离，营造了民主、和谐的课堂氛围，使课堂呈现出活泼、热烈的气氛，学生倾听别人发言的劲头更足了。

　　我班学生米×，长得虎头虎脑，同学们都说他是一个"调皮大王"，家庭作业从来不写，学习成绩不稳定，语数考试忽高忽低，家长直摇头，我有时也在想：顺其自然吧！但是一个多么可爱的孩子，小小的年纪，就这样放弃了，作为一名有责任心的教师，我不忍心。于是，我仔细观察他的一举一动，发现这个孩子上课不遵守纪律，坐不了几分钟就动桌椅、摇头晃脑，影响别人上课；课余时间欺负其他同学；书写很不认真。家访后，我得知，他的爸爸妈妈经常忙于生意，在家没人管，所以孩子养成做事不认真的习惯，听说在家书包一放就不见人或者撒谎说老师没有布置家庭作业。但该同学头脑聪明、精力充沛，也有获得成功的潜力。如有时他表现好了或是认真做对了一道题，只要老师及时表扬鼓励，他就会在较长的时间里表现良好。对这样的学生老师需要倾注爱心、关心和耐心。从点滴的行为习惯入手，多关心他的学习与生活，耐心纠正他的不良行为，时时关心、时时指点，有进步就表扬、鼓励。平时课堂上稍有一点进步，我就笑着对他说："好好表现，你很优秀，这样下去老师会更喜欢你的！"他会用信任的目光看着我；作业的字写得工整时，我会摸摸他的小脑袋对他说："你又进步了，好好努力，老师相信你会很棒。"并在作业上写上一些鼓励的话或者是奖励一朵小红花，他又会展开花儿一样的笑容。渐渐地，米×同学像变了个人似的，上课能善于倾听了、精力集中了，同学们也都愿意和他交流合作了。学习成绩也突飞猛进，这是老师和家长都期盼的。

四、利用教学技巧，规范学习行为

每个班级都是由一个个活跃的因素——学生组成的，我们不是要教出千篇一律的学生，但各种各样思维来自"听"，只有学会了"倾听"才能内化为学生个体的思维。所以教师要在课堂内组织必要的听课形式，逐渐形成班级听课习惯。如用对口令的形式：老师说"小耳朵"，学生答"仔细听"；"一二三——快坐好""一二三——小手小手快放好"等。

五、利用各种渠道及时对学生进行情感教育，使倾听成为一种学习方式

在课堂上，针对学生在倾听方面不好的现象，我就引导学生：一个爱发言的学生是乐于思考的好学生，但是一个乐于倾听的学生更是一个有品德的好学生，老师会更喜欢。发言是参与了学习的过程，倾听更是参与了学习的过程。我也告诉学生：如果你和别人抢着说或是打断别人的话，或者嘲笑别人的发言，是对别人的不尊重，也是不礼貌的行为。同时引导学生进行换位思考：假如在你讲话时，被别人打断，你会怎么想？让学生设身处地为发言者着想，尊重发言者。要求学生能控制自己的激动情绪，即使对他人的发言有意见，也得等别人把话讲完以后再发表，这样既可以尽量满足孩子们的表达欲望，又力求让学生都能发表自己的见解。并利用班队会对于在倾听方面表现出色的和有进步的学生及时进行奖评。同时我也和家长联系，取得家长配合，共同做好学生的思想工作。

总之，教师有意识地对学生进行倾听习惯的培养，学生在认真倾听这方面才会有很大的提高，当学生慢慢感受到倾听的魅力、感受到倾听带给自己的快乐时，我们的课堂就不仅有活跃、热烈的讨论和争论，也会有静静的倾听和思考。学会倾听，会使我们的学生真正成为学习的主人。

第十六节　小学语文教学中培养预习习惯的重要性

我国著名的教育家叶圣陶先生曾深刻指出："什么是教育？简单一句话，就是要养成良好的习惯。"良好的行为习惯是决定一个学生未来成功的基础和保障，为后继学习打好基础，为孩子的发展打亮底色，学习习惯的培养尤为重要。如：课前预习的习惯。课前预习被称为"世界八大黄金学习方法之一"，是一种行之有效的学习方法，激发学生自觉学习的主观能动性，获得课堂学习的主动权，做到有的放矢，它能提高学生学习的效率，优化课堂效能，由此可见，课前预习是非常重要的，其重要性表现在以下三方面。

一、激发学习动机，充分调动学生学习的积极性

兴趣是最好的老师，激发学生学习动机是直接推动学生学习活动的内部动力。在预习过程中，学生带着问题学课文，一种强烈的求知欲驱使他们认真读书，积极思考；在听课的时候，发挥他们的主观能动性，自己解答，获得存在感、成就感，一股强烈的好胜心又促使他们认真听课。例如：在教学《白杨》一文时，学生对"借物喻人"的修辞手法理解有难度。在课前预习时，我要求学生通过查阅资料等方法了解当时的社会环境及白杨的生活环境、白杨的外貌等情况。学生通过课前预习对借物喻人的修辞手法有了了解，课堂上带着这个问题听课，注意力集中，听课目标明确，在讨论与老师讲解中理解这个难题。"你是怎样理解的？"有一个学生说："我把白杨看作人，与

人联系起来，与人的优秀品质联系起来。"其他的学生也说出了不同的看法，我会心地笑了，目的达到了。可见，充分的课前预习能让学生轻易掌握教学的重难点，能让学生充分感受成功的喜悦，既强化了学生学习的动机，又充分调动了学生学习的积极性，激发了学生学习的兴趣。

二、丰富学生的课外知识，拓宽学生的知识面

利用教材中的现有知识进行构点辐射和知识延伸是获取课外知识的有效途径。学生在学校学习的时间相对较短，单靠课堂短短的四十分钟去获取是有限的，而课前预习突破了把教材作为唯一知识来源的束缚，使课程资源的开发、利用变得丰富多彩。在预习过程中学生能根据课文中给出的知识点进行有效的知识延伸，从而获得更多的课外知识，获得知识再生成的机会。例如：在《彩色的非洲》一课中涉及很多有关大自然的知识，如果学生课前预习不充分，教师在课堂上不但要花费大量的时间和精力去给学生解释，而且还会让学生感到枯燥无味。因此，在教学前，我要求学生利用上网、查阅资料等方法了解大自然。在课堂上学生发言积极，有些学生不但完成了老师布置的预习内容，还查阅到很多相关的知识：狮子是草原之王，斑马逐草而居，鬣狗是名副其实的强盗。这样，不但让学生明白处处留心皆学问的道理，而且拓宽学生的阅读视野，从而为学习打下坚实的基础。

三、提高学生的自学能力，发挥主观能动性

如何有效地提高学生的自主学习能力是教师最为值得探究的课题。著名教育大师叶圣陶先生说过："教师之为教，不在全盘授予，而在相机诱导。"记得有位名人也说过："最有价值的知识是关于方法的知识。"确实，对学生来说，读书，不仅仅是学会一些基础知识，更重要的是在学习的过程中学会学习。自主学习是一种最强的学习能力，这种能力的培养需要一个过程，需要老师的指导。在课前，指导

学生进行预习是提高学生自学能力的主要途径。理解新知识需要旧知识作为基础，预习可以使自己发现旧知识结构中的薄弱环节，在上课前不断补充这部分知识，为听课扫清障碍。例如：学生在预习课文时遇到不理解的字词，就可以运用工具书等去解决学习道路上的障碍，配合课堂听课就可以提高学习效率。长期坚持学生的自学能力就会得到提高。

　　总之，预习是学习的一个重要方法、重要环节，是培养学生学习能力、发挥学生主体地位的主要途径。巴金说过："孩子成功教育从培养好习惯开始。"经过长期的"预习习惯"的培养，调动了学生学习的积极性；拓展了学生的视野，拓宽了学生的学习空间；培养了学生学习语文的兴趣，提高了学生的自学能力，有利于孩子成才、成人，会使孩子受益终身。

第十七节　矫正小学生不良行为习惯的几点做法

　　摘　要：矫正不良习惯是形成良好习惯的重要途径。当今，部分小学生的学习习惯、生活习惯、卫生习惯中不良行为的表现较为突出，需要教育工作者在深入了解学生，探明学生产生不良行为的内在因素的基础上，根据儿童心理活动规律和个性、年龄特点采取相应措施进行矫正。

　　关键词：小学生　不良行为习惯　矫正

　　如何有效矫正小学生的不良行为习惯呢？下面我谈几点自己的做法。

一、尊重中传递爱意

　　对学生而言，自尊是无价的。有不良行为习惯的学生由于经常会受到成人、教师的斥责、惩罚和其他同学的耻笑或歧视，一般都比较心虚、敏感，对老师和同学存有戒心和敌意，但他们又很需要教师的谅解和同学的尊重、信任。因此，教师要注意情感的培养，亲近他们，真诚地关心他们，用感人的身边事、身边人教育他们，更要发挥班集体的力量正确对待和热情帮助这些学生。只有当学生体察到教师的善心和善意，体验到集体的温暖，他们才会消除对立情绪，增强对人的信任感，乐于接近教师并且接受教师和同学的帮助，紧闭的心扉才会打开。

二、诱导中点燃激情

有不良行为的学生往往听惯了训斥，学会了检讨或其他应付的办法，所以教师的一般劝说、批评往往收不到理想的效果。如果教师能抓住某些学生感兴趣的事件激起他们的情绪波动，而后给予启发诱导，帮助他们解决存在的问题，这种经历往往会在他们的心灵上留下深刻的印象，成为不良行为习惯转化的拐点。例如，有这样一位同学，因爱拿别人东西经常受到同学们的猜疑和嘲笑，这一次，有个同学的《新华字典》一下子找不到了，大家又怀疑到他身上，他非常不安，因为确实不是他拿的。当我看到这种情形时，没有立即下断语，而是告诉丢字典的同学放学回家后再好好找找。第二天早上，我刚踏进教室门口，那位丢字典的同学低着头，轻声对我说："老师，我的字典在家里找到了。"我听后终于松了口气。为了让这位"丢字典"的同学吸取教训，也为了帮助受到同学怀疑的那位同学树立信心，我建议"丢字典"的同学鼓起勇气向全班同学说明事情的缘由，而后再向被冤枉的同学真诚地说声"对不起"，当这一幕在教室里上演时，教室里迸发出一片掌声，被怀疑的同学眼角湿润了。从此，这位同学拿别人的东西总要事先打个招呼征得对方同意，彻底改掉了爱拿别人东西的习惯。

三、宽容中唤醒自律

在矫正学生不良行为习惯的过程中我们发现，有时，对犯错误的学生一个宽容的提醒眼神、一个宽容的敏感动作、一句宽容的暗示话语远比采用训斥责备的方法管用得多。有这样一位学生，学习习惯很差，每次测试数学成绩超不过 40 分，但这次却意外地考了 65 分，有学生公开向我谏言："成绩是抄同桌的。"此言一出，立即得到绝大多数学生的附和，说实话，我也有点不太相信。当我的目光移到他身上时，看到他涨红着脸欲解释又恐不被人信任的无奈神情时，我没有以怀疑的态度质询他，却对全班学生说："我们的监考是严肃的，考风也是端正的，他遵守了考试纪律，我相信成绩是真实的，不信的话，下一场考试让他单独坐，证明给大家看！"我很自然的一段话使他很感激。

接下去一段时间里，他课上眼神专注了，发言也渐渐地多了，人也精神了很多。转眼到了另一场考试，我给他单独安排了座位，可他依然考合格了。我大声向全班学生宣布这一个消息后，全班同学震惊了。我再次看到他眼中闪烁着感激，我没有就此结束，而是找他交谈："你的进步很大，证明你是有学习潜力的，可为什么大家一开始不相信你呢？"他诚恳地说："我过去学习态度不端正，学得也不扎实，同学们自然不相信我，可自从老师给了我这次机会，为了证明给大家看，我时时暗下决心管自己，自我感觉学习有进步，现在对数学也渐渐有了兴趣，感谢老师对我的信任。"

可见，宽容是师生紧张关系的"润滑剂"，能震撼和洗涤学生的心灵，对唤醒学生的自律意识会产生润物无声的效果。

四、惩罚中激发责任

教育不能远离惩罚，没有惩罚的教育是不完整的教育。惩罚区别于体罚，它是在关爱的前提下对学生的不良行为进行矫正的强制措施，其目的在于帮助学生健康成长。苏联著名教育家苏霍姆林斯基的惩罚就别具一格：罚犯错的学生写作、画画，罚做好事。我们在惩罚学生时不妨学学苏霍姆林斯基，并动用点心智，当学生有不良行为表现时，教师根据学生的动机可一反常态保持缄默，甚至忽视学生，给其心理压力；也可以暂时禁止他们做自己喜欢的事，比如一个星期内不准那些喜欢打乒乓球的学生打乒乓球；还可以采取"自食其果"的方法让学生消除自己不良行为带来的消极影响，如在墙壁上乱写乱画自己擦干净；损坏公物按价赔偿。这样做能使学生学会对自己的行为负责，懂得不约束自己的不良行为是会害自己的，甚至还要付出代价。学生一旦有了对自己惩罚的经历，他们才能对教训记得住、想得深，才能对不良习惯有警觉，改得快。

五、赏识中有的放矢

赏识有不良行为习惯的学生身上的可爱之处，发现孩子的"兴奋点"，认准矫正不良行为习惯的"最近发展区"，就能找到矫正的突破口。好孩子是夸出来的，教师能捕捉学生身上转瞬即逝的"闪光点"及时予以表扬就能迅速拉近师生距离，如果再能从正面出发积极扩大战果，创设情境，让犯错误的孩子有所作为，伴随而生一场积极的心理体验，去淡化和排除其消极体验，学生就能放下包袱，行为回归到规范的轨道。

当然，初步的矫正与良好习惯的养成尚有一段路要走，小学生自制力和持久性差，不良习惯往往会反复发作，这就需要教师有股恒心，有股韧劲，巧妙利用家校的合力，针对小学生的个性特点采用灵活多样的教育措施，在不良习惯的反复发作中着力矫正。如在班上建立《学生进步记录》；学校和家庭间实现教师和家长"短信通"；教师向家长写《表扬信》等方法都能有效遏制学生不良行为的发作，促成良好行为习惯的养成。

第十八节　如何培养低年级学生良好的学习习惯

对学生进行学习习惯的培养，我们不仅要关注培养的目标和内容，更应该重视培养的过程和方式。作为教师必须了解低年级学生的行为特征，研究低年级学生的学习过程和方法，要因材施教，善于引导启发，通过反复训练，才能帮助学生养成良好的学习习惯。尤其应该抓住新生刚入学的黄金时期，用两三个月的时间，对学生进行全面、系统、持之以恒的基本训练。训练的方法应本着"易做省时""简便易行""生动有趣"的原则结合课堂教学和日常的教育活动进行，千万不要急于求成，把孩子搞得像是在受罪。我在教学中主要是按照"认知指导""榜样示范""行为演练""适时激励"的步骤进行课堂常规的训练。

一、认知指导，培养学生良好习惯从点滴做起

低年级学生模仿性强，可塑性大，辨别是非能力差。因此，这就需要教师瞄准时机对学生进行适时适度的期望表达，教会学生应该怎样做，并使他们明白简单的道理，从而调动他们积极主动地、自觉地按照老师提出的要求去做，逐步养成良好的学习习惯。不要等学生出现了不良习惯时再费九牛二虎之力去纠正，因为对习惯来说，培养正确习惯总比纠正不良习惯容易得多。

在教学中，我经常根据低年级学生的心理特点，采用他们喜闻乐见的歌谣形式表达老师对他们的期望，对他们进行认知指导，使他们自觉愉快地朝着我期望的方向去努力。

例如：可以把《低年级学生课堂常规》以儿歌的形式写于墙报中，教师教学生背诵，并逐字逐句地给学生讲解示范，指导学生练习，使学生在浓厚的兴趣中，轻松愉快地记住了常规的要求。

如：上课铃响，立即进课堂，双唇紧紧闭，双脚平平放。身体直直坐，眼睛向前望。回答问题先站好，声音甜又亮。手不动脚不晃，比一比谁最棒。走，教室里，轻轻走，走廊上，慢慢走，转弯口，减速走，上下楼，靠右走。看，眼睛眼睛很重要，学习本领少不了。老师讲课看老师，同学发言看同学，看图看书要仔细，边看边想动脑筋。听，老师讲课认真听，同学回答仔细听。边听边想动脑筋，认认真真学本领。举手，眼睛是架照相机，耳朵是台录音机，小手就是遥控器，发言之前举起你。发言，嘴巴是个小喇叭，开口大声说着话。

在讲课过程中，如果有几个孩子忘了常规的要求，手上玩东西，两脚乱晃，我只要打着手势，有节奏地说一句"双脚平平放"，全班学生就会有节奏地附和："两眼向前望"，并立即坐好。或者说："一二三，快坐好。"避免了点名批评对学生造成的伤害，也节约了宝贵的教学时间。《常规歌》的使用，一定要适时、适度。还要注意有节奏，最后一个字必须上扬，如果平平淡淡、无精打采地背诵就没意义了。

对学生的认知指导，也不能全用儿歌，"讲故事，说道理"的方法也不错。小学生本来就喜欢听故事，在教学过程中我便会把一些有教育意义的小故事讲给学生听，效果也很不错。

讲解格言警句、名人名言也是对孩子进行认知指导的好方法。我经常对孩子说的名人名言有："学习如逆水行舟，不进则退""学好三年，学坏三天""语言是心灵的镜子，什么样的人说什么样的话"。

二、榜样示范，让学生潜移默化接受好习惯

培养学生良好习惯的最佳方式就是为学生提供榜样，让学生模仿。低年级学生最肯以他所尊敬、佩服的人的一言一行为模仿榜样，因而榜样对学生具有很强的说服力和感染力。在日常工作中，教师一方面要规范自己的一言一行、一举一动，必须事事处处以身作则，做学生的表率。以自己的行动潜移默化地影响学生，如要求学生做作业要严

肃认真、一丝不苟，教师自己的板书就应该工工整整，否则学生就不听你的。

另一方面要大量发现学生中的佼佼者，树立榜样。可以用设立"声音洪亮小标兵""作业迅速小标兵""书写规范小标兵"，给他们戴上小红花、上光荣榜等措施，发现学生的优点，具体细致地指出他们的长处，促使这些同学更加努力，保持自己的优势，并使其他同学察觉到自己和榜样的相似性与差距，从而更用心地观察学习。目前，我用得最多的就是小红旗、小红花。不管使用什么方法作为奖励，激励性的语言都要跟上，奖励要有针对性，特别要注意到教学中的盲区。如：对于经常违纪的学生，可以说："你改正缺点特别快，老师奖你一朵小红花"；对于坐在教师后面，老师不容易照顾的学生，可以说："后面的同学，离老师最远，但听讲一点也不差，老师奖你们每人一朵小红花"；对很少发言，但偶尔表现特别好的学生，可以说："你不但问题回答得好，而且声音洪亮、口齿清楚，老师奖你一个声音洪亮小红旗"等。还可以经常向学生介绍一些科学家、艺术家、伟人和古人是怎样学习的，以及他们有什么良好的学习习惯等，促使学生从小做起，树立心中的人生航标。

三、创造机会，让学生持之以恒练好习惯

习惯是练出来的，不是说出来的，一种好的习惯不是一朝一夕就能养成的。根据科学家的研究，一个好习惯的养成需要21天，当然这只是一个平均数。养成的习惯不一样，每个人的认真程度不一样，所用的时间也不一样。因此，我们要培养一个习惯就要长期坚持，决不能三天打鱼，两天晒网，想起来就抓，想不起来就不抓。培养习惯坚持是非常重要的，正如著名教育家恩曼所说："习惯仿佛像一根缆绳，我们每天给它缠上一股新索，要不了多久，它就会变得牢不可破。"

培养学生良好的学习习惯是一项艰巨、细致的工作，不仅要有长期计划、短期目标和持之以恒的精神，更要有"随风潜入夜，润物细

无声"的培养行为。应遵循从不自觉到自觉、从简单重复模仿到有意识训练，进而达到习惯成自然的规律。提出学习要求，这仅是训练的开始，还必须创造机会让学生反复训练，一个一个去落实。例如培养小学生认真阅读课本的习惯，刚入学时，为了培养和集中学生的注意力，可以采取先讲后看书的办法。当学生初步适应了课堂常规，有了一定的自制能力时，可采取讲讲看看与引导学生自己看书相结合的办法。这些办法都要坚持由浅入深、循序渐进，并持之以恒。这样，不仅让学生养成了良好的阅读习惯，而且培养了学生独立思考的能力。同时，也可紧密结合教学过程随时讲评学生的常规遵守情况，使学生在不知不觉中自觉自愿地投入训练活动中去，并对难以形成的习惯进行反复的行为演练。可见，"严格要求，耐心疏导，反复训练"是养成良好习惯的关键。

四、适时激励，让学生在教师的鼓励中不断进步

学生刚入学，好奇、好动、贪玩、自尊心强，不习惯学校生活，特别是独生子女，更是任性、散漫。针对学生的这些特点，可采用多表扬少批评的办法，来鼓励他们一点一滴地进步，激发他们去重复曾经受到表扬的行为，巩固发扬这些优点。

同时，小学生都有强烈的表现欲，所以当他们取得成绩时，特别渴望得到老师的肯定，如果老师能及时发现，并予以表扬、鼓励，学生要求进步的动机就会得到强化，并产生完美感、荣誉感。为了维护这种光辉形象，他们会坚持不懈地做出种种努力，不断约束和规范自己的行为，从而产生积极的良性循环。所以，在日常工作中，我经常用"肯定"激励学生的自尊、自信，用"赞赏"激发学生的自律、自强，从而培养学生成功的习惯。如："你站得像小树一样直""你的声音像播音员一样甜""你的字写得多好呀，如果不涂不改的话，就能得三朵小红花了"（正确、规范、美观）。

对一些差生，教师只能关怀、鼓励、教育他们，不能疏远、打击、

冷淡他们。低年级段学生的成绩差异，并不主要取决于他们智力水平的高低，而往往取决于他们学习习惯的差异。因此，低年级教师要注意从小事中发现学生的细微变化和刚冒出来的不良习惯。一旦发现就竭尽全力将其消灭在萌芽状态中，不给学生重复不良习惯的机会。

另外，在教学中，还要注意培养学生的学习兴趣。例如，充分利用幻灯片和制作色彩鲜艳、富有趣味的教具，并注意演示，经常将所学的知识寓于游戏之中，吸引学生对学习产生兴趣，从而调动学生学习的自觉性，按照教师提出的要求去行动或克服不良习惯，逐步养成良好的习惯。

以上是我在培养低年级学生良好学习习惯中的几点做法，经过一年的坚持，效果是明显的，学生们不管是在学校还是在家里都养成了良好的学习习惯，更可贵的是同学们把这些好的习惯坚持了下来，这让我感到很欣慰。学生有了良好的学习习惯，就可以成为学习的主人，就会主动地去学、主动地去思考、主动地去解决学习中的实际问题，其综合素质也得到了全面的提高。但是，学生良好习惯的养成不是一蹴而就的，而是一个复杂的、渐进的过程。只要老师心中有规范，定期检查与随时抽查相结合，"严"有尺度，"教"有方法，要求一致，就可使学生从小养成良好的学习行为习惯。"冰冻三尺，非一日之寒"，让学生受益终身的"良好学习习惯"的培养是一项长期的、细致的工作，只要坚持不懈，循循善诱，必将水到渠成。

第十九节　培养小习惯，成就大人生

——让细节德育成就学生幸福人生

小学是人生奠基的初始阶段，德育教育就从培养学生的小习惯入手，我们既要做好大而全的大德育，更要做好细而小的小德育。

我国著名的教育家叶圣陶先生曾指出："什么是教育？简单一句话，就是要养成良好的习惯。"行为心理学研究也表明：一种行为重复出现21次，可以成为初步习惯，重复出现90次就可以成为成熟习惯。

基于这种理论，通过反复研究、论证，梳理归纳出了小学生在文明礼仪、学习能力、生活自理、环境保护、诚实守信、知恩感恩等方面需要养成的六个核心习惯，并根据各年级学生的身心特点和认知规律，将这六个核心习惯细化、分解为72条子习惯，按照由易到难、由浅到深的规律，分学期培养，每期六条，呈螺旋式上升、阶梯式培养、累积式发展的态势。对于习惯而言，有些在一定阶段就会养成，而有些到中高年级不再列出来，培养却一直不会间断，可能会延伸到初中、高中乃至终生（比如读书、写字、感恩心的培养）。我们的这种习惯培养，贯穿于学生生活学习的每一个环节，关注学生的一言一行，一个微笑、一个动作，所以我们也叫细节德育。

一、科学的习惯培养内容是做好细节德育的前提和基础

所谓科学，就是客观；所谓客观，就是适合。只有最适合的教育，才能激发学生舒展的生命力。

1. 培养内容要有针对性和指向性。

其实，在确定习惯培养内容时，最难的就是每学期应该培养哪些习惯，这些习惯既要符合学生的身心特点和认知规律，又要使各个学期培养量相对均衡，所以我们在确定培养内容时，必须突出针对性和指向性。

例如：一年级第一学期的"早晚自己穿衣、洗漱、铺床叠被，前一天晚上准备好第二天的学具，有序整理摆放书包、书桌和凳子"就适合一年级学生的认知特点，绝对不能推迟到二年级再培养。六年级第一学期的"对搜集的各种资料，能进行分析、归类、整合"，很显然，这种习惯不适合低年级。

2. 培养内容要有层次性和阶梯性。

习惯培养和人对知识的获取一样，也有循序渐进、由易到难的规律，所以，有些习惯的培养不可能是一蹴而就的，需要用几个学期或

者几年来培养，我们在操作的过程中，就把这些习惯分解为若干个子习惯，实行阶梯式培养。教育是一种真爱行为的坚持，做实细节德育，就是有效德育。

（1）坚持用好《学生习惯培养阶梯计划验收单》，落实习惯平时培养、阶段验收相结合的运作模式。

按照学生习惯阶梯培养评价方案内容，我们制订了《学生习惯培养阶梯计划验收单》。每学期初，由班主任老师将验收单下发到家长手中进行告知，让家长记录并明确本期的培养内容及目标。半期时，班主任老师征询各学科老师的意见，对学生的在校行为进行前半期初验，利用家长会或者个别交流的方式，让家长再进行一次半期初验。学期末，老师、家长根据学生在校一学期的表现进行联合终验，这样就实现了真正意义上的家校互评、共培共育，让习惯培养在家校合作中见证孩子的成长与进步，实现了立体式德育。

（2）坚持用实班级学生七色柱评价图，让学生的每一次进步，都得到及时的肯定与表扬，在细节评价中培养习惯。

我们给每个班级制作了一面"学生习惯培养七色柱评价图"，每名学生占用一根柱子的一纵列作为个人评价空间，所有老师用"放大镜"的方法，多角度、多层面地发现学生的特长及亮点。只要在课堂表现、背诵经典、捡拾垃圾、好人好事、礼貌问好等方面哪怕有一点点的进步，都会得到及时的肯定与鼓励，粘贴上他们最喜欢的小星星或图案。这种评价，不知不觉中让孩子们的习惯得到了培养，品德得到了提升。

（3）坚持用足"月度小明星"评选政策，让养成的好习惯在奖励中，内化为学生的品质。

"月度小明星"的评选也是我们山河小学细节德育的又一个措施。根据习惯培养的内容，每班在每月最后一周，会评选出本班各方面表现突出的3名月度小明星，少先队大队部在下个月第一周升旗仪式上会对全校99名小明星颁发一张我校自行设计的喜报。当学生们手捧

"最爱问好""最有感恩心""最会思考"等称号的喜报时，他们每个人脸上露出的不仅仅是喜悦，更多的是从内心折射出的成功的幸福。

二、初尝甘霖的习惯培养效果，使我们更加信奉细节德育的无穷力量

随着习惯培养实践的不断丰富，我们在"以礼导其行，而后身修；以智启其德，而后理明；以诚动其怀，而后自省；以爱感其心，而后情通"的细节德育理念的指引下，深刻体会到只要敏锐地抓住细节，深入地挖掘细节，就有可能找到德育教育的突破口，甚至可能形成一股强劲的德育旋风，让学生的心海荡起向善尚美的自信与激情。

深刻的思想通过细节而传递，优良的品质通过细节而达成。2014年全县中小学生艺术展演结束后，宽阔的人民广场上留下了很多不该留下的垃圾，正当我和其他校长离开评委席的时候，一位校长高声地说："看，哪个学校的学生在捡拾垃圾？哎呀，不错！不错！"我循声望去，原来是十几个身着我们山河小学校服的学生。当时，我虽然没有应声，但心里却很温暖。是啊，好习惯是一生用不尽的财富，坏习惯是一生还不清的债务，当捡起一块垃圾时，孩子们也是为自己的品格加了分。

"习惯形成性格，性格决定命运"。"以小见大、以点带面"的细节德育，在爱的召唤下，生发出学生良好的品德、正确的价值观、健全的人格和健康的心理，努力让大德育引领小德育，以小德育成就大德育。

第二十节　养成教育要常抓不懈

为了全面实施素质教育，树立良好的校风，进一步促进我校学生综合素质的提高，努力培养举止文明、品德优良、心理健康且富有创新精神的一代新人。本期我校主要以学生的日常行为规范教育为基础，

加强对学生的思想道德、行为规范和礼仪常规教育，使学生学会做人，学会求知，学会生活，学会劳动，学会健体，学会审美。

自开展活动以来，我一方面向有经验的老师请教，一方面自己摸索经验，取得了一定的成效。结合多年的教育教学实践，我认为加强小学生的养成教育应从以下几个方面入手。

一、抓养成教育，精细管理，使学生规范自我

为了更好地抓学生的养成教育，我一方面组织学生学习《小学生日常行为规范》《小学生守则》《山河小学一日常规》等，要求队员记清记牢，并落实到行动上，坚持不懈。但是学生的自觉性和可控性不强，需要经常提醒和多方面监督，所以，另一方面我又对规范学生行为采取了正反两方面教育相结合的办法。学生干部每天进行定期的检查和记录，每天由王颖记录班中学生的违纪和扣分情况，马成记录班级学生的迟到、卫生等情况，再通过老师及时地表扬、批评，同时还结合学校的检查评比方案达到规范行为的目的。我把学校和班级检查、评比的结果列入个人考评内容中，与雏鹰争章和期末评优挂钩，这样学生更能自觉地规范自己的言行，班级卫生、纪律等各方面都有了新的起色。

不单单这些，在工作中，为了做到精耕细作，每天的个人卫生、班级卫生，每天的日常检查等，有时还是我亲力亲为。我把家长请进了养成教育的行列，及时让他们了解学生在学校时的常规要求，积极配合学校共同抓好养成教育。与此同时，我也不断地学习完善自己，言传身教，努力为少先队员做出表率，地上有一片纸屑，我会悄悄捡起来；跳绳比赛前夕，我会拿起绳子和他们比一比。我还教育学生，使他们从小养成勇敢顽强、勤俭节约、诚信守礼、讲卫生爱劳动的好思想、好习惯等。我以自己的言行来影响、感化学生，学生就是老师的影子，学生学着我的样子也渐渐学会了规范自我。

二、开展少先队活动，体验生活，让孩子收获快乐

我深知：少先队的活动，是少先队的生命。没有活动，少先队就形同虚设。所以，我注意运用恰当的方法激发队员参与活动的热情。通过他们感兴趣的、新鲜有趣的活动内容，树立他们的自信心。如：评选"班级之星"活动，号召队员要做能为少先队组织活动出点子、提建议的"智多星"；要做遵守纪律的"守纪星"；要做爱劳动的"勤劳星"等，这样把目标具体化、形象化，队员们参与活动的积极性更大了，很多队员为了争当班级之星，也积极加入各项活动队伍中。

在母亲节这一天，为了激发学生对母亲的爱，体会到母亲的辛勤和伟大，在班会课上我们开展了"感恩父母"的班会活动。让孩子们懂得关心体贴父母，能够分担家务，母亲生病时尽力照顾，成为孝敬父母的好孩子，并讲述名人孝敬母亲的事例。同时让孩子们改变以往做卡片的习惯，开展让他们"做一件能感动父母的事"的活动。通过这次活动，既培养了学生对母亲的爱，同时也增强了他们与母亲之间的感情，深受家长们的称赞。

课余还组织学生开展各种各样的实践活动，丰富学生的业余生活，增强他们的体质，同时在活动中，促进了同学间的友好合作。例如：通过开展"团结就是力量"拔河比赛，增强了集体主义感和团队荣誉感；组织开展科技小发明、小制作、科幻绘画等活动，培养了少先队员对科学的浓厚兴趣；通过组织少先队员走进大自然，寻找春天的足迹等，使少先队员在活动中陶冶了情操、体验了快乐等。

三、因材施教，播撒爱心，让雏鹰自由翱翔

常说，要想当好孩子王，就必须和少先队员们"打成一片、干到一起"，与少先队员交朋友、信任他们，只有这样，才能了解少先队员，感受他们的心灵。在平日里，我正确地引导学生积极进取，为使学生

的学习积极性提到一个高度，我抓住学生的心理特点，把"红苹果"分给每一个进步的孩子，使他们看到了希望，尝到了学习的甜美。

我还将每个学生按家庭住址、兴趣爱好分组，针对他们的实际情况因材施教，对个别性格孤僻、成绩较差的学生更是关心、爱护。就像某位辅导员说的："每一名少先队员都是我的孩子，我有责任爱护他们。"班中有一位学生是新转来的，由于身体原因不能参加体育锻炼，所以每次上体育课，她都只能坐在教室里羡慕其他同学，有好多次我都看到她傻愣愣地坐在教室里发呆。我适时地与之谈心，并引导她可以用一些简单又有意义的小游戏来代替剧烈的跑步、跳绳等，一样可以感受快乐。

班中的李×同学这学期初的一天没来上课，当时没有父母的请假，也没听说生病，我也想方设法地联系他的家人，可惜一直没有联系到。听说他曾在校门口出现，我放弃中午休息时间去附近寻找，可是还是没结果。直到第三天，他叔叔把他拖到学校，了解情况后才知道，原来他是连续多次回家不做作业，怕老师凶他，所以不敢来学校了。考虑到他是个有思想、个性强的孩子，再加上有些厌学的情绪，我当时没有大肆地批评他行为的过错，只是指出了他的错误，让他引起注意，并作了一些小约定算了事。然而，存有"前科"的他后来还是陆续出现作业不做的问题，我三天两头地对他进行教育，只要他的行为有所好转便放大他的闪光点在全班进行表扬，尽量避免与他的正面冲突，并且真诚地请其他的同学能够一起帮助他改掉这个毛病，我经常挂在嘴边的是"李×有进步"。将近一个学期，他的进步还是较明显的，虽然没有把这个坏习惯彻底改掉，但我也有收获，我觉得面对这样特殊的学生，以退为进，静下来观察他，在正面的点上引领，更大限度地给他改过的机会，播撒爱心，及时引导，才能真正地让他自由飞翔。

回顾短暂的工作时间里，我们一步一个脚印地走了过来，取得了一些成绩，得到了难能可贵的经验。我认为，班主任工作是一项细致而琐碎的工作，为了孩子，我将乐此不疲；同时，班主任工作是一门艺术，我将用心去贴近，用心去理解，用心去教育，和我的孩子们一起快乐成长。

第五章　小学生综合习惯阶梯式培养校本教材的开发

　　中小学生良好行为习惯的培养是一项系统工程，需要学校、家庭和社会的密切配合，需要采取科学合理的办法和途径进行长期的培养，才会收到预期的教育效果。

　　叶圣陶先生说："什么是教育？简单一句话，就是培养良好习惯。"这句话内涵丰富，意义深远。行为心理学研究表明，一种行为重复出现21次，可以成为初步习惯，90天就可以成为成熟习惯。联合国教科文组织提出21世纪教育四大支柱，"学会认知，学会做事，学会合作，学会生存"的思想理念，高瞻远瞩，顺应时代潮流，为教育的发展指明了方向，也为我校开展习惯培养课题提供了理论依据。

　　校本教研在新课程实施和深化教育改革的过程中，都具有非常重要的作用和意义。

　　我校历来重视校本教研工作。校本教研在推进新课程向纵深发展方面，在促进教师转变育人观念方面，在培养学生成长方面，在提升学校办学质量、彰显办学特色方面都发挥了应有的作用。在开展小学生综合习惯阶梯式培养教育教学活动中，为了细化深化研究工作，拓展研究内容，总结研究成果，课题组采取"实践—反思—改进"的工作思路，利用"个人开发—集体研讨—效果评估—完善总结"活动形式，把各年级的习惯培养目标、内容、授课流程和要求编辑成册，以校本教材的形式出现，为更多教师参与习惯培养活动提供参考依据，为学生课堂学习、课后巩固提供资源。

　　我校在小学生习惯培养方面做了充分调研和科学论证，经过数十年的探索与实践，取得了一定成效，形成了"培养小习惯　成就大人生"的共识。不同年龄有不同的心理特点和认知特点，同一习惯在不同年龄段可能会有不同的要求，这是我校进行学生习惯阶梯式培养实践的基本理念。学校依据学生身心发展特点及多年学生行为习惯养成教育的实践经验，把学生在日常生活、学习和个人品质等方面需要重点培养的文明礼仪、学习能力、生活自理、环境保护、诚实守信、知恩感恩六方面核心习惯细化、分解为72条子习惯，并根据各年级学生身心发展特点和习惯养成现状，采取阶梯式培养途径，分6年12学期，按照由易到难、由浅到深的规律，循序渐进，每个年级每学期重点培养6条习惯，呈阶梯式培养、螺旋式上升、累积式发展态势。在培养过程中，我们坚持了科学分类、分步实施、跟进验收、积极评价、策略矫正的基本方法，教师、学生和家长积极参与，家庭、学校、社会三者通力合作，这一切都对实践教育活动的开展发挥了积极作用。

　　在充分实践的基础上，我校就学生习惯进行阶梯式培养教育主题研究活动，于2014年申报了省级基础教育科研课题《小学生综合习惯阶梯式培养的实践与研究》。课题实施期间，得到庆阳市、正宁县教育行政部门、教研部门和督导评估单位的积极肯定和大力支持，有关成果已被推广使用，社会反响良好。在省内外学术交流活动中，有关成果与经验被专家学者高度肯定、赞扬。

　　为了进一步巩固研究成果，发挥其实用高效特点，进一步使课题研究走向深入，应许多兄弟学校、众多学生及其家长的呼声，我校组织教师对已经开展的实践活动，进行了总结完善，决定编写这套《小学生综合习惯阶梯式培养》校本教材，供广大师生和家长使用，同时也为兄弟学校提供参考范本。

　　在编写过程中，我们遵循了以下原则：

一、科学性原则

以《教育法》《义务教育法》为指导，以《小学生守则》《小学生日常行为规范》为依据，以全面实施素质教育培养为目标，遵循教育规律，根据学生身心发展特征，突出阶段特点，进行习惯培养。

二、主体性原则

学生是教育的对象，又是培养行为习惯的主体。教育活动的过程中，要始终尊重、维护学生的主体地位，正确引导，促进其良好行为习惯的形成。

三、统一性原则

学生良好行为习惯的养成是一项系统工程。教育环境方面，涉及社会、家庭、学校等，参与对象方面涉及学生、家长、教师等，这几个关键因素缺一不可。在培养目标、培养内容、培养的作用意义，以及方式方法等方面要达成共识，统一步调，共同营造良好的教育氛围，为教育培养目标的达成做出努力。

四、可操作性原则

习惯的培养内容、培养目标、教学策略与方法、实践活动、评价策略等关键环节，都依据学生身心发展规律和接受能力，坚持循序渐进原则安排有关内容，有助于教师安排教学活动，提高教育教学效果，有利于家长及社会人士从小培养孩子良好习惯品质。教育培养方式力求多样化，突出实用性、艺术性、可操作性。

五、创新性原则

一是本套教材在习惯培养安排上是有侧重点、有计划编排的，这是实践的总结和深化，也是亮点所在。二是阶梯式培养是核心概念。简言之，从起始年级起，重视习惯培养；习惯培养内容从易到难；从一点一滴，从细节抓养成，持之以恒，为塑造学生健全人格奠定良好基础。三是评价有方案有标准，定时定期与随机抽查相结合。参与人员和单位多元化，既有学生本人、同学、家长、老师，也有班级、学校、社会。

　　各年级习惯培养的目标和内容，由课题组论证确定，在确定过程中，充分考虑了学生实际情况，也采纳了省内外高校有关专家学者的意见和建议，力求内容丰富、新颖，形式灵活多样，紧扣时代脉搏，适合学生特点，操作流畅、有效。

　　小学六年的习惯培养校本教材，由六个分册组成，每个年级编写一本，分两学期完成教学内容。每本教材的体例由"编写说明与目录""学生心理特点""习惯培养内容"和"教材实施建议"等组成。力求理论联系实际，内容和方式符合学生身心发展要求，符合教学规律，外观上图文并茂。

　　学生的习惯培养是一项需要长期坚持的工作，因个体及家庭等多种因素的影响，有些习惯可能需要长时间地反复培养，任重而道远。我们一直在努力探索，在积极实践，在认真总结，但实践中和教材编写中存在的失误、缺陷在所难免，恳请方家批评指正。

附录：一至六年级教材编写说明与目录

附录一

一年级教材编写说明与目录

一、编写说明

　　著名教育家叶圣陶先生说："什么是教育？简单一句话，就是要培养良好的习惯。"教师教给学生的知识是有限的，而养成的良好习惯则会使学生受益无穷。基于"播种行为，收获习惯；播种习惯，收获性格；播种性格，收获命运"的认识，我们编写了本册教材。

（一）一年级学生心理特点分析及对策

心理特点：一年级学生年龄小、好动、自制力较差，生活自理能力有限，天真，模仿能力强。处于"以游戏为中心"向"以学习为中心"转移时期，凡事不可能考虑周全（没有脱离自我中心倾向），容易怀疑自己，注意力还不能稳定持久，思维非常具体，坚持性和自觉性都比较差，容易受外界影响。

对策：在施教方面尽可能贴近孩子的生活，在生活中应注重生活基本能力的培养，在学习上应尽可能地激发兴趣，让他们在半玩的方式中学习。这个年龄阶段的孩子渴望被关注，多鼓励，多赞扬，用放大镜去看他们的优点，同时及时地掌握他们的动态，包括心理、人际、学习、生活、家庭，扮演听众，多让孩子说，跟他们交朋友，让他们觉得你们之间没有距离，那么他们就会开心地接受你，并完成你安排的一切。

（二）本册教材培养学生习惯的内容

第一学期学生习惯养成内容：

1.早晚自己穿衣、洗漱、铺床叠被，前一天晚上准备好第二天的学具，有序整理书包和书桌。

2.能正确使用"您好、请、谢谢、对不起、再见"等礼貌用语，见到老师、客人主动问好，任何场合坚持使用普通话。

3.行动统一听指挥。在学校上下楼梯走成两列靠右行，做到"三轻"，集合站队快静齐，上下学有秩序，严格遵守交通规则。

4.走姿坐姿正确，读写姿势端正，会正确执笔，做到"三个一"。

5.上课不做小动作，认真听讲，不做与学习无关的事。

6.积极发言，声音洪亮，身站直，口齿清。

第二学期学生习惯养成内容：

1.物品分类摆放，使用完的物品放回原处，桌面铺位干净整洁。

2.讲究卫生，穿戴整洁，勤洗漱，不乱扔垃圾，自己动手洗袜子和红领巾。

3.诚实守信，不说谎话，不随便拿别人的东西。

4.饭后先做作业再玩耍休闲，按时按要求完成老师布置的作业。

5.书写工整漂亮，不在作业本上乱涂乱画。

6.在父母的帮助下，每天读故事或听故事一则。

（三）本册教材实施建议

1.本册教材共有12课，上学期1—6课，下学期7—12课，每课内容包括：培养内容、培养目标、培养步骤和方法、知识链接、活动天地、评价策略等内容。

2.适用对象：小学一年级学生。

由于编者水平有限，教材可能还有待进一步完善，诚请专家、老师、同学和社会各界提出宝贵意见！

编者

2017年9月

二、目录

第一课　自己的事情自己做

第二课　我是懂礼貌的好孩子

第三课　行动统一听指挥

第四课　姿势正确我最棒

第五课　上课认真听讲

第六课　上课发言我最棒

第七课　物品分类有讲究

第八课　我爱干净我最美

第九课　我是诚实的好孩子

第十课　我能按时完成作业

第十一课　我的作业漂亮吧

第十二课　我在故事中快乐地遨游

附录二

二年级教材编写说明与目录

一、编写说明

著名教育家叶圣陶先生说："什么是教育？简单一句话，就是要培养良好的习惯。"教师教给学生的知识是有限的，而养成的良好习惯则会使学生受益无穷。基于"播种行为，收获习惯；播种习惯，收获性格；播种性格，收获命运"的认识，我们编写了本册教材。

（一）二年级学生心理特点分析及对策

心理特点：小学阶段是习惯培养的重要时期，对于二年级的小朋友来说，对一切事情充满好奇，敢于尝试、主动发现去实践。大脑功能发育处于"飞跃"发展的阶段，他们的大脑神经活动的兴奋性水平提高，表现为既爱说又爱动。他们的注意力不持久，一般只有20—30分钟。他们的形象思维仍占主导，逻辑思维很不发达，很难理解抽象的概念。

对策：二年级的小学生十分喜欢自主性的活动，而不是被动性的知识灌输，因而加强孩子的向群意识势在必行，帮助孩子训练集体生存能力，有助于其思维的扩散和实践能力的提高。

（二）本册教材培养学生习惯的内容

本册教材编写主要是面向儿童的生活世界，以儿童的现实生活为主要题材。通过故事、游戏、把课堂扩展到家庭、社会乃至儿童的生活空间。这本教材共包含12条习惯内容，分上下两学期培养。

第一学期学生习惯养成内容：

1.爱护花草树木，不随手攀花折草。

2.放学后按时回家，不在学校、街道等场所逗留玩耍。

3.遵守公共场所秩序，不大声喧哗、追逐打闹。

4.作业格式严格按老师要求的去做，不自作主张。

5.每天坚持独立读儿童读物20分钟。

6.书写漂亮，作业完成准确率高，不写错别字。

第二学期学生习惯养成内容：

1.自己动手整理房间，物品摆放有序。

2.尊敬师长，团结同学，不打架，不骂人。

3.不挑食，不浪费饭菜，不随便乱花钱。

4.遵守课堂纪律，争做纪律标兵。

5.尽早完成家庭作业，并交家长检查。

6.每天坚持做3—5道计算题。

（三）本册教材实施建议

1.本册教材共有12课，上学期1—6课，下学期7—12课，每课建议1—2课时完成。每课内容包括：培养内容、培养目标、培养步骤和方法、相关链接、评价策略、活动天地等内容。

2.适用对象：小学二年级学生。

由于编者水平有限，教材可能还有待进一步完善，诚请专家、老师、同学和社会各界提出宝贵意见！

编者
2017年9月

二、目录

第一课　我会搞卫生

第二课　遵守秩序　按时回家

第三课　遵守公共场所秩序

第四课　作业格式严格按老师要求的去做

第五课　我会天天阅读

第六课　保质保量完成作业

第七课　学会整理房间

第八课　尊敬师长　团结同学

第九课　不挑食　不浪费

第十课　遵守课堂纪律，争做纪律标兵

第十一课　按时完成家庭作业

第十二课　我爱数学

附录三
三年级教材编写说明与目录

一、编写说明

著名教育家叶圣陶先生说："什么是教育？简单一句话，就是要培养良好的习惯。"教师教给学生的知识是有限的，而养成的良好习惯则会使学生受益无穷。基于"播种行为，收获习惯；播种习惯，收获性格；播种性格，收获命运"的认识，我们编写了本册教材。

（一）三年级学生心理特点分析及对策

心理特点：三年级学生容易被新颖的事物所吸引，兴趣十分广泛，几乎任何游戏活动都喜欢。他们的动手能力有了一定的提高，基本能帮家长做一些力所能及的体力活，但注意力不够集中，就需要在课余进行一些补充。

对策：由于此阶段学生的注意力较差，在课堂学习过程中常常会因为走神而遗漏很多知识点，这就需要在课余进行一些补充。如教会他们向人请教的能力，利用互联网和查阅资料的能力。

（二）本册教材培养学生习惯的内容

第一学期学生习惯养成内容：

1.在家能扫地、拖地，帮家长打扫卫生。

2.能做家庭小主人，礼貌地招呼来访客人。

3.学会向别人请教，交流时态度诚恳。

4.课前能预习，不明白的地方做好标记。

5.能清楚地表达自己的观点和见解。

6.每天有固定的阅读时间，并养成良好的阅读习惯。

第二学期学生习惯养成内容：

1.热爱祖国，升国旗奏国歌时自觉肃立。

2.帮助家长做力所能及的家务活，全面提高动手能力。

3.爱护书本，摆放图书有条理，善于使用工具书。

4.热爱集体，团结同学，乐于助人。

5.善于发现并学习他人的优点。

6.自觉遵守公共秩序，用语文明。

（三）本册教材实施建议

1.本册教材共有12课，上学期1—6课，下学期7—12课，每课建议1—2课时完成。每课内容包括：培养内容、培养目标、培养步骤和方法、相关链接、评价策略、活动天地等内容。

2.适用对象：小学三年级学生。

由于编者水平有限，教材可能还有待进一步和完善，诚请专家、老师、同学和社会各界提出宝贵意见！

编者

2017年9月

二、目录

第一课　我会搞卫生

第二课　我是小主人

第三课　不懂就要问

第四课　会预习才会学习

第五课　我会说　我能说

第六课　读书伴我成长

第七课　热爱祖国

第八课　学做家务活

第九课　我爱书　会用书

第十课　爱集体爱他人

第十一课　取人之长补己之短

第十二课　我是文明小卫士

附录四

四年级教材编写说明与目录

一、编写说明

著名教育家叶圣陶先生说："什么是教育？简单一句话，就是要培养良好的习惯。"教师教给学生的知识是有限的，而养成的良好习惯则会使学生受益无穷。基于"播种行为，收获习惯；播种习惯，收获性格；播种性格，收获命运"的认识，我们编写了本册教材。

（一）四年级学生心理特点分析及对策：

心理特点：四年级的学生无论是在生理，还是心理上都比初入学时的儿童稳定，是培养学习能力、情绪能力、意志能力和学习习惯的最佳时期。同时，四年级孩子开始从被动的学习主体向主动的学习主体转变，心理发生了明显的转变。研究表明，10岁左右大脑前额皮层发育完善，儿童对自己的行为和情绪变化变得有意识；第二信号系统的语言和文字反应能力增强，思维能力的发展处于转折时期，抽象概括、分类、比较和推理能力开始形成；思维的敏捷性和灵活性提高，做题的速度和准确性提高，一题多解的数量增加。思维开始从模仿向半独立和独立转变，培养思维的独立性和发散性在四年级尤其关键。四年级的孩子注意力的目的性增强，注意力保持的时间更持久，注意力的稳定性由15—20分钟提高到20—30分钟，可以胜任更加复杂的学习任务。

对策：四年级孩子的情感由易变性向稳定性过渡，从情感外露、浅显、不自觉向内控、深刻、自觉发展。教育得当，可以使孩子的情感调控能力有很大的提高。随着学生情感生活的不断丰富，他们的道德感、理智感、友谊感、责任感、审美感、集体荣誉感也有了进一步的发展。要注意他们初步形成的自尊心，尤其是女生，对他们的教育一定要注意方式方法。

（二）本册教材培养学生习惯的内容

第一学期学生习惯养成内容：

1.自己的小件衣服自己洗，动手做，体会劳动的快乐。

2.养成良好的上课习惯和作息时间习惯。

3.体会长辈的艰辛，能主动给老人夹菜、洗脚、捶背等。

4.坚持课外阅读，能将阅读中的好词佳句及时摘抄。

5.每天坚持听读10分钟英语，认识听读的重要性。

6.主动和同学、老师合作，共同解决问题。

第二学期学生习惯养成内容：

1.爱护环境，爱护公物，不在公物上乱涂乱画。

2.心存感恩，接受别人的帮助时要真诚地致谢。

3.养成良好的饮食习惯，不买三无食品，不吃变质食物。

4.每天坚持写主题鲜明的“小练笔”一则。

5.学会交流，及时与老师、同学及家长分享读书的乐趣，交流读书心得。

6.检查自己作业干净整洁情况，分析老师评语。

（三）本册教材实施建议

1.本册教材共有12课，上学期1—6课，下学期7—12课，每课建议1—2课时完成。每课内容包括：培养内容、培养目标、培养步骤和方法、相关链接、评价策略、活动天地等内容。

2.适用对象：小学四年级学生。

由于编者水平有限，教材可能还有待进一步完善，诚请专家、老师、同学和社会各界提出宝贵意见！

编者

2017年9月

二、目录

第一课　我学会洗衣服了

第二课　我的时间我做主

第三课　我是孝顺的好孩子

第四课　我能摘抄好词佳句

第五课　我会听读英语

第六课　我会合作解决问题了

第七课　我会爱护公物

第八课　我的感恩之心

第九课　我要健康饮食

第十课　我能坚持小练笔

第十一课　我会分享读书的乐趣

第十二课　我是书写小明星

附录五

五年级教材编写说明与目录

一、编写说明

我国著名的教育家叶圣陶先生曾深刻指出："什么是教育？简单一句话，就是要养成良好的习惯。"基于"播种行为，收获习惯；播种习惯，收获性格；播种性格，收获命运"的认识，我们编写了本册教材。

（一）五年级学生心理特点分析及对策

心理特点：五年级学生感知事物的目的性比童年阶段明确，感知事物的精确性也有所改善，集中注意能力有所发展，集中注意力、专心致志的时间可达25分钟左右。注意分配能力也有提高，有意记忆在不断发展，开始由教师布置任务的记忆过渡到自觉的记忆，已从具体形象思维向抽象逻辑思维过渡，但仍然是同直接与感性经验相联系，仍然具有很大成分的具体形象性，仍习惯于模仿实际动作。

对策：这一时期，教师需照顾他们的集体意识和协作意识。深入学生了解心理动态，及时解决一些学习及生活中的琐事，鼓励他们从生活及学习中找到自信及解决问题的方法，使每位学生健康成长！

（二）本册教材培养学生习惯的内容

第一学期学生习惯养成内容：

1. 增强集体荣誉感，争当班级小主人，争当老师小帮手。

2. 增强安全意识，学习安全常识，提高自救自护能力。

3. 坚持体育锻炼，热爱大自然。

4. 保护文物古迹，不在建筑物和文物古迹上刻画涂抹。

5. 扩大奥数题的知识面及类型，每天做两道奥数题。

6. 常写读书笔记，注重知识的积累。

第二学期学生习惯养成内容：

1. 学会赞美他人，与人相处中学习他人的优点，成长自己。

2. 学会倾听，不随便打断他人的讲话，尊重他人的正确意见。

3. 节约用电、用水，爱护集体财物。

4. 能掌握基本的上网浏览、查阅图书的方法。

5. 能积极主动地完成教科书上所要求的各类操作实验。

6. 睡觉前对当天学习的主要内容进行回忆。

（三）本册教材实施建议

1. 本册教材共有12课，上学期1—6课，下学期7—12课，每课内容包括：培养内容、培养目标、培养步骤和方法、知识链接、活动天地、评价策略等内容。

2. 适用对象：小学五年级学生。

由于编者水平有限，教材可能还有待进一步完善，诚请专家、老师、同学和社会各界提出宝贵意见！

编者

2017 年 9 月

二、目录

第一课　我是班级小主人

第二课　用知识守护生命

第三课　爱运动　爱自然

第四课　保护文物和名胜古迹

第五课　奥数天天练

第六课　常做笔记　积少成多

第七课　学会赞美　成长自己

第八课　善于倾听　尊重他人

第九课　节约水电　爱护公物

第十课　网络图书

第十一课　熟练掌握各类操作

第十二课　温故而知新

附录六

六年级教材编写说明与目录

一、编写说明

我国著名的教育家叶圣陶先生曾深刻指出："什么是教育？简单一句话，就是要养成良好的习惯。"教师教给学生的知识是有限的，而养成的良好习惯则会使学生受益无穷。基于"播种行为，收获习惯；播种习惯，收获性格；播种性格，收获命运"的认识，我们编写了本册教材。

（一）六年级学生心理特点分析及对策

心理特点：六年级学生的视觉和听觉的感受性已发展到一定水平，感知事物的目的性比童年阶段明确，感知事物的精确性也有所改善。集中注意能力有所发展，集中注意力、专心致志的时间可达30分钟左右。注意分配能力也有提高，有意记忆在不断发展，开始由教师布置任务的记忆过渡到自觉的意义记忆。已从具体形象思维向抽象逻辑思维过渡，但仍然是同直接与感性经验相联系，仍然具有很大成分的具体形象性，仍习惯于模仿实际动作。

对策：这一时期，教师需加强启发式教学，发展学生比较、分析、综合思维的能力，注重学生自我评价意识，尊重学生的自尊心，培养学生的自信心，提高学生的概括能力及判断能力。

（二）本册教材培养学生习惯的内容

第一学期学生习惯养成内容：

1.学会保护他人及自己的隐私，自己的家庭情况，不随便告诉他人，不随意打听他人的隐私。

2.热情大方，及时帮助有困难的人。

3.孝敬父母，以自己满意的成绩报答父母的养育之恩。

4.对搜集的各种资料能进行分析、归类、整合。

5.做事有计划，不盲目，不拖沓。

6.勤于动笔，认真思考，审题严谨。

第二学期学生习惯养成内容：

1.热情向上，积极参加集体活动和公益活动，积极参加课内外文娱、体育、科技活动。

2.学会自我反思，自我批评，追求进取。

3.关心国家大事，每天收集3条信息（看新闻联播、上网或读报纸）。

4.利用星期天对上周所讲内容进行复习，在列表小结的基础上，举一反三，融会贯通，巩固提高。

5.能利用实地考察、走访调查等渠道主动搜集与学习相关的材料，拓宽自身知识面。

6.识记社会主义核心价值观的基本内容含义。

（三）本册教材实施建议

1.本册教材共有12课，上学期1—6课，下学期7—12课，每课内容包括：培养内容、培养目标、培养步骤和方法、知识链接、活动天地、评价策略等内容。

2.适用对象：小学六年级学生。

由于编者水平有限，教材可能还有待进一步完善，诚请专家、老师、同学和社会各界提出宝贵意见！

编者

2017年9月

二、目录

第一课　学会保护他人及自己的隐私

第二课　热情大方　乐于助人

第三课　孝敬父母

第四课　学会搜集整理资料

第五课　做事有计划　事情有条理

第六课　勤于动笔　认真思考　审题严谨

第七课　我参与　我快乐

第八课　学会反思　提升自我

第九课　关心国家大事我最棒

第十课　我会自己学习了

第十一课　我能走出课本学习

第十二课　我能践行社会主义核心价值观

第六章　综合习惯阶梯式培养的课堂教学设计

第一节　《学做家务活》教学设计及反思

山河小学　乔海平

一、教学内容

帮助家长做力所能及的家务活，全面提高动手能力。

二、教学目标

1. 懂得体谅父母的辛苦，在家里能做力所能及的事情，锻炼自己的劳动能力。比如买菜、洗菜、做饭、洗碗、洗锅、拖地、洗衣服、叠衣服、刷鞋等。

2. 通过讨论等途径，使学生了解家务劳动的重要性及基本内容。

三、教学过程

1. 导入

播放《劳动最光荣》歌曲，师生一起唱一唱，教师谈话导入。

2. 明理

（1）PPT展示一个凌乱的房间，让学生说说看到这个凌乱的房间有什么感受。

（2）如果这种情况发生在你家里，你会怎么办？（整理打扫房间）

说说我们为什么要做家务劳动？引导学生体会家长的辛苦，主动承担家务劳动可以帮家人分担劳累，同时可以培养自己的生活自理能力。

3. 你会的家务劳动有哪些？（让同学们说说会做的家务，并说出自己好的经验。）

学生说一说：

我会打扫卫生、整理房间、洗衣服……

做这件事情需要注意……

想学做的家务是哪些？（小组讨论，并选出适合我们小孩子可以做的家务劳动。）

学洗菜、学洗刷碗筷、学做饭……

4. 讨论如何做好家务。（正确指导如何做好家务劳动）

例子：我来学做饭

（1）量取一定的米。（按照人员来定，不要造成浪费。）

（2）淘洗量取好的米。

（3）米浸泡15分钟左右。

（4）量取一定量的水进行烧饭。（电饭煲）

（5）开启电源煮饭。（注意用电安全教育）

5. 拓展：自读"相关链接"中《自我服务》《家务劳动》内容

6. 进行一次学做家务劳动活动。

（1）进行一次"我来学做家务"活动。

（2）给自己的家务劳动进行评价。（完成活动评价表）

7. 家务劳动反馈。（上交活动评价表格）

8. 实战演练，学做家务。

1. 小鬼当家不是一件容易的事，出示画面，遇到以下情况，你会怎么做呢？

（1）放学回家，看到阳台上晒的衣服，我们可以＿＿＿＿＿＿＿＿＿＿＿。

（2）当看到奶奶在做饭菜时，我可以＿＿＿＿＿＿。

随机辨别盐和糖、生抽和老抽。

（3）晚饭后，满桌的碗筷，我们可以＿＿＿＿＿＿。

（4）独自一个人在家时，我可以＿＿＿＿＿＿。

随机引导学生注意用电、用水、用刀的安全。

9. 总结全课，提出希望。

今天我们学习了学做家务活（板书课题），同学们知道了自己是家庭的一员，有责任干家务活儿。这不仅能够分担父母的辛劳，更有利于培养自己的生活能力，养成劳动习惯。老师衷心希望同学们学过这课，都能主动关心、体贴父母，多做家务，做好父母的小助手。

四、教学反思

1. 重视和有效利用学生这个宝贵的教育资源。如在实话实说交流在家做家务劳动的情况时，充分让儿童交流自己在家常做什么家务劳动，以及树立儿童身边的爱做家务劳动的榜样。其实这是利用儿童形成的正确的集体舆论这一宝贵资源对他们进行自我教育，让儿童在交流当中懂得爱做家务劳动是好孩子的表现！从而使儿童产生爱做家务劳动的热情，产生想做家务劳动表现自我的冲动。于是我顺势创造条件，把家务劳动搬进课堂，让儿童展现自己能做家务劳动这一面。并且拍下儿童在课堂上分组做家务劳动时的照片，这照片便是课堂上生成的，源于儿童生活中最真实、活生生的资源。我再充分利用这一资源让儿童进行评价，在评价时肯定儿童参与家务劳动的热情和肯动手的积极的劳动态度，也让他们在做家务劳动中体验到做家务劳动的乐趣。使做家务劳动出色的儿童获得成功感，保持积极主动的态度；使稍微逊色的儿童有赶超的欲望，保留一颗上进心。

2. 积极争取家长的配合，充分发挥家长这块教育资源的作用。

品德与生活课的课堂不是封闭在教室里的，更多时间是在课外。做家务劳动绝不是一节课就能让儿童爱上它，相反，更多的是要让儿童在家做家务劳动时体验、积累其乐趣和意义，才能产生爱做家务劳动的情感。在开学前一天家长集中开短会时，我就抓住机会，了解学生，了解家长。先向家长提出教会孩子一两种简单的家务劳动，每天给予机会，让他们参与家务劳动。在第七周的家长会上，为了能得到家长的大力支持和配合，达成教育共识，我向家长讲了做家务劳动在孩子成长中的重要性，再次提醒家长注意培养孩子的劳动习惯，给予孩子劳动的机会，并给予孩子耐心的指导与激励性的评价。让孩子能真正地在生活中体验做家务劳动的乐趣，并积累经验，最终养成良好的劳动习惯。

课后，我利用"家务劳动竞赛表"让家长在生活中评测儿童的劳动情况。可以说，这一节课永远没有句号，我们一定要把活动回归到儿童的生活中，让他们把在这一节课里产生的良好的情感体验带回生活中，与行动结合起来，使情感体验具有实际效果。"家务劳动竞赛表"的利用，以激发学生坚持做家务劳动为动机，更重要的是让儿童能在做家务劳动的同时继续得到家长、老师、同学的肯定、欣赏，让劳动的情感体验具体体现在劳动活动中，进一步深化情感体验，深化品德教育的实质，提升儿童的品德。

在教学过程中，我还要继续努力，特别是在教育教学中怎样才能使激励性评价更好地发挥作用，发掘和综合利用好各方面的教育资源进行教育等方面，还是值得我今后继续探讨、实践的。

附

活动评价表

班级 ＿＿＿＿＿＿＿＿＿＿ 姓名 ＿＿＿＿＿＿＿＿＿＿

选择项目	评价标准	自评	家长评	老师评	总评
	完成效果。 完成时间。				
	家务劳动难度。				
记录遇到的问题					
学生感想					
家长感想					

评分等次：你真棒！☆☆☆☆☆　　你还行。☆☆☆　　加油哦！☆

第二节　《我是孝顺的好孩子》教学案例及反思

山河小学　王小芳

一、教学目标

1. 能聆听家长的教诲。知道孝敬父母是中华民族的传统美德，是做人的根本，既是道德义务，也是法定的义务。

2. 培养孝心，从生活中的小事开始孝敬长辈。

二、教学重点、难点

孝是人之根本。（难点）

如何尽孝？（重点、难点）

三、教学过程

1.谈话导入

俗话说："百善孝为先。"亲情是一个人善心、爱心和良心的综合表现；孝敬父母，尊敬长辈，是做人的本分，是天经地义的美德，也是各种品德形成的前提，因而历来受到人们的称赞。说一说，一个人如果连孝敬父母，报答养育之恩都做不到，那他还是个"人"吗？你还愿意和他打交道吗？

2.明白孝的理由

活动一：故事会

出示：《黄香温席》的故事。

启示：黄香侍奉父亲的故事反映出一个孩子细致、纯真的孝心，是一个孩子从内心深处自然萌发、激发出来的孝，又是出于天性的、并尽自己的能力所能做到的孝行，是我们学习的榜样。让我们从身边一点一滴的小事做起，孝敬父母长辈，关心他们。

夫孝，天之经也，地之义也。——《孝经》

老吾老，以及人之老；幼吾幼，以及人之幼。——孟子

谁言寸草心，报得三春晖。——孟郊

这些都说明了：孝敬父母是中华民族的＿＿＿＿＿＿＿＿＿＿。

活动二：说一说

说一说自己孝顺父母及其他长辈的事。

学生说：能主动给长辈夹菜、洗脚、捶背等。

活动三：小结"孝的理由"

古：孝敬父母是中华民族的传统美德。

今：孝敬父母是做人的根本，是社会主义道德规范的要求。（道德义务）

孝敬父母更是法律规定的义务。（法定义务）

3.将孝心化为正确的行动

活动一：家庭行孝"六个一"活动

坚持开展家庭行孝"六个一"活动，即对父母说一句体贴或感激的话；承担一项力所能及的家务活；为父母洗一次碗、做一顿饭或一道菜；为父母制作一件节日礼物；与父母谈一次心；为长辈做一件侍奉性的事。

活动二：体会父母的期盼

了解父母为自己"取名"的含义，体会父母对自己的期盼。

活动三：制"行孝"卡

在一些重要的节日里，给父母制作一张贺卡，写上一句祝福的话。

活动四：写一写

你在家里是怎么帮爸爸妈妈做家务的。

活动五：课堂总结

在儿歌《尊老歌》中结束新课。

4.作业

（1）实践作业：坚持每天给父母一个问候。

内容：问候父母、长辈的身体状况、精神状态、工作压力、休闲与否等。

形式：口说、留纸条、打电话、发信息等。

期限：一生。

（2）填写评价表。

四、教学反思

"孝道"历来是中国传统伦理道德的最基本的内容，如今的小学生一来到世上就被父母当成掌中宝呵护着，认为父母给儿女做牛做马是天经地义的事情，不明白父母对自己的希望和期待；他们总觉得父母唠叨、麻烦，埋怨父母不理解自己，却从来不会站在父母的角度去考虑问题，不懂得体谅父母生活的艰辛与劳累，那就更谈不上去关心和孝敬父母了。在这样的背景下，对学生进行孝敬父母的思想教育显得尤为迫切。本节课围绕着一个"孝"字展开教学，从引导学生发现父母的爱，再用心体会爱，到最后表达对父母的爱。整个过程流畅并逐步递增，把教育化作春风细雨，润物于无声。现对本次教学作如下反思：

本节课设计了两个环节：第一环节是孝的理由，主要让学生通过《黄香温席》的故事，体会听父母长辈的话的重要性，明白要孝顺父母长辈。第二环节是行动实践，回报亲情，学生有了感恩的心而产生了感恩的行动，从而无形中将中华民族传统美德传承下去。通过本节课的学习，触动了孩子们的内心，激发了孩子们的感恩意识，教学效果较好，基本上实现了教学的目标。

整节课有几处让人难忘：

第一，在"理解父母"的环节，学生在说完父母对自己的唠叨之后，通过老师的引导，学生能够从父母的唠叨声中体会到那都是父母对他们的关心和爱，也正是由于这种关心和爱，才会演变成父母每天无休止地唠叨。

第二，在"回报亲情"的环节，让所有的学生在爱心卡上给自己的父母写一些心里话。在写的过程中，每位学生都很认真，其中还有几位同学写着写着都忍不住流下了眼泪。写完之后，我随机抽了几位同学来念一念自己的卡片，其中有一位男生几次泣不能语，所有在场的人无不为之动容。

第三，在课堂要结束的时候，因为知道现在的孩子虽然心里都很爱自己的父母，但是都不敢说出口，于是我让他们起立，一起大声地喊出对父母的爱，从孩子们的行动和眼神中，可以看出他们真的想要大声地对自己的父母说出"我爱你"三个字。

第四，课后的实践作业，是本节课最为成功的地方。听话、孝顺不仅仅应停留在整堂课中，还要延伸，更重要的是要培养学生孝顺长辈的习惯。

第五，评价表的填写，使学生客观评价了自己听长辈的话的习惯养成程度、孝顺长辈的习惯养成程度。同学、老师、父母的评价也是很贴合实际，让我们从多方面了解了学生，掌握了学生在校与在家的表现有没有差异，还应从哪些方面努力。

第三节　《我的感恩之心》教学设计

山河小学　王小芳

一、教学主题

学会感恩，快乐成长。

二、教学目的

1. 在活动中帮助学生感受无私的父母之爱。
2. 引导学生树立感恩的意识，学会感恩。

三、教学重点

感受父母之爱，懂得为什么感恩，如何感恩。

四、教学准备

感恩小报、感恩绘画、课件。

五、教学过程

（一）导入新课

1. 同学们，我手里是一个感恩袋，里面是智慧老人出给我们的考题，现在就由我来考考大家，好吗？

请听第一题：是谁给了我们生命？（爸爸妈妈）

请听第二题：是谁教会我们走路、说话？（爸爸妈妈）

请听第三题：是谁为我们洗衣做饭？（爸爸妈妈）

请听第四题：是谁无时无刻记挂着我们的冷暖？（爸爸妈妈）

2. 同学们答对了！是爸爸妈妈把我们带到这个美好的世界，是爸爸妈妈给了我们无私深沉的爱！请看图片。说说"Family"的含义。

（二）活动

活动一：观看视频，体会父母的辛苦

老师：今天王老师给大家带来了一段视频，大家一起仔细看看，看完后说说自己的感受。

板书课题：《我的感恩之心》

活动二：说说我与父母的故事

1. 小组内说说父母在自己成长中对自己的关爱，令自己难忘的事。

2. 汇报交流。

师：有些同学把父母的爱看成是理所当然的。更有甚者，面对父母是居高临下，盛气凌人；是埋怨、责难，是一次次让父母失望、伤心！你对爸爸妈妈又了解多少？

活动三：感恩大调查

1. 请学生回答问题，说说对父母的了解。

2. 父母为我们付出了那么多，我们又对父母怎么样呢？

你给父母做过早餐吗？

你经常给父母盛饭、捶背吗？

你给父母送过礼物吗？

你对父母说过谢谢吗？

你和同学比吃比穿吗？

你斥骂、埋怨、讥讽过你的父母吗？

活动四：学会感恩

老师：感恩父母我们应该怎样做？

1. 学生自由汇报。

2. 总结。

3. 制作一张"感恩卡"，写上感恩的美好心愿。

活动五：感恩宣言　提升认识

老师：让我们一起来进行感恩宣言吧！

感恩宣言

从今天开始，

我要成为一个感恩的人。

我要感恩我的祖国，

祖国就是我们的母亲。

她用自己坚实的臂弯，

搭成我们健康成长的摇篮。

我要感恩我的父母，

父母就是我们的守护神。

他们含辛茹苦，

终其一生只为儿女幸福平安。

我要感恩我的老师，

老师就是孕育希望的播种者。

他们用青春和生命酿成知识的甘泉，

培育我们成为有用之才。

我要感谢我的朋友，

朋友就是陪伴一生的财富。

痛苦时一起分担，

快乐时一起分享。

我永远不会抱怨，

因为抱怨是死亡的开始。

我永远心怀感恩，

因为感恩是成功的基石。

我一定要做到，

完善自我、帮助他人、回馈社会，

我一定要做到，

与人为善、热爱生活、热爱祖国，

成功从感恩开始！

最后，让我们齐声歌唱《感恩的心》。

（三）总结

同学们，只要学会感恩，我们就会发现生活中时时有温暖，处处是阳光；学会感恩，我们就拥有了世间最美好的情感，我们就会成为幸福快乐的人！老师真诚地希望，此时此刻，感恩之树已深植于你的心田；老师诚挚地希望，同学们能从现在做起，从小事儿做起，去感恩给予我们温暖的人；老师热切地期待你们早日成为知冷暖、会感恩的人！

六、板书设计

我的感恩之心

感恩树

第四节　《保护文物和名胜古迹》教学设计及反思

山河小学　仵鹏真

一、教学内容

保护文物古迹，不在建筑物和文物古迹上涂抹刻画。

二、教学目标

1. 加强保护理念，不在文物古迹上乱涂乱画，不随便攀爬建筑物和文物古迹。

2. 自觉对身边的亲人朋友宣传正确的文物保护理念与文物保护知识。

三、学情分析

近年来，旅游成了人们的一大爱好，有的喜欢登山，有的喜欢观潮，还有的喜欢了解中国历史古迹，这显然是好事。可是有些人却不珍惜文化遗产，甚至破坏文化古迹：在古迹上乱写乱画，任意踩踏花草，乱扔垃圾等。总之，这让文物古迹受到很大的损害。

四、教学重难点

如何才能增强保护理念，不随意在文物古迹上乱涂乱画，不随便攀爬建筑物注意保护文物古迹？

五、教学准备

文物资料图片。

六、教学过程

（一）导入新课

老师想问一下大家，去旅游过的请举手？你能告诉大家都去过哪些地方？在旅游的过程中，你有没有收集到有关文物古迹的图片或者资料呢？把搜集的图片或者资料在小组里交流，谈感受。

（二）教学新课

1. 今天，老师也给大家带来了一些图片，我们一起来欣赏。（课件展示：文物古迹）

师：刚才我们所看到的这些文物古迹，是祖先留给我们的宝贵遗产。它们有着悠久的历史，代表着中华民族古老而灿烂的文化。我国是一个文明古国，文物古迹遍布祖国各地、大江南北。

师：请同学们思考一下，这些文物古迹有什么价值呢？

生：历史价值（再现历史、考证历史）、艺术价值（欣赏）和经济价值（旅游）。

师：文物古迹是我们不可多得的宝贵的历史资源。我们应该怎样对待文物古迹呢？（保护、不破坏）

2. 课件讨论：我们怎样保护名胜古迹？

先小组讨论，再回答：参观时要爱护，不破坏文物古迹，不在上面乱写乱画、乱刻。见到有人破坏文物古迹，要想办法制止他们，制止不了的要积极报告有关部门。向大家宣传保护名胜古迹的重要性，号召大家共同为保护名胜古迹出力。

师：在你生活的地方，有没有文物古迹？

师：你想为它做些什么？（保护）

师：今天，我们国人是不是都做到了保护文物古迹呢？请看图片。（课件展示：破坏文物的现象）

师：看了后，同学们有什么感受呢？（太令人气愤了，这些人素质太差了……）

师：你在旅游的时候有没有发现破坏文物古迹的现象？见到这样的行为你应该怎么做？

师：为了保护文物古迹，国家还制定了有关的法律，如果违反了，就会受到法律的制裁。因此，我们每一个人都应该自觉遵守法律，爱护、保护文物古迹，做文明公民。

3. 小小辩论会：

师：随着旅游事业的发展，有些地区将古建筑按照现代人的想法重新翻新，有的在古遗迹上建起了新的游乐设施。为此专家们提出了批评，认为这是对文物古迹的破坏。你对这个问题怎么看？

（1）以小组为单位辩论。

（2）全班集体辩论。

（3）举手表决自己的看法，教师引导：文物古迹是国宝，它们记录了祖国古老的历史，是中华民族文明的象征，具有很高的历史研究价值、艺术价值，一旦损坏就再也不能复得。我们不能光看眼前的现实利益，不能为了金钱而破坏它们，要考虑文物古迹的历史价值和艺术价值，应该合理地保护他们。

4. 对于一些已经遭到破坏的文物古迹，要在不改变它们历史原貌的基础上，合理地进行修缮。

课件：历史文化遗产保护的方法与原则。

（三）完成调查表

1. 各小组派代表展示。

2. 讨论：我们能为保护文物古迹做些什么？

同学之间建立保护文物古迹公约；给相关部门写建议书；做保护文物古迹的小小宣传员，向周围的人广泛宣传；与朋友们组成保护小组，做小卫士；向文物古迹保护主管部门申请担任志愿者等。

3. 小创作：设计保护文物古迹的广告语。

（四）拓展活动

课后搜集图片或者资料，举办"祖国的文物古迹"图片展览。

七、教学反思

今天，我讲授了《保护文物和名胜古迹》一课，学生们学会了很多知识，他们知道了古遗迹的价值，知道这些古代的文明是失而不能复得的，孩子们树立了保护古遗迹和文物的意识。

在教学中，我采用了讨论、辩论的方法，学生们可以互相启发、共同提高。孩子们的思维很活跃，能从多角度去思考问题，收到了较好的效果。

学生们具有了一定的自主学习能力，发言比较积极，课堂气氛很活跃。

不足：

1. 学生们发言不够积极。

2. 学习兴趣有待于提高。

改进措施：

1. 我们要多关注学困生，应多提问学生，让孩子们享受到学习的乐趣。

2. 教师要采用灵活多样的教学方法，应做到寓教于乐。

在以后的教学中，我们要激发学生们的学习兴趣，争取做到寓教于乐。

第五节　《爱护公物　节约水电》教学设计及反思

山河小学　徐燕

一、教学内容

节约用电、用水，爱护集体财物。

二、教学目标

1. 让学生知道我们的生活离不开水电，并感悟到水电对人类生活的重要性。

2. 懂得损坏集体财物是可耻的行为，爱护集体财物是一种美德。

三、教学背景

地球只有一个，保护自然资源，人人有责。可是，随着人们生活水平的日益提高，在日常生活中浪费水电的现象却日趋严重。因此，特开设"爱护公物 节约水电"的活动，一方面是为了使学生从小树立环保意识，另一方面是想通过学生调动家长节约能源的积极性，从而使环保活动从学校走向家庭，从家庭走向社区、走向社会，形成人人关心地球、爱护地球的良好局面。

四、教学重难点

懂得爱护公物、节约水电的重要性。

五、教学准备

1. 广泛搜集网络、报刊、影视等图文资料。

2. 调查每一个家庭平均一年的用水、用电量是多少。

六、教学过程

（一）揭示主题，引发认识

1. 同学们，想想看，在我们每天的生活中有哪些东西是最不可缺少的？

2. 针对目前我们生活中存在的一些现象，今天我们就要来学习……（师板书：节约水电、爱护公物）

（二）资料展示，深化认识

1. 小组长公布小组成员每个家庭平均一年的用水、用电量是多少。

2. 多媒体出示知识站信息，直观了解水电的情况，感悟水电对人类生活的重要性。

3. 讲述《赖宁救火》《雷锋捡螺丝钉》的小故事，使学生懂得节约资源的重要性，号召同学们都行动起来，用实际行动来节约资源、爱护身边的公共财产。

（三）联系实际，提升认识

过渡：现在很多国家都非常注意节约地球资源，爱护地球是要靠我们每一个人努力的。

1. 师：从刚才的学习中我们知道我们的生活离不开水电，离开了水，我们人类就无法生存，没有了电，我们的世界将是一片黑暗，你们想在那样的世界中生活吗？

2. 但是在我们的生活中有很多人还在浪费水电、破坏集体财物。说说下面的行为对不对？为什么？（多媒体出示几幅画面）

3. 交流我们自己或身边的亲人浪费水电的现象，共同讨论如何节约用水、用电，爱护集体财物。

4. 介绍发达国家节约水电的情况。

（四）行为训练，物化认识

过渡：同学们想不想成为节约小先锋？

那么我们在学校里应该怎么做？在家里呢？

1. 从学校做起

（1）洗手、不浪费水，看到水龙头开着主动去关好。

（2）体育课、音乐课出去前，看见教室里的灯、实物投影等开着要主动关好。

2. 从家里做起

（1）洗手、洗衣不浪费水。

（2）在房间里随手关灯，看完电视、用完电脑关闭电源。

（五）拓展延伸

1. 除了要节约水电外，我们还要节约什么资源？

2. 多媒体出示节约水电的小窍门。

3. 交流爱护公物的格言警句。

七、教学反思

课前，学生们通过调查每一个家庭平均一年的用水、用电量是多少，查找相关的资料，知道了节约水电的重要性。

一上课，小组长公布小组成员每个家庭平均一年的用水、用电量，再加上多媒体出示知识站信息，使学生直观了解水电的情况，感悟水电对人类生活的重要性。一系列触目惊心的数字也让学生明白地球资源再也不能任意浪费了，否则，不久的将来，地球上的最后一滴水将会是人类的眼泪！紧接着讲述《赖宁救火》《雷锋捡螺丝钉》的小故事，使学生懂得节约资源的重要性，知道珍惜地球上的资源是人类义不容辞的责任。

最后，在老师的引导下，同学们知道了，水电是生命之源，动植物的生存离不开水电。每天节约一滴水、一度电就能为地球节约资源，很多同学还说出自己节约用水、用电的好办法。

总之，本节课使同学们充分认识到水电对人类生存延续的重要意义，也学会了如何充分利用和保护这些资源及集体财物。

第六节 《物品分类好整洁》教学设计及反思

山河小学 朱丽辉

一、教材分析

本课是一年级下册第1课《物品分类好整洁》，学生通过前面的学习，初步了解了物体有很多特征，这些特征可以描述为大或小、轻或重、光滑或粗糙、透明或不透明，以及不同颜色、不同形状等。本课的学习主要分为四个活动：1. 聚焦分类话题；2. 制订分类标准，进行分类；3. 研讨，回顾学习过程；4. 了解分类的意义。通过四个活动，一方面使学生更清晰有序地了解物体的各种特征；另一方面通过学生科学地观察、描述之后进行科学的分类，了解分类是科学研究的重要方法。同时，帮助学生掌握分类方法，明确分类标准的细化是准确分类的要素。通过开展"分类"这一科学研究方法的学习和实践，帮助学生了解分类的意义以及分类的方法，对学生学习科学和培养科学素养具有很重要的意义。

二、学情分析

在生活中，学生早就不知不觉地对一些事物进行分类了。在本课中，他们要对生活中遇到的所有物体进行分类，进一步清晰、有序地认识它们的属性。但是学生各方面的科学素养和学习能力仍处于培养阶段，在行为能力上相对较弱，无意注意大于有意注意，注意力集中时间较短。同时，对于学生的分析能力、表达能力、倾听习惯等仍需进一步培养。

三、教学目标

（一）科学概念目标

1. 了解分类是科学研究的一种重要方法。

2. 根据物体的特征进行分类，可以更清晰、有序地认识物体。

（二）科学探究目标

1. 能够根据一个特征对物体进行分类。

2. 了解给物体分类时，依据的特征不同，分类的结果会有所不同。

（三）科学态度目标

1. 继续发展对物体进行研究的兴趣。

2. 认同物体可以根据某一特征被归类。

（四）科学、技术、社会与环境目标

体会：人们可以利用分类的方法整理身边的各种信息。

四、教学重难点

重点：能够根据一个特征对物体进行分类。

难点：了解科学准确的分类需要将标准细化。

五、教学准备

乒乓球、大木块和小木块、塑料块、大螺母和小螺母、大橡皮和小橡皮、塑料杯、玻璃珠、磁性白板、学生活动手册、若干个带有两个大圆圈的小组记录单、班级记录单等。

六、教学过程

时间分配教学设计及设计意图

（一）聚焦

我们怎样给物体分类？

（1）观看视频，视频中，人们如何给物体分类？

（2）出示本节课要研究的实物，我们怎么给物体分类呢？（揭题）通过观看视频，让学生初步感受生活中的分类，体会分类对于人们生活的帮助，分类可以让人们更便捷地生活。

从物体特征入手，聚焦分类标准指向的是物体的特征，并贯穿全课。

（二）探索

1. 给物体分类

（1）前面几节课，我们也观察了许多物体的特征，你能描述一下吗？这些不同物体的特征有相同的方面吗？

（2）说说自己小组以什么特征作为标准进行分类。

2. 初次体验分类并为物体编号。

（1）为物体编号。引导学生根据制订的分类标准进行首次分类活

动。（让一个学生先来分一分，如：大小）

（2）明确实验要求。

3. 开展小组分类活动。

（1）根据特征制订分类标准，填写在小组记录单上。

（2）小组合作开展给物体分类的活动。

（3）学生悬挂展示小组记录单。通过交流讨论，理解分类是以特征作为标准的，而且标准有很多，为开展分类活动明确主线和目的。

学生在真实任务的驱动下，先对物体进行分类的初步尝试，学会分类的基本操作方法，为后边的活动开展打好基础。

根据特征制订分类标准，指向分类的目的，是帮助学生认识物体特征，便于寻找和生活。学生通过形状、轻重、粗糙或光滑、透明或不透明等特征作为标准对物体多次分类，不但能更好地了解物体的特征，而且对分类的科学探究方法有更深的学习与体会。

（三）研讨

根据特征分类

1. 大家是根据物体的哪些特征分类的？

2. 根据同一特征分类，分类结果有何不同？

3. 根据发现细化小组记录单的分类标准，确定关于轻重的分类界限，再次调整轻重的分类。

4. 完善小组、班级记录单内容。

学生在上一活动的交流中已经发现这一问题。本环节是让学生对于相同标准，分类结果却不同的现象进行研讨交流，进而发现分类的标准除了特征之外还要有细化的标准，从而掌握科学分类的正确方法。

（四）拓展

观察生活中身边的分类

1. 我们生活中都有哪些分类给我们带来帮助呢？是哪些方面的分类？是如何给我们带来帮助的？

2. 说说这节课的收获。理解分类的意义不仅是更好地了解特征，还能帮助我们便捷地生活。

七、板书设计

给物体分类

特征　分类标准　细化标准
　　　轻重　　　轻重
　　　形状　　　方形　球形
　　　大小　　　大小
　　　颜色

……

八、教学反思

本节课所授内容为《物品分类好整洁》，这是一节很有意义的数学活动课，既可以让学生学会分类管理，又培养了学生日常生活中整理物品的好习惯。

本节课我采用创设故事情境，让学生以观看视频和游戏的方式对已知物品进行一维、二维的分类。活动开始便抓住学生的兴趣点以故事导入后，紧接着观看视频，随后让学生思考问题，引导学生发散思维，一步一步去解决问题。学生和我预想的一样，他们能很好地与教师互动，对物品进行分类。第二环节操作卡的使用，在操作前教师积极有效的引导很重要。在操作中，教师积极观察引导。整节课中不断对学生进行良好行为习惯的养成教育，培养学生的秩序感。

数学是与生活紧密联系的，学生通过对现有物品的分类，可以去解决日常生活和游戏中的一些简单问题，同时它又具有逻辑性和严谨性，我们要注重学生动手动脑能力的培养，手脑结合，才能让他们更易理解和接受。

本次活动层次清晰，但不足之处是学生对班级记录单的应用还不够熟练，由于时间的关系没有让学生对自己工作的准确性得到认可，在今后的课堂教学中我会克服困难，弥补不足。

第七章　综合习惯阶梯式培养典型案例

【编者按】为保护学生隐私，案例中学生的姓名均为化名。

第一节　刘小丽同学习惯培养案例分析

山河小学　课题组

一、基本情况

刘小丽同学，女，今年11岁。其父母在县城从事水果生意十几年。家中还有一个上幼儿园的弟弟。这孩子思维活跃，反应敏捷，能说会道，精明能干。但养成了爱贪小便宜、爱说谎的坏习惯。用她父母的话来说，"说谎不打草稿，死的也能说成活的"。经过多方面地接触了解得知：其一，由于父母忙于做生意，缺乏正确教育引导孩子的方法，加上添了个儿子，更没时间和精力去管她，任其自由发展。其二，看到女儿聪明伶俐，又嘴甜，还会帮他们招揽生意，作为做水果生意的父母亲有时还引以为荣呢！

二、在校主要表现情况

在这样一个家庭背景下成长的刘小丽同学，个性和自尊心都比较强，表现比较突出。在刚认识的老师面前她特别积极，主动帮老师做事，与老师聊天，很关心班集体，总能得到老师的好感。但时间一长，就表现出她的另一面：喜欢无拘无束，什么时候想讲就讲，上课的时候，对自己爱听的、感兴趣的科目会认真听几分钟，常常躲在抽屉里看小说，对作业不求甚解，得过且过，下课爱打打闹闹。在与同学交往时爱贪小便宜，常常会耍点小聪明，看到同学好的新鲜玩意会设法得到，比如让一些头脑比较单纯的孩子为她买；班级图书角的书会趁人不注意时带回家；有时故意去藏同学的东西等。更甚的是为了引起同学的注意，她还爱编故事，说东道西，因为比同学稍成熟，爱编一些男女同学间的事，弄得似懂非懂的同学背地里偷笑，甚至传开，造成很不好的影响。

三、分析诊断

许多心理或行为有问题的少年儿童都可能与他们缺乏温情、缺乏教育的家庭有关，刘小丽也不例外。她自幼生长在一个经营小生意的家庭，父母终日为生存而奔波，他们身上点点滴滴的小生意经潜移默化地影响着她。然而，在学校这个大部分都是独生子女的同学中，她表现出不如他人的自卑感。而鉴于她的种种不良表现，造成其他同学不喜欢她，老师对她有看法，所以就以不恰当的方式来引起大家的注意，其实这正是她内心缺乏自信，渴望得到关怀的体现。

四、辅导方法及效果

有人说孩子就是一本书，要想教育好孩子首先就要读懂这本书。作为老师，对这类比较敏感的孩子要特别关注，因为与一般的孩子比起来，他们的自我保护意识强烈。刘同学就是一个非常典型的例子，其症结就在于自卑。要纠正她的这种不良行为，一定要注意方式方法，做到保护好她的自尊心，帮助她消除自卑心理，树立起自信。我决定采取以下方式方法：

1.宽容理解、暗示提醒。在孩子的教育特别是问题孩子的教育上，尤其要注意方式方法。对她已形成的心理弱点和不良倾向，采用宽容理解和暗示提醒的方法。而且批评也注意做到不超过限度，从而使她不觉得老师总"揪住不放"。

当孩子们告她状时，我总是先教育告状的孩子学会宽容，善意地去理解他人。比如董同学爱给人取外号，我会说："这个外号倒不错，她也许没什么恶意，如果你不喜欢，我们就告诉她以后不许这样叫。"刘同学在一旁听了，既接受了教育，又有一个很好的台阶下。告状的同学也不怎么生气了。又如班级图书角的书少了，且有同学发现她拿了，我是善意地对全班同学说："读书角的书都是大家从家里带来的闲置书，就是给同学看的，虽然老师说了不可以带回家，可是由于有些同学太爱看这本书了，带回去了，看完他们会带回来的。再说如果她很想要这本书，我们就送给她也没啥大不了的事。"

曾有一位家长当我的面，指责刘同学说："你以后再让我女儿给你买东西，我会对你不客气。"那天，她就像受了惊吓的小鸟一般大气不敢出，只是默默地流眼泪。当时我在这位家长面前为她说了些好话，从某种程度上看是保护她。过后我抚摸着她的头，给她分析了事情的利害关系，让她知道这是一种不良行为，染上了贪小的习惯会因小失大，会失去伙伴等道理。她感动得再次流下眼泪，第二天她如数把买东西的钱还给了那位同学。此后，我常暗示提醒她，并与家长取得配合，让家长尽量给孩子一些关怀，满足孩子正当的要求。慢慢地，她改掉了这个毛病。

2.注意表扬，扬其之长。赞扬可以对儿童产生奇迹。用表扬代替批评可以使他们看到希望，增强自信。刘同学其实很聪明，各方面的能力都较强。在教育过程中我注意对她的点滴进步，适时地在同学面前表扬她，给她树立信心。还常常让她为老师跑跑腿做点事。她很机敏，让她到办公室拿点东西，给老师去传个话；她作业做得快，课后，让她做小老师为默写不过关的同学报词语；她写得一手好字，让她在黑板上写一条作业等，她总是十分乐意，感到老师的信任。我又想方设法创造条件，让她体验到成功的快乐，大胆地让她担任班级图书角的管理员，她感到从没有过的信任感，像模像样地把同学交来的书分门别类地摆放好，课间一有空就给同学借书，虽然有时也会拿着鸡毛当令箭，当老师指出她的不对时，都能虚心接受立即改正。就这样她不断地积累起令人尊重的资本，对学习、对生活、对自身信心逐渐增强。在班级充分展示了自己的才能。运动会中，她获一百米的冠军，成为长绳的队员主力，红领巾广播室的播音员，等等。无论什么活动她都积极、大胆地参与，同学们对她有了新的认识，成功的喜悦常挂在脸上。

这学期她好几次在作文中写道："我有两个家，一个是温暖的四口之家，有勤劳的爸爸妈妈、天真可爱的弟弟，他们都很爱我。还有一个是山河小学五（1）班这个大家，这里有我四十多个情同兄弟姐妹的同学。负责任的大班长，爱做好事的小刚……他们都是我的好朋友！"

五、后记

"陆地上最广阔的是海洋，比海洋还广阔的是天空，比天空更广阔的是人的胸怀。"这句名言，诠释了宽容的内涵。作为一名教师，就要有博大的胸怀，宽容地对待学生，它所产生的作用是无穷的。

第二节 秦小强同学习惯培养案例分析

山河小学　课题组

一、基本情况

秦小强，男，8岁，小学一年级学生，在幼儿园里就比其他孩子明显好动，思维反应各方面不比同龄的孩子慢。上小学后，这种情况有增无减，主要表现在：上课时不遵守纪律，坐不了多长时间就晃动椅子，经常招惹周围的同学；注意力不集中，东张西望，时不时在课堂上打打"太极拳"；上课回答问题要么答非所问，要么连问题都没听清楚；课余活动爱搞"恶作剧"，做作业时，经常拖拉；回家后据家长反映，书包一扔，就开电视机看动画片，一看就没完没了，总要看到八九点钟没有动画片了，这样就会影响第二天的上课质量。

二、分析诊断

查明成因，才能增强教育针对性。关于这个学生的诸多表现，我对多动症的表现做了分析，发现其特征主要表现为：

1. 学习、做事不注意细节、粗心大意。

2. 做事时难以集中精力。

3. 对别人的讲话经常似听非听。

4. 经常不能完全按要求做事。

5. 经常很难安排好日常学习和生活。

6. 经常不愿意或回避那些需要用脑的事情。

7. 经常丢一些常用的东西。

8. 经常容易因无关刺激而分心。

9. 经常忘事。

秦小强注意力不集中，偶有集中注意的时候也是短暂的，且很容易受外界的影响而转移，多动是该症比较突出的症状之一。"多动"不仅是活动过多，而且活动时动作不协调，学习困难，任性冲动，情绪不稳定均是症状之一。秦小强的脑子并不笨，比较好动容易分心，使得学习成绩只能屈居下游。综上所述，秦小强具有较多的多动症表现，但是，具有较多的多动症表现并不一定说是多动症。

三、辅导

1. 对于好动的孩子，老师最需要的是爱心、关心和耐心，从培养良好行为习惯入手，耐心纠正孩子的好动行为。教师可以从他的优点引导，就是在肯定他的优点、长处、优势、特点的基础上，充分张扬其优点，发挥其长处，突出优势，发扬特点，使他看到自己的潜在能力，树立搞好学习的信心，产生积极的学习行为。

2.纠正中要坚持鼓励，积极强化，当孩子有一些自制行为的时候，当孩子能持续一定时间稳定注意的时候……老师要及时肯定，并循序渐进对孩子提出要求。上课时，多注意他，时不时跟他进行眼神的交流，让他回答一些力所能及的问题。只要他回答正确，就大力表扬，回答不对，也多鼓励，少批评。在这样的教育下，发现他一听到表扬，学习起来也带劲了，数学成绩也有了明显的进步（做题的速度还有待提高）。但由于现在才一年级，训练的时间还很长，在这个过程中仍会有反复，年级组会老师耐心地帮助他的。

3.让孩子适当进行一些手脚协调、左右手协调、手脚与身体其他部位协调之类的活动，对纠正孩子好动行为有明显的效果。我们学习"方位"这一课时的时候，就多叫他表演小游戏，使他在快乐中得到了锻炼，精力也集中多了。

总之，小学生喜欢直观教育和形象教育，班主任本身就是小学生学习和效仿的榜样，在小学生心目中，班主任又是最可依赖的人、最应服从的人，班主任的示范教育对小学生来说就是无声的命令。因此，班主任应当严于律己，从我做起，为人师表，言行一致，成为学生的表率，凡是要求学生做到的，班主任自己应首先做到，在养成教育中，班主任应成为小学生最直观、最重要、最活生生的典范。

第三节　谢慧芳同学习惯培养案例分析

山河小学　课题组

一、基本情况

谢慧芳是五年级的一名女学生，她是个很腼腆的小女生，性格内向，平时不愿意跟同学们打交道，也不爱说话。在人面前不善言笑，上课从不主动举手发言，老师提问时总是低头回答，声音小得几乎像蚊子声。在班里是一个学习困难的学生，一提考试就没精神。如何帮助她增强自信心，走出这个阴影呢？

二、案例分析

1.个人因素

通过一段时间的观察，我们发现她性格内向，在人面前不苟言笑，学习习惯不是很好，上课听讲不太认真，容易走神，课外作业也不能及时、认真地完成。长此以往，学习成绩便越来越不理想，每一次考试都很紧张、很担忧，考试对她来说，一次比一次害怕，一次比一次考得差，经历的挫折多了，失败也就多了，便产生了严重的自卑感，过重的心理负担使她不能正确评价自己的能力，一直怀疑自己的优点。即使在成功面前也很难体验到成功的喜悦，从而陷入失败的恶性循环之中。这样严重影响她的身心健康发展。

2.家庭因素

谢慧芳的父母文化水平较低，对她的学习不能有力地指导，过重的压力在未能达到父母期望时，孩子便形成自卑心理，怀疑自己，否定自己，不安、孤独、离群等情感障碍也会随之而来。

3.教师因素

在学校里，如果教师对一些同学尤其是学困生不够了解、关注不多，就容易造成对这些同学的评价偏低。一旦如此，几个月或者几个学期以后，这些同学便逐渐产生失落感，在老师那儿他们得不到适时的表扬和赞美，又会受到同学们的奚落和家长的不满。长此以往，便否定了自己的一些行为和想法，慢慢不相信自己的能力与水平，也越来越不自信，此时自卑感就慢慢占了上风。

三、辅导策略

自信的缺失对学生的身心健康、生活、学习都有损害，那么究竟该如何引导学生增强自信，正确地评价自己呢？

1.激励教育，唤起信心。

教育学理论告诉我们，每个学生都是有进步要求的，都希望别人认为自己是一个好学生。我也认为只要孩子智力正常，没有教不好的学生。

2.树立信心，激起动力。

3.家校沟通，促进自信。

我经常与家长联系，详细地分析了谢慧芳在校的表现及其各种原因，共同商量解决孩子不良心理状况的办法。建议家长选择适当的教育方式，要为孩子提供表现自己的机会，发现进步的地方，马上夸奖她的闪光点。谢慧芳从他人的肯定中得到了满足，增强了自信。

四、辅导效果

通过师生、家长的共同努力，该同学现在有了很大的变化。她的学习成绩在不断提高，上课能专心听讲，敢于举手发言且声音响亮，下课能主动与同学交往、做游戏，愿意参加各种活动，与班级、同学融为一体。家长也反映在家学习主动，喜欢把班级的事讲给父母听，主动帮家长做些家务。

五、结论

学生，尤其是小学生缺乏自信，会产生自卑，不管自己有再多的不好之处，都不应该对自己失去信心，要相信自己：我能行。只要对自己一直充满信心，就不会自卑。对于那些自信心不足的学生，我们要及时地给予更多的关爱，让她们感到"我能行""我是最棒的"。

面对谢慧芳的改变，我们更加认识到激励的作用、集体的力量。因而，针对类似她这样的学生，教师要循循善诱，不可操之过急，不要把注意力集中在孩子的不良表现上，要更多地关注孩子的优点和特长，放大孩子的优点，使之一步步放开自己的心绪，正确地评价自己，将自己融入集体中去，感受大家给她的善意，通过多元化的评价、各项活动的参与，使其自信自强。

第四节　徐文文同学习惯培养案例分析

山河小学　课题组

现代教育家叶圣陶先生说："教育是什么？往简单方面说，只需一句话，就是要养成良好的习惯。"好习惯的养成则终身受益。"积丝成寸，积寸成尺，寸尺不已，逐成丈匹。"这句话虽然朴实，却也向人们揭示了这样一个深奥的道理。"教育要从娃娃抓起。"同样，好的行为习惯的养成也要从小抓起，从小就有好习惯是成功的第一步。所以，作为小学教师的我们要肩负起培养孩子良好行为习惯的重任。怎样培养？这显然是要花时间、精力，耐心、细心去观察、去实践。

一、案例描述

徐文文，男，11岁，五（1）班学生。一天到晚总是马马虎虎，做事毛手毛脚、丢三落四的，每天上学总要把一些学习用具遗落在家里，作业有时也忘了做，要不就是遗漏题目；平时挺聪明的，一到考试总因为马虎，错好多题；在家做些事也是磕磕碰碰，父母、老师怎么提醒也没有明显的成效。

二、案例评析

孩子做事马虎、毛躁、慌张、丢三落四是行为习惯较差的表现，主要是注意力和自控力存在问题。口头表达能力差，不愿与人交流。在家里和学校，都不能有条不紊地学习。再加上父母忙，也管不着他，处于自由散漫状态。父母和他缺乏沟通，父母对他的关爱也非常少，他整天放学回家后，就和小伙伴在家随便玩耍，有时父母回家看见他在玩或未完成作业（其实是不会做）就指责他，久而久之，他的性格变得内向，独自生活在自己的世界里。该生的不良表现，既有自身原因，也有家庭教育方面的原因。

三、辅导策略

1.加强方法指导，同学互助结对帮助。

首先，针对经常漏做、不做作业或忘带作业等现象给予方法指导，让学生自备一个作业记录本，记下各科作业，同桌间互相检查签名。还指导做完每一项作业后及时打勾，并将作业放在一个专门的袋子中。

其次，充分利用学生之间的榜样作用引导他。因为孩子都是处于同一个年龄层次的，他们之间有着一种同龄人之间互相影响的巨大力量，充分利用好同学之间的互相影响、互相帮助，而且对于低年级的学生来说，他们的模仿能力很强，长期在一些好的行为习惯的学生影响下，他也能从中学到一些好的行为习惯，改掉自身的陋习。因此班主任负责安排了他与附近的小伙伴一起做作业或加入一个学习小组，这样学习小组成员可以及时提醒他做作业，在他需要时还可以给他帮助。同时也有利于教师及时地了解他的作业情况，这样可以按照交作业的及时程度给予他鼓励或奖励。这个方法很好，经过一个学期的努力，他基本能及时地交作业，拖拉作业现象也明显减少，因为每当他控制不住自己要出去玩时，就有其他小朋友来提醒他还有哪些作业没有完成。

2.及时与家长沟通，共同解决问题。

学生行为习惯的养成家校联系是必不可少的，而他的很多不良学习习惯和行为习惯的形成，都和家庭的教育密切相关，所以及时与家长沟通是整个养成教育的重要一环。

班主任老师主动联系家长，针对他这些不良行为习惯的形成进行原因分析，让家长知道自己在接下来一段时间该如何做，然后和家长制定了一些教育方案。

（1）让家长每天花一定的时间和孩子进行沟通交流有关学校或生活中的小事，增加孩子和父母之间的情感和信任度。对孩子的作业进行及时地检查和指导，如果碰到孩子和家长都不会的问题要及时地与任课老师或班主任沟通，培养孩子在学习上的自信心。如果碰到孩子没有完成作业情况，要先沟通，再根据具体情况给予教育，而不是不问青红皂白就以武力解决。

（2）在家培养孩子爱劳动的好习惯，教育孩子正确对待金钱。通过父母的榜样作用或言行让孩子明白，只有勤劳、诚实的孩子才受人喜欢。在学校碰到孩子有没完成作业情况，及时和家长沟通，确定是否真的是忘在家里或是其他原因没有完成，不让他的撒谎形成空间。

3.以人为本，付出师爱，做好榜样。

作为一名教师，都应"以人为本"，尊重每一位学生。即使这个学生现在让你很头疼，我们在教育时也应该"动之以情，晓之以理"：用师爱去温暖他，用情去感化他，用理去说服他，从而促使他主动地认识并改正错误。同时，作为班主任，要身体力行，积极参与到学生的行为中去，即要求学生做到的自己首先做到。对于课堂上，讲错的知识，在同学面前要勇于承认；答应同学们的事，一定办到，做个诚实守信的好老师。如果老师以身作则，学生就会模仿，并下定决心去做好，同时还能感到老师平易近人、和蔼可亲，从而融洽师生关系，增强老师的威信，正所谓"喊破嗓子，不如做出样子"。

四、辅导效果

经过辅导，我们发现该学生比以前开朗多了，现在和老师们在一起也活泼多了，特别是通过与同龄伙伴交往，进步非常明显。他能平等、自由地发表见解，他的交往能力、自我理解、评价能力和集体观念，有了进一步的提高，在和伙伴游戏中他学会和同伴相处、合作，而且他的一些不良的习惯也得到小同伴的制约、帮助而自觉改正，这使得他的个性得到完善。其次是家长和老师的积极配合，通过家长和老师对他表扬，不约束他，现在作业能自觉完成，课堂上也能遵守纪律了。他有进步就给予肯定，这样他的性格就相应地外向起来。他变得自信、灵活多了，而且成绩也有了进步。

五、启示

学生不管是好的行为习惯还是不良的行为习惯都不是天生就具有的，都是有一定的原因的。对于好的，我们要给予表扬，并发扬光大，让其作为其他小朋友的榜样，同时还要从他的身上借鉴一些好的教育方法。对于不好的行为习惯，那肯定要从各个方面去了解、去观察，找到原因后，根据不同孩子的气质特点、性格、家庭教育等方面给予适当的教育和帮助，让他逐步养成好的行为习惯。不放弃任何一个孩子，每个孩子都是具有很好的可塑性的。

第五节　周文杰同学习惯培养案例分析

山河小学　课题组

一、个案基本情况

（一）姓名：周文杰

（二）性别：男

（三）年龄：12岁

（四）班级：六（1）班

（五）辅导时间：2017年1月20日—12月25日

（六）个案来源：周文杰在学校不但成绩不好，并且行为习惯很差，经常完不成作业，常和老师作对，欺负女同学，与别班同学打架。大部分的同学都不喜欢他，任课老师经常到我处"告状"。

二、不良行为表现

（一）学习成绩持续下降。该生成绩一直不太理想，但进入六年级后，持续下降。数学、英语不合格现象时有发生，语文、科学成绩长期徘徊在合格的边缘。

（二）违反课堂纪律。对学习缺乏兴趣，学习习惯差。上课开小差，注意力不集中，没有持久性。上课不守纪律，有时会带动全班同学起哄。

（三）作业完成欠佳。由于基础不好，作业书写欠工整，字迹欠清楚、端正。而且经常有不做或少做的现象，非笔头作业通常都不做。

（四）同学关系不良。经常因一点小事与同学发生争执，欺负女同学，甚至打架斗殴。

（五）教育无效，反应剧烈。语文老师采取多种方式教育，班主任也对其多次教育，当时虽能虚心接受，却屡教不改，无心学习，我行我素。家长多次教育后，亦宣告无效。

三、背景资料调查

（一）家庭背景

父母在外打工，经常无暇顾及家庭，交代给他祖母照顾，教育方式简单。

（二）学校背景

1. 学校大环境：学习风气浓，任课老师责任心强，家长普遍重视，对学生要求较高，学生之间能相互尊重。

2. 同伴看周文杰：在同学眼中是四个之最——是一个最会起绰号的人，上课纪律最差的人，脸皮最厚的人，行为习惯最差的人。

3. 老师看周文杰：表面一套，背后一套，虚心接受，屡教不改，成绩不理想，有点难对付。

四、分析诊断

1. 认真翻阅被试对象的材料，到任课老师及其同学中了解他的个性品质、兴趣爱好、生活状况、学习情况、心理健康水平、身体素质现状，对其进行全方位的分析，寻找突破口，找到开启他心灵大门的钥匙。

2. 采用"情感投资""捕捉闪光点"等方法锻炼他学习、交往及良好行为的品质，增强他的自信心，找到自己在班级、学校、家庭、社会中的位置及感觉。周文杰爱好体育，尤其是打篮球有一定的基本功，根据这一特点，让他在篮球比赛中发挥特长，并鼓励他，最终取得了较好的表现。让他参加学校组织的跳绳比赛，通过这次的参与活动，周文杰找到了自己在班级中的位置，增强了他的自信心。

3. 采用"沟通""融洽"方法。周文杰能正确认识自己的错误，通过"沟通""融洽"方式真诚帮助他认识自己行为习惯上的不足及缺点，指导、鼓励他正确对待自己的性格缺点。并与他建立良好的师生关系，让他倾吐自己的心声，宣泄自己的感情，化不满情绪为融洽气氛。

4. 给予正面评价，增强自信心。周文杰在班中长期被视为问题人物。过低的评价令他对自己的能力及今后的发展缺乏信心，对重新参与团体生活产生退缩的心理。教师的评价对学生的自我评价起主导作用。在他自我评价过低的情况下，给予较多的正面评价，帮助他提高自我评价。

5. 经常与其家长取得联系，帮助家长树立起教育孩子的信心。孩子只是行为习惯差一点，信心不足，对学习没兴趣，让他们感到学校与老师是多么想帮助他们，与学校共同担负起教育孩子的责任，指导家长共同做好转变工作。

6. 经常深入班级，与其任课老师取得联系，了解情况。经常交换意见，及时了解他在班级、同学中的情况以及学习、行为习惯情况，对出现的新问题及时调整方法和措施，带他逐步步入正道，寻找到良好的感觉。

五、指导对策

（一）建立良好的师生关系

利用我是他英语老师的特殊关系，接近周文杰，建立关系。我在班里组织课堂教学游戏，并有意识地选择他参加。当游戏成功后，我及时地表扬他。此后连续找机会与他谈天，问他喜欢什么活动，喜欢看什么样的电视等，与他建立友善的关系。

（二）帮助他分析自己的性格特点

为了帮助周文杰，我通过谈话、观察等多种方法，充分利用老师对学生的有利条件，摸清周文杰的真实个性特点，了解其可利用的突破口，减少对他的负面影响，提供合理的行为模式，并且在生活中加强新行为模式的使用。最后，经若干次的努力，使其不健康的心理得到矫正。在一次他大发脾气并大打出手后，我与他进行了深层次的交谈，助他分析自己的性格特点。

第一次面谈（时间：2017年2月26日）

师：今天和别人打架了？

生：是的。

师：为什么呢？

生：他有钱不借给我。

师：你觉得他不借给你钱事情很严重吗？有必要打架吗？

生：（摇头不作声）

师：你觉得这次做得对吗？

生：不对。

师：那你为什么对他大打出手？

生：我的行为习惯不好。

师：因为行为习惯不好，所以很容易与别人发生争执？

生：是的。

师：看来，你知道自己的问题所在。那么你了解自己的性格吗？它就是导致你发脾气的主要原因。

在第一次的面谈中，我和他一起分析了他存在的问题：

①同学不愿意和你交朋友，令人烦恼。出现此状的原因是什么？最根本原因是你经常因一些小事与同学发生争执，有时还与同学打架，

同学们都害怕你，也不想与你成为朋友，所以都避开你。

②老师批评教育你说明老师是很在乎你的，希望你进步。同时，说明你自身确实存有不足，应及时调整自己不当的行为，例如在课堂上经常与老师作对，甚至还带头起哄，并且不交作业等。

③没有不疼自己孩子的父母。你父母是十分关心、爱护你的。但是你长期以来的行为实在令父母心灰意冷，没法再管你了，只能让你顺其自然。

师：你的行为是否令人心灰意冷呢？

生：是的。

师：想想，如果你改掉了自己的缺点，同学、老师和父母又会如何对待你呢？

生：（思考着，沉默）

（三）帮助其转变行为

第二次面谈（时间：2017年3月3日）

语文老师罚他写25张钢笔字，原因是有一次上课捣蛋，写下保证书并约5位担保人（张××、黄×、何××、郑××、李××），以后犯错误，其他五人同样处罚，而他讲义气自己包揽，其实是五位感觉倒霉，不帮他写。

所以在第二次的面谈中，当他进来时，告诉我，他已经想通了，也在努力地改变。但是有时怎么也控制不了，不知道该怎么办。根据这种情况，我给他制定了一份契约：

1. 利用空闲时间，多找老师和父母沟通，倾诉自己的内心，寻求理解与帮助。

2. 严格要求自己，努力学习，提高成绩。少违反课堂纪律，改变老师和同学对自己的印象。

3. 尽量控制自己的不良习惯。制定一个"记录本"，上面记录下自己做好的次数，以激励自己。

（四）取得同伴谅解

第三次面谈（时间：2017年4月6日）

周文杰心情较好，并说自己慢慢取得老师和同学的谅解。

第五次面谈（时间：2017年5月20日）

周文杰兴高采烈地告诉我：最近和同学关系挺好的，任课老师也很关心他了，基本上都能控制住自己，本周行为习惯得满分，有信心和同学建立学习上的竞争了。

（五）改变学习状况

第七次面谈（时间：2017年6月8日）

第七次面谈时，周文杰忧心忡忡地对我说："朱老师，我测验数学、语文又不及格，英语才刚好60分，我怎么都学不好呢？是不是我太笨了？""当然不是。你可以取得好成绩的。"见他这样，于是我问道："你觉得有什么办法可以提高成绩呢？"周文杰猛地抬起头，双眼绽放出光芒，"我想请老师教我，你能帮我吗？""能，老师一定帮。"于是，我向同学说明了周文杰的想法，并邀请愿意帮助他的同学担任他的小老师。在家请家教，并制定学习计划。

第十次面谈（时间：2017年8月29日）

周文杰近来心情愉快，未出现大波动，通过向小老师询问学习方法求得帮助。现在，在数学课上有较好的表现，得到了教师的肯定。通过一段时间的改正期，他也取得了同学们的谅解，现在他与同学们的关系融洽，他对自己的前景充满希望，觉得自己已经能自然地面对一切。

六、干预措施

创设一个良好的辅导环境是辅导周文杰的过程中必不可少的一环。因此，在与他面谈的同时，我还做好以下的工作：

（一）与周文杰的父母亲沟通：共面谈3次。主要涉及4个方面：第一，了解情况。第二，表达对其关心周文杰教育的敬意和其中难处的理解。第三，指导家庭教育方法。如：给周文杰鼓励，相信他，耐心地指导，不应施压。第四，经常与其沟通、交流，了解近期学习、心理等方面动态。

（二）与任课老师沟通。我向语文教师介绍了周文杰的情况并介绍辅导方法，希望她能在课堂上关注他，及时肯定他的细微进步，给周文杰创造在群体中自我展示的机会。并希望老师能帮助他在同学们面前建立自尊、自爱的信心，使他能得到同学的友谊和其他任课教师的关注。

七、培育结果与分析

和周文杰第十次面谈后，我与他的接触不再预约固定，个案进入追踪阶段。经追踪了解表明：

1. 了解学生，是做好教育工作的前提。早一点了解，可以早一点采取对策，把有的消极事情所产生的后果扼杀在萌芽中，真正做到防微杜渐。

2. 关心学生，是治疗一切疾病的良药。没有爱的教育，就不可能培育出苗壮的幼苗。老师无论自己的心境如何，都不能忽略给孩子们一点真诚的爱。

3. 集体的力量是无穷的。如果光凭借班主任老师的个人力量，也许会是杯水车薪，即使你的诚心能打动人、改变人，但可能需要更长的时间。"众人拾柴火焰高"，集体的力量才是无穷的。

4. 和同学的关系改善，同学能经常与其一起活动。

5. 与父母的关系变得融洽，能尊敬长辈，尊敬老师。

通过一段时间观察，周文杰发生了很大变化，故意捣蛋的次数少了，上课认真听讲并积极发言，同学关系也有很大改善，学习成绩进步较快；在家中父母反映说孩子各方面比以前都有进步，放学回家后先写作业，再帮父母做一些力所能及的事，等等。

通过以上的努力，周文杰已渐渐找到了一些好的行为习惯的感觉，由此他的自尊心得到了满足，自信心有了提高，在同学、班级中也有自己的位置，周文杰的问题行为得到了转变，因此，培养好的行为习惯比什么都重要。

（材料整理：朱丽辉）

第六节　张亚亚同学习惯培养案例分析

山河小学　课题组

随着社会的发展，小学阶段独生子女增多，学生的养成教育已成为教育工作不可忽视的新课题。很多学生在家长溺爱下自理能力更差，在家饭来张口，衣来伸手。作业写完了，本子、书放回书包里都是家长代劳的，造成学生做事动作磨蹭、有始无终、丢三落四的坏习惯。小学是基础教育的基础，小学教育的质量或体现在学业成绩或体现在全面而有个性的发展上，如孩子学习成绩好，特长突出，但是这一切外在的结果，都需要一个内因起决定性作用，那就是学生良好行为习惯的养成。良好的学习习惯，会使人终身受益。小学生年龄比较小，尤其应该注意养成教育的培养。

张亚亚是三年级活泼可爱的小女孩，我还清楚地记得刚开学的时候，她用那甜美的声音向我问好。她的身姿非常挺拔，所以一开始的时候我让她做领队，可是开学几个星期下来，我发现她上课不够专心，学习习惯非常差，动作也很慢，整天把自己搞得脏兮兮的。对她进行批评也没什么大的作用，她依然如此，所以我让一个各方面表现都比较好的学生去做领队。虽然我把张亚亚给换了下来，但是我觉得这个小姑娘是很有灵气的，我要帮助她。

有一次，我发现她喜欢在桌子上乱涂乱画，就很严厉地批评了她，可是过几天又发现她这样做了，我想我前几天刚刚批评她，怎么又这样了？我找来了她的家长，家长反映，在家里她也是这样的，写字桌上第一天刚擦干净，第二天又被她画了，家长一直提醒她，可她还是改不了。我想，这是她长期以来养成的习惯不好，要慢慢地帮助她改掉。不要小看这只是行为习惯不好，这很大程度上会影响学习习惯。因为我发现过几次，上课的时候她有时候也会不知不觉地低下头去在桌上画画。所以我就找一些习惯比较好的学生和她做同桌，以此来潜移默化她，我想通过学生影响和我的帮助，一定能把她的习惯培养好。在给她换同桌的时候，我找她好好地谈了一次心。告诉她，别的女孩子是多么爱干净，学习成绩也是多么优秀，要她向别人学习。她是一个很聪明的女孩子，经过我和她谈心之后，她就把别人作为自己的榜样，尽量让自己和别人做得一样好。在一段时间之后，她有了很大的进步，因此我鼓励她，让她做了小队长，她也非常开心。可是，毕竟要改掉一个不好的习惯是很难的，所以有好几次我都"威胁"她，如果再不好的话，就把小队长收回来。这样的"威胁"对她很有用，她为了"保住官衔"，在一点点地进步。

张亚亚同学的事例，让我再一次觉得小学生习惯的培养是非常重要的。著名教育家叶圣陶先生说："什么是教育？简单一句话，就是要培养良好的习惯。"因此，在我们的教育中，尤其是小学初始阶段，对于小学生习惯的培养不可忽视。良好习惯的养成是大量良好行为不断积淀的过程，习惯形成的前提是某些具体行为的练习和熟练。良好习惯是大量良好行为积淀的结果，习惯培养是养成教育的主要内容。没有大量规范化的日常行为要求和训练，习惯的形成是困难的。良好习惯的培养需要严格的要求。大多数习惯是行为达到自动化后才出现的。在行为向自动化发展和转变的过程中，严格的行为要求和按要求行为是必要的。良好习惯的培养要从细节着手。习惯培养中严格的行为要求必然也要求对细节的重视。习惯培养必须融入学生日常的生活和学习中，注重生活中的细枝末节，尤其是那些容易出现行为问题的方面。我在培养学生的习惯的时候遵循了以下三点原则。

一、以人为本，倾注师爱

尊重每一位学生，"以人为本"，是对每一位教师的基本要求。教育是心灵的艺术。如果我们承认教育的对象是活生生的人，那么教育的过程便不仅仅是一种技巧的施展，而是充满了人情味的心灵交融。这样老师才会产生热爱之情。心理学家认为"爱是教育好学生的前提"。对于张亚亚这样聪明伶俐、但习惯比较差的学生，我发觉对她进行全班的批评好像没什么大的作用，相反和她敞开心扉，以关爱之心来触动她的心弦，倒是非常有用的。"动之以情，晓之以理"，用师爱去温暖她，用情去感化她，用理去说服她，从而促使她主动地养成良好的习惯。

二、良师益友，宽容以待

老师应是学生的良师益友，应宽容以待之。现在的小学生，别看她们年龄小，可是都非常要面子，你要是太严厉地批评他，效果反而不大。因此，我要做他们的"知心姐姐"。当她做错事时，很真诚地和她谈心，让她感受到老师对她的信任，感受到老师是自己的良师益友；让她感受到老师给自己带来的快乐，让她在快乐中学习、生活，在学习、生活中感受到无穷的快乐！

三、因材施教，循循善诱

"一把钥匙开一把锁。"每个学生的情况都是不一样的，因此必须弄清楚学生的具体情况，从而确定行之有效的对策，因材施教，正确引导。像对待张亚亚这样比较有灵性的学生的时候，教师就要采取潜移默化式，要让她懂得我为什么要这么做的道理，从思想上加以认同，只有明白了道理，才能使学生自觉地按照老师提出的要求去做，变"要我做"为"我要做"。当然在小学阶段，老师的督促也是非常重要的。良好习惯的养成不是一朝一夕的，在养成良好习惯的过程中，往往会出现反复现象，因此，教师平时的督促就是显得更为重要，要通过经常性的督促检查，使学生在不断的实践中养成自觉的习惯。

在实践中，我深切地感到，抓好小学生的养成教育，特别是行为规范的养成教育，是培养学生良好习惯的基础，也是当前实施素质教育的重要内容。从培养良好的行为习惯抓起，从我做起，从身边的小事做起，严格要求、严格检查，才能养成良好的行为习惯。培养学生养成良好的习惯是一项艰巨、复杂的系统工程，还有很多的细节问题需要进一步地探索，我将不懈地努力下去。

（材料整理：王小芳）

第八章 小学生综合习惯阶梯式培养与学校发展

第一节 山河小学2012年8月以来发展记事

【编者按】办好一所学校，需要各方力量积极参与其中。一个好校长，一群好老师，一拨好学生……成就一所好学校。一所好学校，成就一个优秀团队。

小学生综合习惯阶梯式培养是山河小学的一张名片。学生因这张名片而沐浴阳光雨露，教师因这张名片而自豪、上进，家长因这张名片而格外满意。这张名片丰富了学校健康发展的内涵，彰显了学校的独特风格。业绩靠奋斗，团结出成果。这张名片经得住时间和现实的考验，它的魅力无穷，它的光芒穿越时空。

2012年9月，我校将"爱达教育"作为学校的精神文化，以"立德树人，奠基幸福"为办学理念，以"群星灿烂，健康快乐"为办学目标，办学思路更加清晰，前进步伐更加坚实。

2012年9月，我校启动了"青蓝工程"结对仪式，成立了课改先锋小组。

2012年10月，我校挖掘传统文化和正宁地域特色高起点设计，高规格布置了校园文化墙。楼道布置了班级名片，班级设立了图书专柜和评价图，以班誓、班名、班徽、班训、班花为内容的"班本文化"各具特色。

2012年10月—12月，我校研发了《校本课标》《教材解读》和《给语文老师的智慧背囊》等校本教材。

2012年10月，我校举行了"培养小习惯　成就大人生"阶梯计划启动仪式。

2012年10月，我校在庆阳市"读书伴我行"竞赛活动正宁赛区复赛中获一等奖。

2012年10月，我校在全市课改推进大会上做经验交流。

2012年11月，张小霞老师被评为庆阳市"学科带头人"，石琼慧老师被评为庆阳市"首席教师"。

2012年12月，我校和兰州师范附属小学结为"手拉手友谊学校"。

2013年4月，我校"童本·需要·活力"高效课堂基本构建，"五学三测"教学模式得到广泛应用。

2013年5月，我校成功创办了《爱之约》校报。

2013年7月，我校毕业质量检测获全县第一名，综合成绩188.4分，语文合格率89%，数学合格率66.3%，英语合格率40.9%，全科合格率65.4%，升学率100%，数学单科第一，语文单科第二，全县考生前10名我校进入6名，全县前50名我校进入21名。

2013年7月，我校被庆阳市妇联、庆阳市教育局评为"优秀家长学校"。

2013年9月，我校被县委、县政府授予"教育工作先进集体"；任有运被评为市级"模范校长"。

2013年9月，甘肃省文明办批准我校实施"乡村学校少年宫"项目，10月，我校"开始运行"并通过市级验收，给予充分肯定和表扬。

2013年9月，我校被县教体局评为"小学会考工作先进集体"。

2013年10月，省级语言文字验收工作顺利通过，我校语言文字规范化工作得到省级专家一致好评。

2013年10月，我校被评为"庆阳市基础教育课程改革示范学校"。

2013年11月，我校被庆阳市精神文明建设委员会评为未成年人思想道德建设"家长示范学校"。

2013年11月，我校被评为"全市新教育实验学校"。

2013年12月，我校在全市范围内组建起第一个"石琼慧音乐名师工作室"。

2013年12月，我校被评为甘肃省"科技创新实验学校"。

2013年12月，任有运、石琼慧两名教师获甘肃省"骨干教师"。

2014年1月，我校获全县年终目标管理考核第一名，并获一等奖。

2014年3月，我校获庆阳市中小学生汉字听写竞赛正宁赛区复赛小学组团体一等奖。

2014年4月，我校获正宁县小学生安全知识竞赛团体二等奖。

2014年5月，我校获正宁县"唱响青春，激扬梦想"青少年歌手大奖赛优秀组织奖。

2014年4月，我校少年宫经省文明办检查，被评为"全省最好少年宫"。

2014年5月，全市新教育实验开放周活动在我校举行，县外、县内参观人数达400多人，成为山河小学历史上首次参观学习人数最多的一次。

2014年5月，我校被县局评为"全县2013年度目标考核先进集体"。

2014年5月，我校被评为"甘肃省优秀少先大队"。

2014年9月，我校被评为"全市教育教学先进集体"。

2014年9月，张小霞老师被评为"全市教育名师"。

2014年9月，我校接待了庆阳市教育局长观摩，得到市局充分肯定，并号召全市向我校学习。

2014年9月—10月，西峰区宁县东方红小学、团结小学以及我县基层学校共计1100多人到我校参观学习。

2014年10月，我校在全市中小学生文艺展演中参演3个节目，1个获二等奖，2个获三等奖。

2014年10月—12月，市教育局《工作通报》第八、九期对我校的课改、习惯培养、德育等工作给予了高度评价，并号召全市学校向我校学习。

2014年11月，我校承办了由市委宣传部组织的"全市乡村学校少年宫建设现场会"，与会代表300多人观摩了我校的活动，我校在大会上做了经验交流。

2014年11月，我校获全市第四届中小学生经典诵读竞赛正宁赛区一等奖。

2014年11月，《甘肃日报》《陇东报》分别以《让教育回归本真》为题在报道庆阳市生态教育的时候，对我校很多工作给予了充分肯定和报道。

2014年12月，我校被市教育局评为"全市德育工作先进集体"，校长任有运在大会上做《培养小习惯 成就大人生——做好细节德育的探索与实践》经验交流。

2015年1月，石琼慧老师被评为"全省特级教师"候选人。

2015年1月，我校起草了《全市中小学生培育和践行社会主义核心价值观实施方案》。

2015年2月，我校被遴选为"全国青少年校园足球特色学校"。

2015年3月，我校被省教育厅评为"第二轮全省德育示范学校"。

2015年6月，我校被评为"甘肃省快乐校园示范学校"。

2015年9月，在全县六年级学业水平测试中，我校成绩连年稳中有升，名列全县第一，被县局评为"全县先进集体"。

2015年10月，我校在全县中小学师生艺术作品展评活动中荣获先进集体。

2015年10月，巨耐虎、张小霞和李麦兰3位老师荣获"甘肃省骨干教师"称号。

2015年10月，我校顺利通过省级语言文字规范化验收工作，获得了3个100%的好成绩；获得甘肃省语言文字规范化示范学校。

2015年11月，我校省级平安校园创建顺利通过验收。

2015年11月，在全县中小学汉字听写大赛中，我校荣获先进集体奖，仵丽娟、张娜、范月红获优秀指导教师奖，3名学生分别获奖。

2015年11月，我校被命名为"甘肃省乡村教师影子研修基地"。

2015年12月，我校成功举办第一期省级农村骨干教师培训班，培训来自宁县、镇原、庆城、华池、正宁的20名学员。

2016年2月，我校少年宫被省文明办、省教育厅评为"优秀乡村学校少年宫"。张岳祥、王玉田被评为优秀辅导员。

2016年5月9日，我校通过义务教育均衡发展省级验收，被评为"正宁最亮的点"。

2016年5月，我校组织党冰心、李麦兰、张彩霞，参加了县上送教下乡活动，分别赴宫河、永和、山河学区送教，培训教师1000多人。

2016年6月，我校被中央电化教育馆培训中心评为优秀单位。

2016年6月，我校通过北师大一体化项目第三方评估。

2016年6月，校长任有运参加全国小学骨干校长高级研修班，期间大会交流《培养小习惯　成就大人生——做好细节德育的探索与实践》，受到各位专家和校长的好评。

2016年9月5日，我校顺利通过义务教育均衡发展国家级认定评估。

2016年9月，我校被县委、县政府评为"先进集体"。

2016年9月，我校被县教体局评为"小学会考先进集体"。

2016年9月，我校获得全县第八届读书竞赛二等奖。

2016年10月，我校组织党冰心、文霞、冯春玲、徐芸芸、李亚玲等老师赴宁县春荣学区送教，宁县米桥、瓦斜学区也参加了此项活动，培训教师300多人。

2017年2月，我校响应县上春节文化活动号召，搭建彩门，对联为"新春催奋进立德树人，盛世立鸿志奠基幸福""金鸡送福　鼓鸣盛世"，百人欢庆腰鼓队的表演场面宏大，气势磅礴，赢得社会各界好评。

2017年2月，我校张岳祥、王爱霞正常晋升为高级教师，张小霞破格晋升为高级教师（全县19人）。

2017年3月，我校被评为全市"三区支教先进集体"。

2017年4月，我校接受市教研室教学视导。

2017年5月21日，我校组队，参加全市首届足球锦标赛，领队张岳祥、王玉田；教练王治程；队员12人，这是我校建校以来成立的第一支足球队。

2017年5月23日，我校举办全县艺术教师交流活动。

2017年5月27日，北师大栾教授一行深入我校指导工作。

2017年5月，我校在全国明德项目"校明德之星"评选中，成为全国8所明德之星之一，并在5月17—18日，在全省明德项目校长培训班上，做《全人理念引领发展　以生为本构图未来》大会经验交流，主任姚丽丽被聘为培训专家。

2017年5月，我校"一节一赛一交流"活动，获全县一等奖。

2017年6月13日，在县教体局的大力支持下，我校成功举办了以"用好数字教学系统　普及书法传统教育"为主题的书法教育教学交流暨书法名家进校园活动。此次活动特邀陕西省著名书法家李玮、王元宏、武韶海、史友学、毕越走进正宁县山河小学。

2017年6月，我校在全省少年宫暨文明校园建设现场会上做了《编织多彩童年　奠基幸福人生　坚持把少年宫建办成孩子们成长的幸福乐园》大会经验交流。

2017年9月，我校《军民大生产》节目参加"穿越子午岭，探秘秦直道"越野挑战赛演出，获得圆满成功。

2017年10月28日，我校在全市一体化项目中期会上做《感悟京师一体发展情怀　践行爱达教育示范追求》大会交流，被评为"北京师范大学学校发展一体化项目示范校"。

2017年11月17日，我校获"全国第四届未成年人思想道德建设先进单位"。

2017年11月，我校被市教育局、陕西小哥白尼杂志社评为"阅读学校"；任有运获"阅读校长"，李麦兰获"阅读之师"，张晓文班学生获"阅读之星"。

2017年11月，我校任有运被评为"全市乡村少年宫优秀校长"、王亚琴获市级优秀社团辅导员。

2017年12月，我校在新操场举行首次拔河比赛，四、五、六年级各班参与，六个年级组参与。

2017年12月，我校获全县第四届中小学生安全知识竞赛第一名一等奖，两名学生获奖。

2018年4月，我校正式印刷《小学生综合习惯阶梯式培养》校本教材，每级一册，共6册，进一步推动了学生习惯培养工作。

2018年5月5日，赴西安采购鼓乐队乐器48件，由马海鹏老师负责训练，5月31日，56名队员赴西峰演出，获优秀组织奖，成为我校建校史上第一支鼓乐队，也是正宁县教育系统唯一一支鼓乐队。

2018年5月，乔海平、徐玉琴、王治程老师参加全市教学技能大赛，分别获得二等奖、一等奖、一等奖，是我校近年来战果最好的。

2018年5月，我校再次在全省明德项目培训班上做《全人理念引领发展　以生为本构图未来》经验交流，校长任有运被聘为培训专家。

2018年5月，我校5名学生参加全县汉字书写大赛，四人获一等奖，一人获二等奖，并获集体一等奖。

2018年6月20日—23日，我校刘湘妮、李晓燕、闫婷第五次参加素质拓展训练和培训。

2018年6月21日，我校组织一年级6名老师、2名领导赴北师大庆阳附校参加"注音识字，同步读写"实验中期总结会。

2018年6月22日，我校由仵鹏真带领苏曼婷、宋骁元、郭鹏程、张家乐、侯欣怡赴西峰庆华学校代表正宁县参赛，获一等奖。

2018年6月26日—30日，我校组队10人，由王玉田、王治程率队参加全市足球赛，获第六名。

2018年6月，石玲玲参加全市电子白板教学技能大赛，获二等奖。

2018年6月，六一过后，县局指派由我校演出"穿越子午岭，探秘秦直道"徒步赛事"体育健康赢未来"节目，参演学生为六年级26人，6月22日在广场演出，充分展示了独轮车、空竹、跳绳等社团的精彩表演。

2018年11月，我校先后与天津市北辰区实验小学、陕西师范大学绿地浐灞小学结为"手拉手"友谊学校。

2018年12月，我校被评为"甘肃省文明校园"。

2019年4月，我校由校长任有运带领徐燕、罗婧、王涛、米亚娟、任亚娟5位老师，组成学访团，赴天津市北辰区实验小学进行教学交流，实现了我校第一次老师走进城市名校上课的目标，每位老师做课两节，得到充分认可。

2019年5月，我校办公室主任姚丽丽带领李晓燕、秦小艳、史红莲3位老师，带课走进陕西师范大学绿地浐灞小学共同体学校，进行教学交流。

（山河小学王志海整理）

第二节 小学生综合习惯阶梯式培养给学生带来的变化

小学阶段是基础教育的基础，是各种习惯养成的最佳时期，习惯培养是夯实基础的关键。著名教育家叶圣陶说："什么是教育？简单一句话，就是要培养良好的习惯。"美国哈佛大学前校长伊勒阿特说："成功的习惯其本身就是成功的最大原动力。"可见，习惯对于一个人的一生发展尤为重要，因此，我校始终坚持实施"培养小习惯 成就大人生"习惯培养阶梯计划，这一做法的实施，更新了德育实施途径，培养了学生良好的学习习惯和生活习惯，提高了学生的综合素养，全面提升了学生素质。

一、给学校德育工作带来的变化

德育工作是学校的首要工作，是素质教育的灵魂，是学校工作的生命线，而习惯培养是做好德育工作的重要途径，通过坚持和加强习惯培养，学校的德育工作有了很大的转变。一是学校德育工作找到了有力的抓手；二是学校德育工作由抽象变得具体，由复杂变得简单，能在看得见、摸得着的日常生活中得到落实，取得了实效。

二、给学生带来的变化

（一）学生品德的变化

品德是人之魂，品德习惯是行为之魂，良好的品德习惯是学生成功的基石。学生品德的变化主要表现在以下五方面：一是能使用礼貌用语和文明语言，不说脏话和粗话；二是能通过实际行动关心班集体，关爱他人；三是能和他人友好、和谐相处，遇到事情能换位思考；四是爱护公共财物和花草树木；五是遵守公共秩序，公交车上能主动让座，公共场合不大吵大闹、追逐打闹。

（二）生活习惯的变化

良好的生活习惯是一切良好习惯的基础，言谈举止、待人接物等生活细节，看起来是小事，但却能影响学生一生。学生生活习惯的变化主要表现在以下五方面：一是作息规律，能按时睡觉、按时起床；二是饮食做到了不挑食，不吃对身体有害的食物；三是做到了饭前便后洗手，勤洗澡，以及勤换衣、勤刷牙漱口，保持了个人卫生的干净整洁；四是能经常参加一些力所能及的家务劳动，从小养成吃苦的精神；五是能主动参加各种有益的体育运动，锻炼身体，增强抵抗力。

（三）学习习惯的变化

良好的学习习惯如课前预习、上课专心听讲、认真完成作业等，能让孩子们轻松快捷地学好科学文化知识，使学生终身受益。学习习惯的变化主要有以下六方面：一是能做到读书、写字等姿势正确；二是能主动学习，并能利用其他渠道解决疑难问题；三是树立了良好的时间观念，能合理安排学习时间；四是重视积累，能充分利用学校图书吧、班级图书柜、晨诵午读时间进行广泛阅读，达到丰富知识，拓展知识面，陶冶情操的目的；五是遇到问题能积极动脑，积极思考；六是对学过的知识能够融会贯通、灵活运用。

习惯培养给我校带来了实实在在而又巨大的变化，它就像一粒种子，播撒在了每个师生的心田，并开花结果。我校把习惯培养作为现在，以及今后始终坚持的一项工作，常抓不懈，并不断完善、改进，使之成为教师教书育人的灵丹妙药，成为学生成长的良药、成功的垫脚石。

第三节　习惯培养春华秋实　内涵发展特色鲜明

一、学生综合习惯培养给学校带来的变化

陇东黄土高原因黄土积淀深厚而闻名于世。黄土高原上的许多学校在改革开放的大潮中彰显特色，脱颖而出。它们极其普通，普通得就像质朴的黄土，但它们的内涵却各有特色。

正宁县山河小坐落在县城，成立于1923年，如今已经走过了96个年头。它古老而年轻。

一任又一任校长，一届又一届教师，总是秉承山河小学的优良传统，扎根黄土，立足平凡，超越平凡。在普通校园，在三尺讲台，在学生心田，挥洒汗水，浇筑智慧，乐育英才，谱写了动人的乐章。

时逢21世纪，一位中年校长，带领他的师生团队，潜心研究教育教学规律，顺应时代潮流，科学决策，合理规划，因地制宜，因材施教，为山河小学的发展壮大注入了源头活水。

来自县级、市级、省级、国家级教育主管部门和党政部门的一面又一面奖牌，挂在了教学楼大厅。

来自社区、来自家长、来自省内外兄弟学校的赞誉，时常萦绕在广大教师的耳边。

报纸、电台、网络媒体……关于山河小学的办学理念和思路，关于山河小学的办学质量与特色都有报道。

这是一所具有自己独特魅力的学校。它的变化，令人刮目相看。

爱达教育思想在校园生根发芽。

学校坚持认为爱是教育的灵魂，没有爱，就没有教育。如何把爱融入教育教学管理中去？如何让爱教育事业、爱学生成为教师的自觉行动？如何让爱发挥育人功效？这一系列问题，山河小学的领导和教师都可以做出明确的回答。

学校根据社会主义核心价值观的基本要求，结合学校"爱达教育"文化精神，以"六爱六要六会六达"及"六年经历24件事"为主，并对应落实社会主义核心价值观两个方面内容的教育，体现学校"德育要落实落细落小，实践要育行育心育人"的根本要求。结合学生日常生活、学习等与自己密切相关的实际，开展文明礼仪、安全教育、感恩教育、民族精神教育、养成教育、法制教育、心理健康教育等德育主题实践教育活动。充分利用重大节庆日、重要事件和重要纪念日，组织学生开展丰富多彩的德育实践活动，让学生通过实践、经历、体验等过程，感悟到做人的道理，并内化为学生优良的行为品质，即在活动中育德、在生活中育人。

二、综合习惯阶梯式培养方略——德育工作的一张名片

德育工作，是学校的一项重点育人工程。立德树人，是教育的灵魂。在探索实践如何育人的途径和方式上，山河小学从抓养成教育入手，找到了育人的一大突破口——小学生综合习惯阶梯式培养。这是德育工作的一张名片，就是这一张名片，让学校的德育工作进入了一个全新的发展时期。

以培养学生良好的行为习惯为重点，培养健全人格，改变了学风、

教风和校风。风清气正，育人环境得到最大限度的优化。

为人师表，爱岗敬业，多做贡献成为教职员工的基本信念和追求。

学校领导班子团结共事，共谋发展，清正廉洁，平易近人，为广大教师树立了榜样。

教师团队密切配合，潜心钻研业务，工作一丝不苟。学校位于县城，但校园充满了宁静。办公室里，大家静心备课；教室里，三尺讲台，四十分钟，课堂教学井然有序。多媒体教学手段得到充分运用，深化教学改革，提升质量的课堂让学生受益不浅。

三、校本习惯培养教材进入了课堂

校本教研，贵在联系实际，忌讳好高骛远，脱离实际。从一年级到六年级，教师教学有了蓝本，学生自我培养有了内容和标准，习惯培养是在一个系统中进行的。这是一个创举。著名教育家叶圣陶先生说："教育就是习惯培养。积千累万，不如养个好习惯。"——培养好习惯，就是培养好公民。这是共识。小学教育，是基础工程，抓好习惯教育，才能为学生的幸福人生奠基。"培养小习惯 成就大人生"在山河小学师生以及家长当中，早已家喻户晓。它不是一句口号，它是一种教育理念。

面对德育工作，许多学校、一大批教师总是感到茫然，甚至束手无策。山河小学实施的综合习惯阶梯式培养途径和方式，为提高德育质量，落实立德树人目标树立了典范。

四、习惯培养制度化、常态化、系统化

党的十九大报告指出，人才是实现民族振兴、赢得国际竞争主动的战略资源。教育是培养人才的基础。教育兴则国家兴，教育强则国家强。据此，可以说，教育要兴，必须办好每一所学校。学校办学质量高，教育兴才有基础和保障。办好一所学校，应是地方政府、教育

部门、社会和教师的责任和义务。

为提升办学质量，山河小学的领导和教师，做了许多探索和实践。在他们看来，要大胆走出"应试教育""升学教育"的怪圈，必须转变观念，必须顺应时代潮流，革除弊端，轻装上阵，要把学校办得像个学校，不能被急功近利观念行为牵着鼻子走。要在育人途径和方式上做文章，下功夫。

小学生综合习惯培养，起初只是一个校级课题，不被人理解支持。当校园系列不良现象被消除之后，当许多文明习惯逐步得到培养，当学校办学质量得到稳步提升，当许多方案和制度为习惯培养保驾护航的时候，这个校级课题的价值和意义就变得不寻常了。许多老师、众多家长在学校的号召下参与其中，继续深化，全方位开展深度研究，目标是让它开花结果，让它绽放魅力。系列培养实践活动，证明了这个课题旺盛的生命力。现在它不仅仅是一个省级科研课题，它还是一个社会课题。

省内外曾经参观学习山河小学的人士，翻阅山河小学关于习惯培养方面实施的制度、方案时，常赞叹不已。《综合习惯阶梯式培养管理制度》《综合习惯阶梯式培养实施方案》《综合习惯阶梯式培养验收方案》《综合习惯阶梯式培养矫正方案》《综合习惯阶梯式培养验收单》，这是一个系列，这个系列是在实践中逐步完善的，它们不是摆设，它们在立德树人，抓好习惯培养的教育实践中正在发挥作用。

五、小学生的良好行为习惯成了校园最亮丽的一道风景线

道德是人与人相处的规范和准则，学校结合《小学生守则》和《小学生日常行为规范》要求，引导全校学生自觉践行社会主义核心价值观。讲品德、见行动，争做一个有道德的人，努力做到知行统一、学做统一、言行统一，促使每一个学生在讲社会公德、孝敬父母、尊敬师长、关爱同学、奉献他人的过程中培养文明习惯，弘扬中华民族传统美德，切实推进未成年人思想道德建设。

　　目前，学生十分重视个人行为习惯的养成。他们行为规范，仪表整洁，能自觉遵守公共秩序，维护公共卫生，没有人贪占小便宜，没有人损坏公共设施，能规范使用礼貌用语，主动向师长、同学和客人问好。迟到、早退、公众场合大声喧哗等不良现象及行为，早已销声匿迹。学生良好的卫生行为习惯是校园文化和小学生精神风貌的缩影，卫生行为习惯养成教育对形成良好的校风、教风、学风能起积极的作用。在学生卫生习惯培养方面，以学校为主阵地，以家庭培养为帮手，教会学生从小爱劳动，会做一些力所能及的事情。经过小学六年持之以恒的培养，学生逐渐养成了在生活中处处爱清洁、讲卫生，并把这种好习惯逐渐迁移到学习上、生活上，成为一个时时处处比较自觉、办事认真细致、热爱集体、遵守社会公德、时时处处讲文明的人。

　　学校育人模式科学，思路清晰，实施效果显著；德育工作扎实，高效。捷报频传。

　　2014年6月，学校被评为甘肃省"科技创新示范学校"。2015年3月，学校被评为甘肃省"中小学德育示范学校"。2017年1月，被评为北京师范大学"学校发展一体化建设"项目示范校；6月，被评为全国"明德之星"；11月，被评为"全国未成年人思想道德建设工作先进单位"。2018年6月，被评为甘肃省"文明校园"。——荣誉是一种激励。德育工作，习惯培养，任重而道远。

（撰稿：史晓真　曹芳娟　姚丽丽）

附录：主要参考文献

1.叶圣陶著：《叶圣陶语文教育论集》（上下册），北京教育科学出版社，1980年10月版。

2.陶行知著：《陶行知文集》，江苏教育出版社，2001年3月。

3.教育部基础教育司组织编写：《走进新课程》，北京师范大学出版社，2002年3月。

4.（美）加里·D·鲍里奇基著，易东平译：《有效教学法》，江苏教育出版社2002年版。

5.盛群力等编译：《现代教学设计应用模式》，浙江教育出版社2002年3月。

6.联合国教科文组织：《学会生存——教育世界的今天与明天》，教育科学出版社，2000年版。

7.何克抗等著：《教育技术学》，北京师范大学出版社，2004年7月。

8.朱永新著：《新教育之梦》，人民教育出版社，2002年7月版。

9.巴班斯基著，吴文侃等译：《教育过程最优化》,教育科学出版社。

10.（德）赫尔巴特著：《普通教育学》,人民教育出版社,1998年版。

11.《课程　教材　教法》，人民教育出版社，代号2-294，2012年第1期—2018年第2期。

12.《人民教育》，中国教育报刊社，代号2-5，2012年第1期——2018年第1期。

13.《中小学教学研究》杂志，代号8-234，2011年第1期——2018年第1期。

14.《新课程学习》杂志，代号22-148，2011年第1期——2018年第1期。